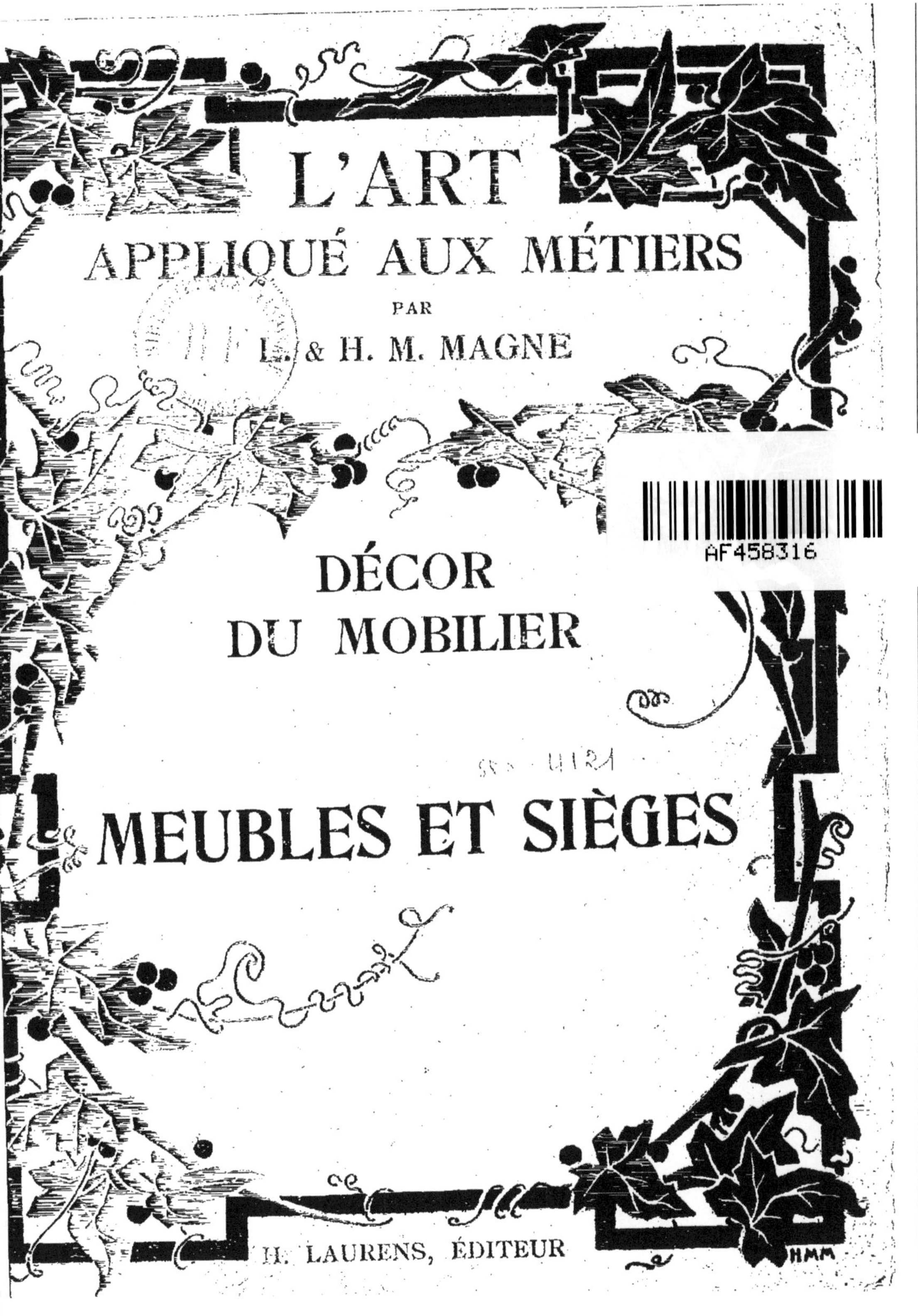

L'ART APPLIQUÉ AUX MÉTIERS

PAR

L. & H. M. MAGNE

DÉCOR DU MOBILIER

MEUBLES ET SIÈGES

H. LAURENS, ÉDITEUR

DÉCOR DU MOBILIER

MEUBLES ET SIÈGES

L'ART APPLIQUÉ AUX MÉTIERS

Ouvrage publié sous les auspices de la SOCIÉTÉ DE L'ART APPLIQUÉ AUX MÉTIERS

LISTE DES NEUF VOLUMES

QUE COMPRENDRA L'OUVRAGE

PARUS

I. **DÉCOR DE LA PIERRE.** — Application aux éléments de construction.

II. **DÉCOR DE LA TERRE.** — Poteries mates, grès, faïence, porcelaine, céramique architecturale.

III. **DÉCOR DU VERRE.** — Gobeleterie. Mosaïque. Vitrail.

IV. **DÉCOR DU MÉTAL.** — Le fer.

V. **DÉCOR DU MÉTAL.** — Le cuivre, le bronze.

VI. **DÉCOR DU MÉTAL.** — Le plomb, l'étain, l'argent et l'or. Monnaies et médailles,

VII. **DÉCOR DU BOIS.** — Charpenterie. Menuiserie.

VIII. **DÉCOR DU MOBILIER.** — Meubles et sièges (bois massif et bois plaqué). Marqueterie.

A PARAITRE

IX. **DÉCOR DU TISSU.** — Soieries. Broderies. Tapisseries. Tapis.

L'ART APPLIQUÉ AUX MÉTIERS

DÉCOR DU MOBILIER

MEUBLES
ET
SIÈGES

PAR

HENRI-MARCEL MAGNE

PROFESSEUR AU CONSERVATOIRE NATIONAL DES ARTS ET MÉTIERS

OUVRAGE ILLUSTRÉ DE 147 GRAVURES

PARIS

LIBRAIRIE RENOUARD — H. LAURENS, ÉDITEUR

6, RUE DE TOURNON, 6

1928

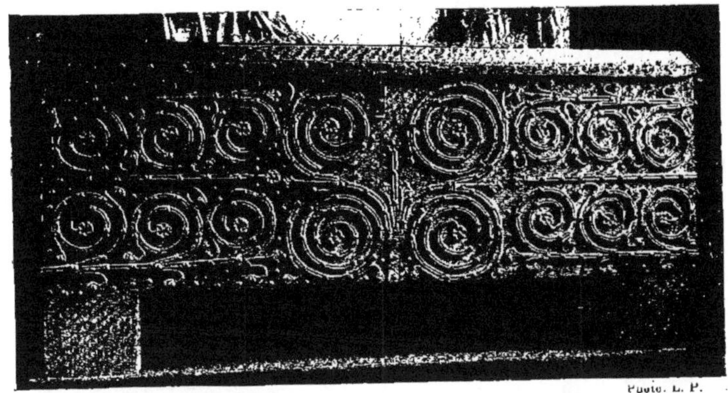
Photo. L. P.

Fig. 1. — Coffre du XIIIe siècle, chêne et pentures de fer forgé (Musée Carnavalet).

DÉCOR DU MOBILIER

MEUBLES ET SIÈGES

INTRODUCTION

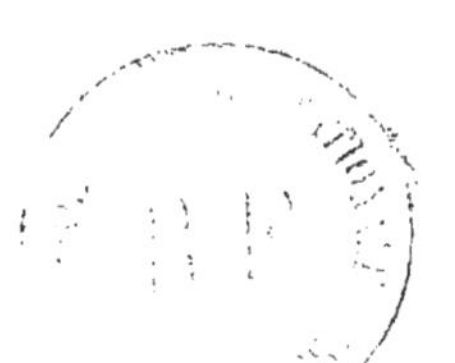

De toutes les créations de l'industrie et de l'art humains, aucune n'est plus intimement liée à la vie que le mobilier ; la commodité d'un meuble, le confort d'un siège sont aussi indispensables à l'agrément de l'existence que l'aisance d'un vêtement ; mais on supporte que la solidité d'un vêtement ne dure que quelques mois et le caprice de la mode peut réduire cette durée à quelques semaines ; le meuble, au contraire, doit accompagner pour le moins une génération sans qu'elle puisse lui reprocher, après plusieurs années, d'avoir souffert de la brutalité des transports, de ne plus répondre exactement à son usage, ni surtout de ne plus plaire.

Mobiles tout en étant résistants, commodes sans être encombrants, durables sans vieillir au regard de la mode, les meubles doivent présenter à la fois toutes ces qualités qui ne laissent pas d'être assez contradictoires. Les sièges répondent à des

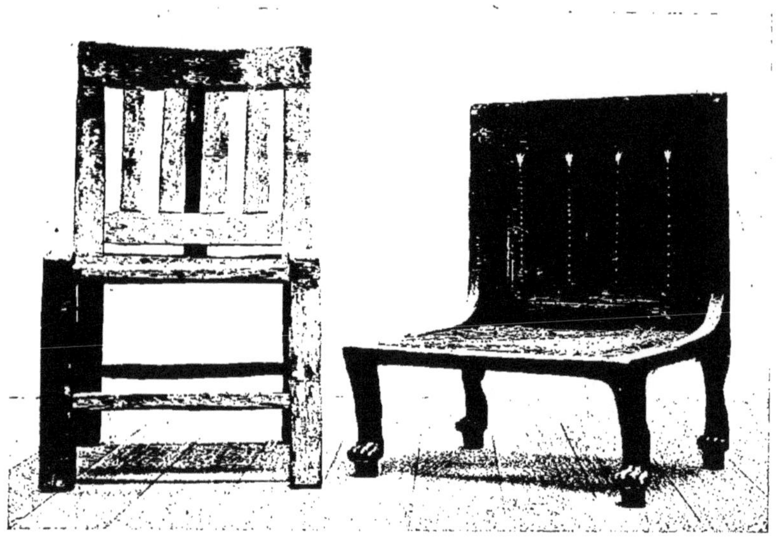

Fig. 2. — Chaise et banc égyptiens, cèdre incrusté d'ivoire (British Museum).

nécessités plus impérieuses et plus contradictoires encore, légèreté, sécurité, confort : c'est que « par le rôle qu'ils jouent dans notre vie journalière, par la place qu'ils tiennent, par leur présence continuelle, ils peuvent, suivant qu'ils sont solides ou fragiles, pratiques ou incommodes, élégants ou laids, devenir des compagnons agréables ou gênants[1] ».

Aussi peut-on dire que, depuis les temps les plus anciens,

1. *Le mobilier français, les sièges*, par H.-M. Magne. H. Laurens, éditeur.

aucun programme n'a donné lieu à des recherches plus délicates, à des efforts plus soutenus que celui du mobilier.

Ces recherches ont porté sur le choix des matières à mettre en œuvre. Ces efforts se sont exercés d'une manière incessante

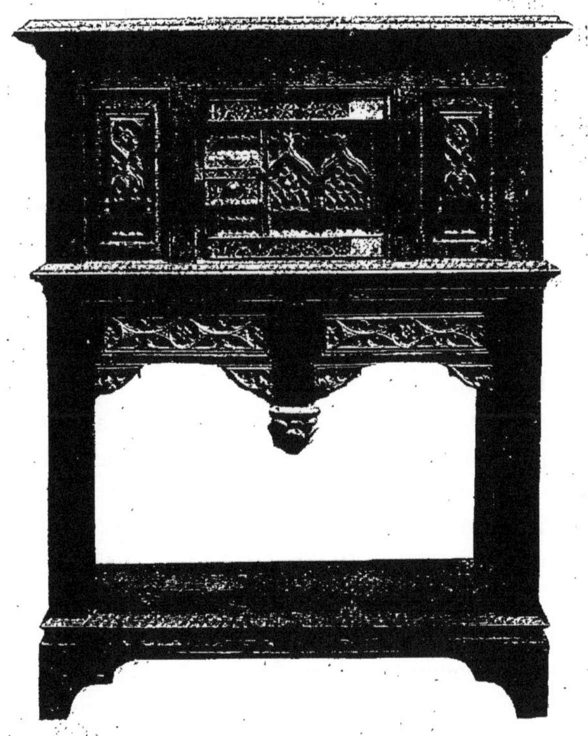

Fig. 3. — Crédence du xv° siècle, chêne sculpté (Musée de Troyes).

sur les meilleures dispositions des sièges, sur les modes d'ouverture et de fermeture les mieux adaptés à l'usage des différents meubles.

Dans l'antiquité égyptienne, le bois de cèdre est assoupli à la forme concave qui moule sur le corps le dossier des chaises; des incrustations d'ivoire rendent précieuse la surface lisse tandis que des lanières de cuir forment un siège élastique (fig. 2). Dans l'antiquité romaine, c'est le bronze qui fournit l'armature des tables et des sièges pliants ; le procédé du tournage donne des formes accueillantes pour le contact du corps.

A l'époque où la vie des chevaliers se passait sous les tentes des camps, c'est à faire du coffre un chef-d'œuvre que se sont ingéniés les meilleurs artisans (fig. 1) ; le travail du fer forgé, du cuir, y a complété l'ouvrage de bois, et le coffre qui était à la fois malle de voyage, meuble à ranger les effets, banc pour s'asseoir, table même pour manger ou pour écrire une missive, était le plus bel ornement mobilier, comme la tapisserie était la parure des parois ou des cloisons mobiles ; le coffre enluminé de couleurs voyantes, cloûté de cuivreries harmonieusement disposées, est encore aujourd'hui le compagnon le plus précieux du paysan d'Albanie.

Puis, perfectionnant le travail du bois massif, les artisans français appliquaient aux chaises, aux crédences, leurs principes rationnels de structure en y apportant l'incomparable décor de relief des moulures et de la sculpture (fig. 3); mais ils ne dédaignaient pas de mettre le fer forgé au service des sièges légers.

La Renaissance italienne introduisit l'emploi des bois exotiques, de la nacre et même des marbres pour constituer à la surface de l'ossature de bois une parure précieuse.

L'art français, sous cette inspiration étrangère, imagine alors de combiner l'écaille et le métal pour créer des meubles d'une richesse inouïe qu'encadrent les bronzes ciselés et dorés (fig. 4) ; en même temps il perfectionne, par de continuelles améliorations, les tracés des sièges pour en faire l'adaptation complète au repos et c'est le tapissier qui, modelant ses garnitures entre les courbes du corps et les courbes du bois qui les épousent, achève l'œuvre du menuisier en sièges.

Ainsi, en raison des exigences mêmes que rencontrera toujours l'artisan du mobilier dans la création de ses œuvres, il n'est pas d'étude qui fasse mieux revivre à nos yeux la succession et le progrès des générations que celle de ces objets usuels ; il

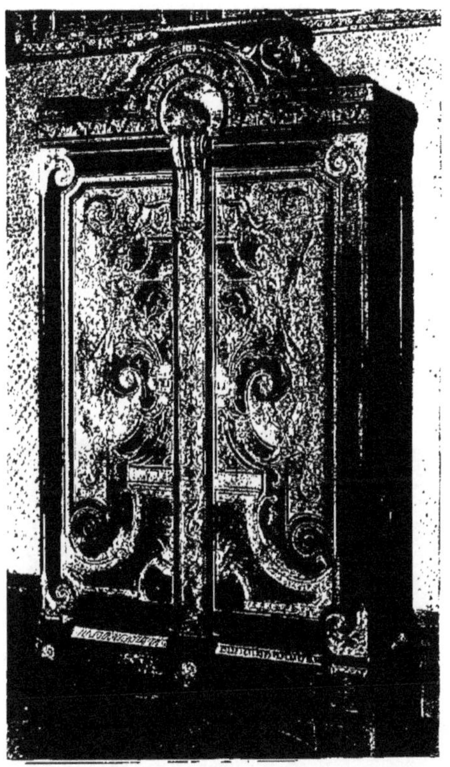

Phot. Lévy-Neurdein.

Fig. 4. — Armoire Louis XIV, marqueterie de cuivre et d'écaille, par Boulle (Musée du Louvre).

n'en est pas qui soit plus évocatrice du goût de chacune d'elles.

En même temps il n'en est pas qui soit plus nécessaire aux artistes modernes ; si certains objets peuvent, par une destination moins précise que celle des meubles et des sièges, se prêter, sans inconvénient, à une fantaisie dont la nouveauté exclurait la logique, le rôle strictement utilitaire de ceux-ci interdit cette fantaisie ; en comprenant pourquoi des transformations se sont produites d'âge en âge dans les dimensions, les dispositions, la matière, la construction, la forme et le décor, comment aussi elles ont été techniquement réalisées par une exécution parfaite, les artisans modernes du mobilier peuvent trouver, à leur tour, des solutions originales qui, par la concordance de l'esthétique et du confort, réalisent un nouveau progrès sur les formes que plus de vingt siècles ont sans cesse améliorées (fig. 5).

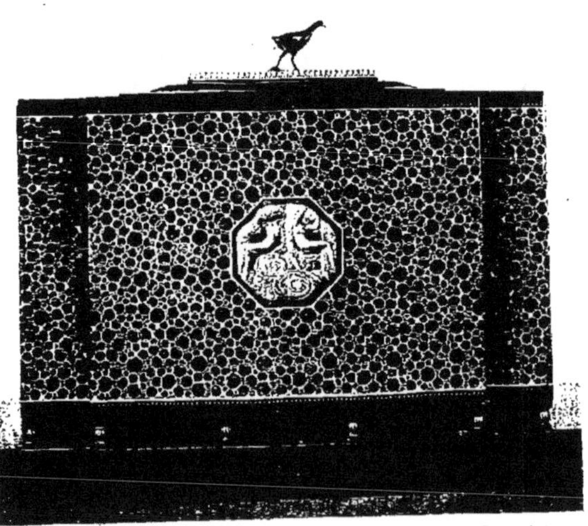

Arch. Phot. Beaux-Arts.

Fig. 5. — Meuble d'appui, amboine et ivoire, par Ruhlmann. (Extrait du Rapport général de l'Exposition de 1925.)

Fig. 6. — Coffret, bois sculpté (Musée de Christiania).

PREMIÈRE PARTIE

MEUBLES

I

DESTINATION ET CLASSIFICATION DES MEUBLES

Les principaux meubles sont destinés, soit à permettre le rangement des objets, soit à constituer un support à une hauteur déterminée au-dessus du sol.

Si le coffre pouvait répondre d'une manière rudimentaire à ce double but et remplir à la rigueur office supplémentaire de siège, le raffinement progressif des mœurs a précisé de plus en plus la destination des meubles en déterminant, pour chacun d'eux, un but plus limité.

Le *coffre*, qui avait pour origine la malle, en était l'amplification; l'augmentation de volume et de poids qui en résultait nuisait à sa mobilité; aussi, tandis que la malle donnait au contraire naissance à un diminutif, le *coffret*, qui devenait un objet essentiellement mobile qu'on transportait sous le bras ou même à la main et qui est l'origine des formes variées des objets de tabletterie (fig. 6), le coffre était nettement défini dans son programme de caisse qu'on appuyait au mur; le *couvercle à charnière* qui en fermait le dessus venait, dans le mouvement d'ouverture, s'appuyer contre le mur et l'on ne changeait le coffre de place qu'en cas de modification dans l'aménagement général de la pièce. Il a pu subsister, dans la plénitude de sa forme, de sa disposition et de son affectation premières, dans notre coffre à bois, parce que son inconvénient essentiel, en tant que meuble où l'on range les objets, était, pour prendre un objet placé au fond, d'obliger à enlever d'abord tous ceux qui se trouvaient dessus ; cet inconvénient n'existe pas pour un empilage de bûches ; il était grave pour des vêtements.

Aussi a-t-on eu de bonne heure l'idée de modifier la disposition d'ouverture du coffre et de la rendre verticale. Mais le mouvement de se pencher dans le coffre dont le couvercle était ouvert était un mouvement commode; celui de tirer horizontalement un objet placé au ras du sol était difficile. De là naquit la nécessité de surélever le coffre à ouverture verticale, et c'est l'origine de la *crédence*; souvent les pieds furent reliés à la partie inférieure par une *tablette* permettant de poser de gros objets.

En même temps qu'on inventait la crédence, on dut être amené à penser que la hauteur limitée du coffre, qui avait sa raison d'être lorsqu'on devait se pencher pour en explorer la profondeur, n'était plus nécessaire grâce à l'ouverture de portes verticales et l'*armoire* correspondit ainsi à la disposition suivant laquelle on aurait relevé le coffre sur son petit côté, de manière que le couvercle se trouvât placé sur le devant, présentant une porte à charnière verticale. On maintint toutefois les armoires basses lorsqu'on voulut en utiliser le dessus comme *meuble d'appui*.

En augmentant la hauteur de l'armoire, on rencontrait de nouveau, pour sortir les objets, la difficulté pour laquelle on avait abandonné le coffre et on dut compartimenter l'armoire par des *rayons* horizontaux.

On s'aperçut que le rangement des objets était d'autant plus pratique que l'armoire était plus large et que le nombre des rayons était plus grand. Mais il était malaisé d'augmenter la largeur d'une porte pivotant sur une charnière verticale, parce qu'elle risquait d'entraîner par son poids, au moment de l'ouverture, le meuble s'il était insuffisamment chargé et parce que la porte ouverte exigeait un grand développement à l'intérieur de la pièce. On fit des portes doubles battant sur un montant central, mais ce montant fixe était gênant et on en vint aux *portes à deux battants*.

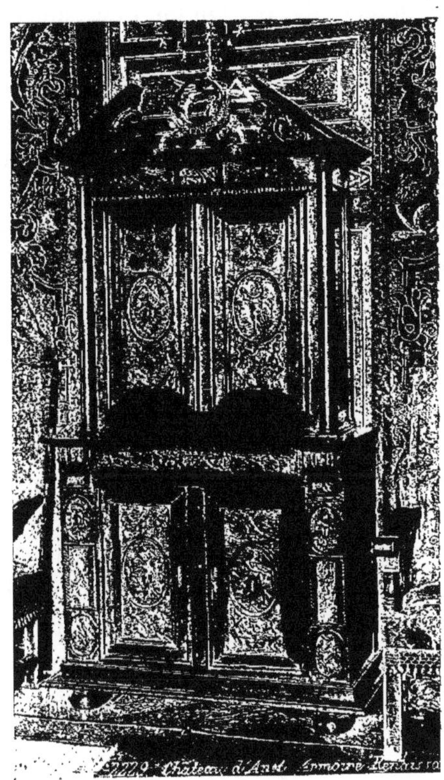

Fig. 7. — Meuble à deux corps du XVIe siècle, chêne sculpté (Château d'Anet).

De telles portes gauchissant facilement sur une grande hauteur, on imagina logiquement, pour les usages qui s'y prêtaient, de couper en deux ces portes dans le sens de la hauteur par une traverse fixe horizontale, et ce fut le *meuble à deux corps*, origine de nos *buffets* de salle à manger (fig. 7).

Une autre conséquence de la supériorité reconnue du rangement horizontal fut l'invention des *tiroirs* ; on plaça des tiroirs entre les deux corps des buffets, à la partie inférieure des crédences qui devinrent les *cabinets*, les *médailliers*, les *meubles à bijoux* (fig. 8). On en plaça aussi dans les meubles d'appui qui devinrent les *commodes*.

Actuellement on s'est aperçu que le classement horizontal dans les rayons d'une armoire est le plus pratique lorsque cette armoire est une *bibliothèque*, parce qu'on peut prendre un à un les livres placés verticalement, mais que l'entassement horizontal d'objets peu épais dans des rayons ou dans des tiroirs est gênant et on a imaginé les *classeurs verticaux* dans lesquels la profondeur des tiroirs permet de ranger verticalement les papiers.

Le type du meuble sur lequel on pose quelque chose est la *table*. On peut en chercher l'origine dans le *trépied*, dont la disposition est le plus rigoureusement logique, puisqu'elle seule réalise un équilibre parfait sur le sol, sans le risque de boitement que présente un nombre de points d'appui supérieur à trois : on la trouve aussi dans les tables fixes de marbre, dont les exemples antiques subsistent ; le dessus en était porté soit par un support central, soit par deux dalles posées de champ à deux des extrémités du rectangle ou du carré. Le *guéridon* est la combinaison de la première de ces dispositions avec celle du trépied.

Les *tables pliantes* de l'antiquité romaine, dans lesquelles deux des quatre pieds se trouvent liés et articulés ensemble, sont la traduction, pour un objet mobile, de la deuxième de ces dispositions fixes ; les tables formées de planches posées sur *tréteaux*, comme on les constituait au Moyen-Age et comme on les utilise encore aujourd'hui dans les banquets, en sont une autre application. Les tables de la Renaissance sont le développement de ce même principe.

C'est l'adjonction des tiroirs aux tables qui a été la principale cause de la transformation de ces dispositions premières, en faisant de la partie supérieure un ensemble suffisamment résistant pour que les pieds n'eussent plus besoin d'être reliés à la partie inférieure.

De même que le programme général du coffre s'est précisé et

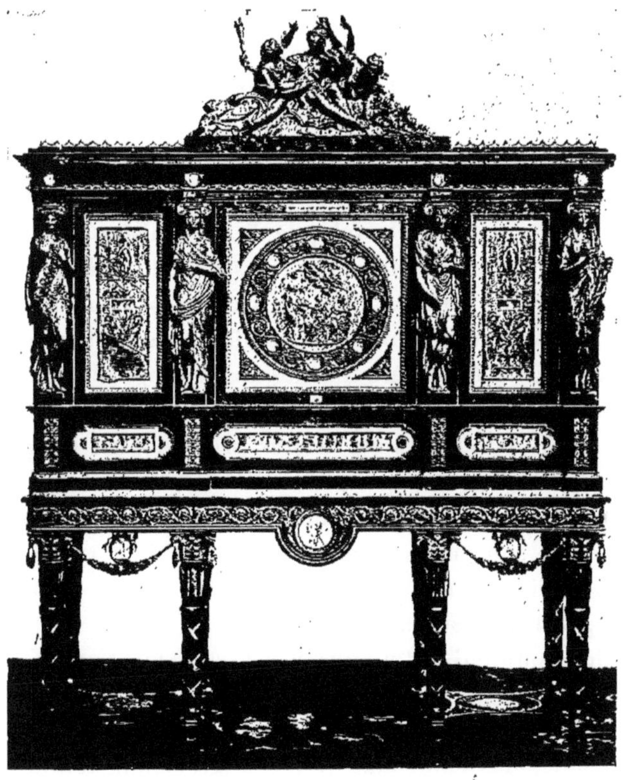

Fig. 8. — Meuble à bijoux de la reine Marie-Antoinette.

particularisé, celui de la table s'est défini pour la *table de salle à manger*, dont les dimensions peuvent être agrandies par différents systèmes d'*allonges*, pour le *bureau* à tiroirs que l'adjonction d'une partie supérieure posée sur la table et comportant casiers et tiroirs a transformé, suivant les modes de fermeture, en bureau à *abattant* ou à *cylindre* (fig. 9).

La table de salle à manger s'est complétée par la *servante*, la *desserte*, comportant en général des tiroirs à argenterie. La disposition consistant à adosser au mur la desserte a inspiré l'idée de la *console*, table que l'absence de pieds de derrière force à fixer au mur par sa partie supérieure.

A ces grands meubles s'en rattachent d'autres analogues, mais plus légers et ayant chacun leur destination, tels que la *table à jeux*, la *table à ouvrage*, la *table de nuit*, la *coiffeuse*, etc.

D'une espèce particulière sont les meubles constituant *instruments de musique*, dans lesquels le bois répond au double rôle de table de sonorité et d'enveloppe du mécanisme. Le *clavecin*, puis le *piano* ont eu des formes diverses tenant à la disposition du croisement des cordes. Près du piano s'est placé le *casier à musique*, qui a peut-être donné la première idée des bibliothèques portatives, des *bibliothèques tournantes* en usage aujourd'hui.

Enfin parmi les meubles constituant support, il en est un dont la destination a toujours été la plus précise, c'est le *lit*, qui se rattache d'ailleurs aux sièges par les divans, les chaises-longues, mais est plus proprement un meuble, d'abord en raison de son volume et de son poids, et aussi parce que le corps n'y a pas de contact direct avec la construction de bois ou de métal, ce qui est spécial aux sièges.

Si la destination du lit n'a pas varié, sa forme s'est cependant continuellement modifiée avec les mœurs; du *lit clos* dans une boiserie on est venu au *lit à colonnes* qui permettait, dans les grandes salles des châteaux, de créer, grâce aux tentures, une protection contre les courants d'air et les refroidissements nocturnes.

Cette disposition massive s'est assouplie par la suspension de tentures au ciel de lit; puis les progrès de l'hygiène, en proscrivant les tentures, ont amené le lit à une forme plus simple, et fait préférer le métal au bois.

Pour répondre à ces programmes si variés et si précis, l'art a appliqué des procédés de structure et de décor qui obéissent aux conditions de la technique des matières employées, mais qui obéissent aussi à ce qu'on pourrait donner comme l'axiome de la théorie du meuble : c'est que, pour toute destination,

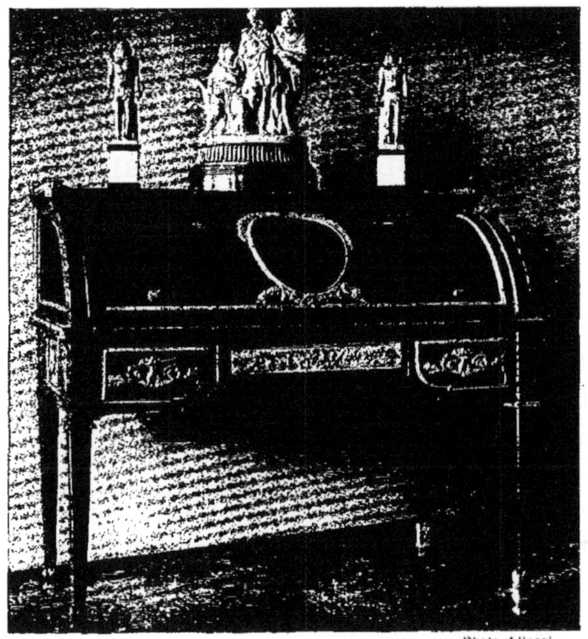

Photo Alinari.

Fig. 9. — Bureau de dame, à cylindre. Époque Louis XVI (Musée du Louvre).

dans toute matière, le meilleur meuble est celui qui offre le maximum de capacité intérieure pour le minimum d'encombrement extérieur, le maximum de solidité pour le minimum de poids.

II

STRUCTURE ET DÉCOR DES MEUBLES EN BOIS

Bois massif apparent.

Si les premiers meubles français, qui furent les coffres, étaient, comme les portes, construits en planches jointives réunies par des pentures, cette disposition rudimentaire a été vite abandonnée et ne saurait être reprise que pour des objets de construction particulièrement économique.

En conséquence, le principe de tout meuble est la construction d'un bâti, constitué par des montants verticaux et des traverses horizontales formant boîte : des panneaux ferment les côtés de cette boîte (fig. 10).

Aussi toutes les méthodes de structure et de décor qui sont à la base de la charpenterie et de la menuiserie s'appliquent non moins impérieusement aux meubles. Leur mobilité, impliquant la légèreté, exige une rigidité d'autant plus grande des combinaisons d'empilage et d'assemblage, d'encorbellement et de bascule propres aux ouvrages de charpente et des combinaisons de bâtis et panneaux propres aux ouvrages de menuiserie.

C'est ainsi que la superposition par empilage, stable en charpente en raison du poids même des pièces, n'est admissible dans le meuble que si les pièces superposées se trouvent liées les unes aux autres par des vis, des rainures, ou tout autre mode de jonction. Les assemblages, jadis assujettis par des chevilles, aujourd'hui généralement collés, doivent être d'autant plus résistants que la triangulation des pièces, qui assure l'indéformabilité des charpentes, ne saurait intervenir contre la déformation des angles droits obtenus par la rencontre des montants et des traverses des meubles. Si les panneaux qui forment les côtés fixes des meubles peuvent contribuer à la rigidité du bâti, il ne faut pas oublier que ces panneaux, devant rester libres dans les rainures du bâti pour jouer librement, ne sauraient être collés. Enfin la dimension même des parties ouvrantes, largement

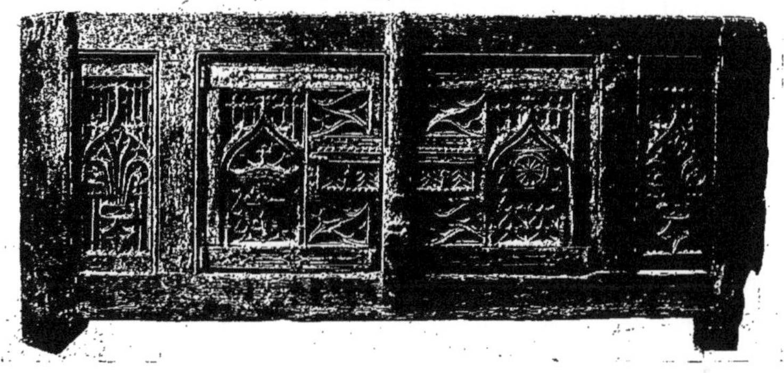

Fig. 10. — Face de bahut du XVe siècle, chêne sculpté (Musée de Troyes).

développées pour la commodité de l'utilisation, enlève en général toute rigidité à l'une des faces du meuble. Il n'est pas jusqu'au principe d'encorbellement et de bascule qui ne doive être soigneusement appliqué dans le meuble; par exemple, la saillie d'une table à écrire, sur laquelle on ne craindra ni de s'appuyer lourdement, ni même d'entasser de gros volumes, devra être soutenue de manière à éviter la déformation et le renversement.

Ces questions, délicates à résoudre dans de petits meubles dont le déplacement facile permet de rendre entièrement solidaires toutes les pièces du bâti, au moyen de la colle, se compliquent davantage dès qu'il s'agit de meubles encombrants et lourds, car il faut alors pouvoir les démonter pour les rendre transportables : au lieu d'assemblages fixes, on doit se contenter d'assemblages mobiles, tels que ceux réalisés par les vis de lit dont le filetage, traversant le tenon, est serré dans un écrou emprisonné au fond de la mortaise.

Si l'indéformabilité des meubles est, par suite, d'une réalisation singulièrement difficile, elle est cependant indispensable au bon fonctionnement des parties ouvrantes, comme à l'étanchéité du meuble contre les poussières extérieures.

Dans la condition du bâti formant boîte que doit réaliser tout meuble, le montant d'angle reçoit les traverses horizontales qui constituent le cadre des faces, en même temps qu'elles servent à soutenir le fond et à assurer le battement des portes. Ainsi le montant est affaibli par deux tenons à angle droit qui convergent vers le centre de la pièce, car il faut éviter les tenons bâtards qui ne résistent pas symétriquement aux déformations ; immédiatement au-dessus des traverses, le montant reçoit les rainures des panneaux de côté.

Sur la face principale, les rainures de panneaux n'existent pas, mais il faut assurer le battement des bâtis mobiles encadrant les portes. Le battement en feuillure a l'inconvénient d'affaiblir beaucoup le montant ; souvent on l'a avantageusement remplacé par le battement à recouvrement sur le montant, et c'est alors le bâti ouvrant qui porte la feuillure s'appliquant sur l'angle du montant non entaillé. Mais ces dispositions ne protègent pas aussi bien l'intérieur du meuble contre la poussière que le fait le montage des portes sur pivots : on peut, dans ce cas, réaliser entre le bâti de la porte et le montant une noix et une gueule de loup analogues à celles qu'on fait pour les fenêtres ; l'étanchéité est parfaite, mais le montant est profondément entaillé.

Ces différentes combinaisons caractérisent le mode d'ouverture des portes par rotation, au moyen de paumelles, de charnières ou de fiches ; il faut y joindre les abattants de meublesbureaux dans lesquels la bascule est souvent maintenue par des quarts de cercle métalliques mobiles.

Un autre mode d'ouverture et de fermeture des bureaux est celui obtenu par la rotation d'un cylindre ou le glissement de lames mobiles articulées les unes sur les autres.

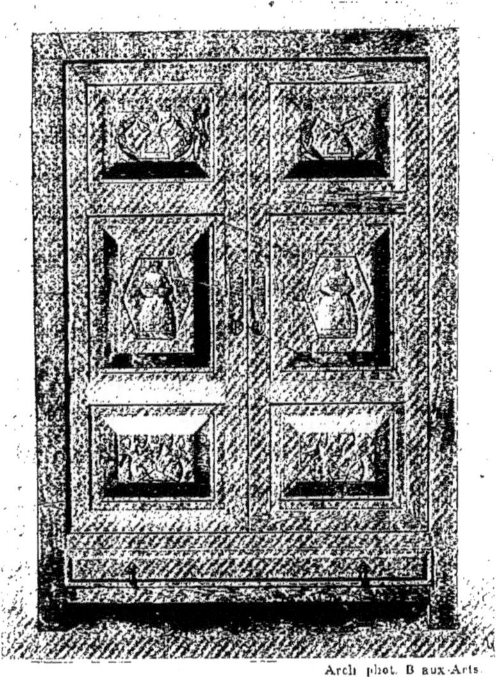

Arch phot. Beaux-Arts.

Fig. 11. — Armoire bretonne, chêne sculpté, composée par Lemordant, exécutée par Caujan.
(Extrait du Rapport général de l'Exposition de 1925.)

Le mode d'ouverture par glissement le plus courant est le fonctionnement à coulisses que présente notamment le tiroir. Le tiroir constitue, lui aussi, une boîte, boîte sans couvercle, et son bon fonctionnement exige des glissières horizontales pour le soutenir et des guides latéraux pour le faire entrer et sortir normalement. Les guides latéraux ne doivent exister que du côté de l'entrée et sur une faible longueur : s'ils régnaient sur toute la longueur du tiroir, ils en gêneraient le libre fonctionnement. C'est toujours à queue d'aronde qu'on assemble, dans les faces antérieure et postérieure, les côtés du tiroir, en raison de l'effort d'arrachement qui se produit sur les côtés au moment où on tire le tiroir : le fond est assemblé à rainures dans les faces et les côtés, et doit être suffisamment épais pour ne pas fléchir sous le poids des objets.

Dans les meubles où le bois massif, formant structure, est apparent, l'on dispose de trois éléments pour donner à l'ouvrage sa forme décorative : la structure même, le choix des bois, les effets de relief obtenus par les moulures et les sculptures (fig. 11).

La structure offre l'occasion de tirer des nécessités d'une bonne utilisation les proportions générales du meuble et des nécessités d'une bonne construction les dispositions les plus variées : si, par exemple, on considère la partie supérieure d'un meuble, on peut concevoir que les montants et les traverses s'arrêtent pour supporter le couronnement qui formera le plafond du meuble. Mais on peut aussi tirer parti des traverses pour constituer par elles-mêmes le cadre du couronnement en recevant dans des rainures les planches ou le contreplaqué formant plafond. C'est encore la disposition du bâti et des panneaux qui fournira des volumes simples par l'affleurement des panneaux à la surface extérieure des bâtis ou qui, au contraire, décomposera ces volumes en faisant saillir le bâti sur les panneaux de remplissage.

Pendant des siècles, c'est le chêne, le beau chêne maillé que donne le débit sur quartier, qui a servi exclusivement en France aux meubles de bois massif apparent ; puis on a utilisé les noyers de France ou d'Amérique. Mais, de même que pour la menuiserie, c'est toute une gamme de couleurs précieuses que peut fournir actuellement, en bois massif, l'apport de nos colonies d'Afrique, offrant un élément plus riche au décor des meubles.

C'est le travail de moulure, dont le tournage est la plus ancienne application mécanique, c'est le travail de sculpture qui conviennent aux meubles de bois massif apparent comme à la charpente et à la menuiserie. Dans les œuvres françaises du Moyen-Age, on retrouve appliqué au meuble le même principe suivant lequel les bâtis verticaux et horizontaux d'un lambris portent des moulures différentes, parce qu'elles reçoivent des éclairages différents : une conséquence heureuse était d'éviter les retours d'onglets, sujets à disjonction. Comme la moulure, la sculpture n'est admissible qu'à condition d'être prise dans l'équarrissage du bois : la colle est à sa place, faisant prise à l'intérieur d'un assemblage ; elle ne saurait résister aux chocs et aux variations de température, si l'on veut lui faire maintenir une pièce juxtaposée à une autre pièce.

Bois plaqué et contreplaqué.

Si le décor du bois massif apparent a été l'expression la plus parfaite de l'art du meuble en France à partir du moment où les artisans se sont évadés de la construction grossière faite par planches jointives réunies au moyen de ferrures pour imaginer les méthodes du lambris d'assemblage, une décadence s'est manifestée dès le XVIe siècle ; perdant de vue la concordance de la destination, de la structure et du décor, ils n'ont plus cherché que des formes, gaspillant la matière dans des équarrissages énormes qu'une sculpture trop uniformément riche ne parvenait pas à alléger.

Aussi comprend-on la réaction qui imposa aux meubles, à la Renaissance, un mode de structure et de décoration inspiré des méthodes italiennes, qui s'étaient inspirées elles-mêmes des incrustations des armes et des lambris orientaux : décor de surface, réalisé par les matières les plus précieuses, nacre, ivoire, bois exotiques, notamment l'ébène ; les ébénistes plaquaient ce décor sur des membrures de bois massif qui n'avaient plus désormais qu'un rôle de support ; un art de volumes aux surfaces simples enveloppées sous un magnifique revêtement de couleur allait remplacer l'art des constructions apparentes où la fonction de chaque pièce était soulignée par le sens et la nature du décor de relief (fig. 12).

Les essences de bois concourant au revêtement de couleur furent, jusqu'à nos jours, limitées principalement aux acajous des Antilles, aux palissandres du Brésil, aux ébènes de Macassar, aux bois de violett ete aux bois de rose, et les matières animales, telles que l'écaille, jointes aux métaux comme le cuivre, avaient enrichi cette palette.

Aujourd'hui les bois des colonies françaises offrent aux ébénistes une variété merveilleuse de bois dont la finesse n'a d'égale que la beauté des veinures et la richesse des couleurs.

Ce sont le « Bubinga » du Gabon, bois brun rose, veiné finement, intermédiaire entre le bois de rose et le palissandre brun ; le « Zingana » ou « Zébrano » du Gabon, bois blanc jaunâtre veiné de brun ; les ébènes du Gabon, du Cameroun et de Madagascar.

C'est l'acajou de Grand Bassam, dont les billes moirées rappellent les plus beaux échantillons des Antilles. La Côte d'Ivoire, le Cameroun, le Gabon produisent de nombreuses variétés qui peuvent être employées concurremment avec le « Grand Bassam ».

« L'une d'elles, l' « Assié » ou « Acajou-assié », de densité 0,800 environ, très fine comme grain, de couleur brun clair, à veines assez marquées, s'apparente au « Sapelli » de Nigéria et diffère nettement des acajous ordinaires ; elle paraît convenir, non seulement pour le meuble, mais aussi pour le siège. Cette variété est fournie par le Cameroun.

« Puis nous avons, à la Côte d'Ivoire, le « Bossé », joli bois qui rosit après débitage, le « Makoré », bois brun rose presque toujours moiré, le « Badi » de couleur jaune d'or ; au Cameroun et au Gabon, le « Bilinga », semblable au « Badi » de la

Côte d'Ivoire, le « Duka », le « Moabi », beaux bois rouge brun, légèrement veinés, le « Nioré », brun ocre, susceptible d'un très beau poli[1]. »

On trouve encore au Cameroun et au Gabon : le « Demi-

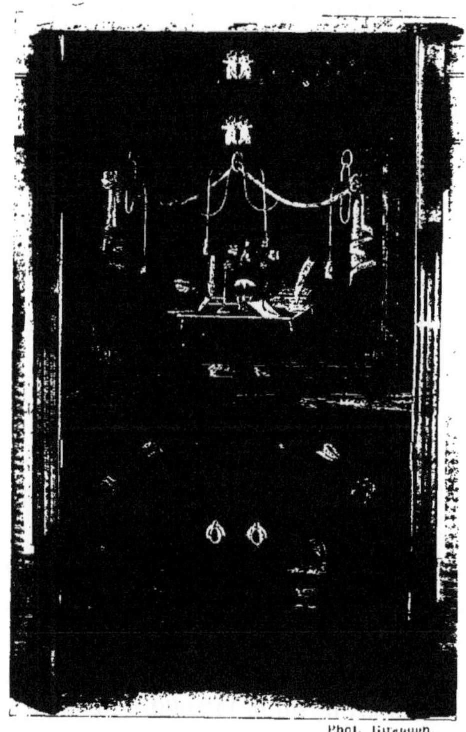

Phot. Giraudon.

Fig. 12. — Secrétaire Louis XVI, marqueterie (Musée du Louvre).

deuil », ébène tacheté irrégulièrement de blanc ; l' « Essoula », bois rappelant les plus beaux noyers de France ; le « Limbo » ou « Raké », à cœur noir ; diverses essences connues sous le nom de « noyers du Gabon » ; l' « Izombé », bois jaune avec veinures rosées ; l' « Olourogo », bois jaune paille, bien

1. *Les Bois coloniaux dans l'ébénisterie française*, par J. Méniaud. *Le Meuble*, revue mensuelle de fabricants français, n° 44, décembre 1926.

moiré, susceptible de remplacer le citronnier; le « Padouk » ou bois corail, très décoratif pour les intérieurs de meubles.

Madagascar nous offre, avec diverses variétés d'acajous, des palissandres dont certains, notamment le « Polombodipona », peuvent soutenir la comparaison avec les meilleures variétés du Brésil; l'Indochine, les palissandres « Trac » et surtout « Cam-lay », très beau bois rougeâtre ou rouge vineux, bien marbré avec bandes alternantes plus ou moins foncées. Notre colonie d'Extrême-Orient fournit aussi, avec des acajous et des ébènes, divers autres bois précieux, dont le « Bois perdrix » et le « Maï-padou » ou santal rouge, bois de couleur orange vif, strié de veines plus claires. Les loupes de « Maï-padou » sont tout particulièrement recherchées.

Enfin la Guyane produit, avec l'amarante, toute une gamme de jolies essences d'ébénisterie, dont le « Balata rouge », le « Macapou » ou « épi de blé », le « Pascouri », le « Bagasse jaune », les « Lethes moucheté et satiné », etc...

En dehors des ressources qu'offre aux artistes une telle variété d'essences, il faut noter que les bois précieux d'Amérique, payables en livres sterling ou en dollars, reviennent à des prix excessivement élevés. L'exploitation de nos forêts coloniales présente le double avantage de fournir à bon compte des bois aussi précieux et de ne pas influencer défavorablement notre balance commerciale. En 1924, nos colonies exportaient « 353 000 tonnes environ, dont 110 000 tonnes de bois d'ébénisterie et 243 000 tonnes de bois d'œuvres. Sur cette quantité, la France n'a reçu au total que 147 000 tonnes environ dont 47 000 tonnes seulement de bois d'ébénisterie. Il est incontestable que notre pays, qui s'approvisionne encore pour de fortes quantités à l'étranger, pourrait absorber un tonnage plus considérable de ces dernières essences, non seulement pour l'industrie du meuble proprement dit, mais aussi pour la décoration de la belle menuiserie d'intérieur. »

L'habileté de nos ébénistes dans le travail de placage et de marqueterie, usité depuis le XVIIe siècle, et dans le travail moderne de contreplacage, a servi, autant que la richesse de la gamme des bois précieux, le goût de nos décorateurs modernes[1].

Les découvertes récentes de la chimie ont d'ailleurs ajouté des matières précieuses artificielles à l'ivoire, à la nacre, à

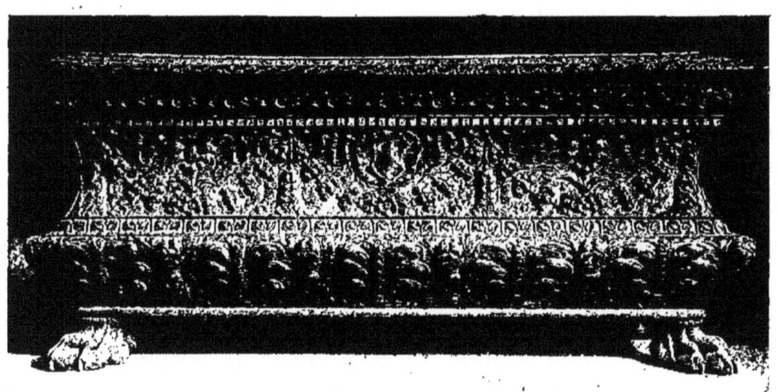

Phot. Alinari.

Fig. 13. — Coffre italien du XVIe siècle, bois sculpté et doré (Musée civil de Milan).

l'écaille, déjà usités pour le décor des meubles. L'un des plus récents, parmi ces produits de synthèse, est la nacrolaque, d'invention française, à base de cellulose et d'essence d'Orient : la nacrolaque est susceptible d'être colorée; transparente et nacrée, elle donne des effets d'une incroyable richesse.

Bois ciré. — Bois verni. Bois peint. — Bois doré. — Bois laqué.

Tant que le bois apparent était en honneur dans la fabrication des meubles, il n'a, en général, subi en fin d'opération qu'un encaustiquage; la cire bouchait les pores du bois et donnait,

1. Voir l'Art appliqué aux métiers, par L. et H.-M. Magne. *Décor du bois, charpenterie et menuiserie.*

par des essuyages fréquents, un certain poli qui faisait valoir les reliefs de la sculpture; encore aujourd'hui, il est rare qu'on fasse autre chose, sur le bois plein, que de le cirer.

On peut toutefois le vernir, mais le vernissage est imparfait parce qu'il ne peut être exécuté qu'au pinceau, tandis qu'un travail fin et uni n'est obtenu que par le vernissage au tampon, inapplicable aux sculptures refouillées et même aux moulures profondes.

Le vernis au tampon a commencé à être employé sur les grandes surfaces, préalablement polies, des meubles en bois plaqué : l'intérêt de passer une substance résineuse, transparente, rendue soluble dans l'alcool ou dans l'essence de térébenthine, n'est pas seulement de préserver le bois, comme le ferait la cire, c'est d'augmenter l'éclat des bois colorés.

Le vernis est posé en couches minces au moyen d'un tampon formé d'un morceau d'étoffe roulé en boule, imprégné de vernis et enveloppé de toile blanche; lorsque le vernis traverse la toile, on met extérieurement un peu d'huile de lin et on frotte, en tournant, toute la surface.

Au temps même où le meuble français n'utilisait que le bois massif, un autre mode de décor avait été usité, celui de la peinture avec ou sans rehauts d'or, qui permettait d'enrichir les panneaux, aussi bien à l'intérieur qu'à l'extérieur.

L'idée d'orner le bois par la peinture est certainement aussi ncienne que celle de l'appliquer aux matériaux lapidaires ou ux enduits. On en trouve de nombreux exemples dans l'art égyptien, notamment dans les sarcophages dont le bois de cèdre était tantôt recouvert d'un enduit de colle et de plâtre de manière à former une surface lisse sur laquelle la peinture et l'or étaient appliqués, tantôt laissé naturel pour ne recevoir que des rehauts : les produits employés étaient l'encaustique et la détrempe.

Dans l'architecture des charpentes en bois, si les témoins antiques ont disparu, nous conservons, à partir du Moyen-Age, des exemples innombrables d'applications très variées de la peinture sur bois : ce sont les charpentes italiennes et les plafonds français. Puis la peinture s'applique à des ouvrages de

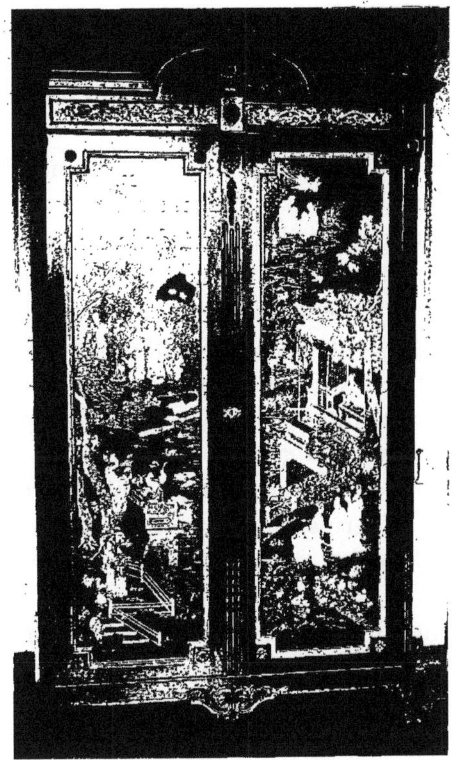

Phot. L. P.

Fig. 14. — Armoire du XVIIIe siècle, panneaux peints chinois (Palais de Compiègne).

menuiserie comme les rétables fixes, les triptyques à volets, les châsses (fig. 13).

A partir de la Renaissance, l'abandon, en France, des bois apparents pour les bois peints et dorés, dans la décoration des lambris, appela la même richesse sur les meubles et les sièges et l'or fut l'élément principal de ce décor lorsque le placage et la marqueterie ne s'y prêtaient pas : c'était le cas pour les consoles des appartements de Versailles, œuvres qui exigeaient une grande résistance et dont les ajours nécessitaient une construction de bois plein.

La dorure comporte plusieurs opérations : d'abord, l'impression d'un enduit composé de céruse, de litharge et d'huile siccative, le ponçage de cet enduit, l'application d'un mordant ou mixtion, la pose de la feuille d'or.

L'or ne fut pas seul employé ; la peinture prenait au xviiie siècle, dans le décor du mobilier, un nouvel essor par l'usage que Martin (1730) et ses quatre fils firent des vernis. Pour obtenir le vernis Martin, on fait fondre dans un récipient de terre vernissée de la colophane et de l'essence de térébenthine qu'on fait bouillir ; on y jette trois fois autant d'ambre réduit en poudre et on ajoute, au fur et à mesure, de l'essence ; quand l'ambre est fondu, on le saupoudre d'une quantité égale de sarcocolle, produit végétal qui tient le milieu entre la gomme et la gélatine, et on ajoute de l'essence jusqu'à ce que le mélange devienne fluide.

On décora par le vernis Martin non seulement les coffrets, les meubles, les clavecins, mais même les chaises à porteurs et les carrosses.

L'influence exotique, qui s'exerçait au xviiie siècle dans les peintures comme celles du Salon des Singes à l'hôtel de Rohan ou dans les tissus à décor chinois, réagit sur le mobilier par l'introduction du décor de laque.

Telle fut la vogue des laques importés de Chine que des meubles, construits en France, furent envoyés en Chine pour y être laqués (fig. 14).

Le laque diffère des vernis européens qui sont le résultat de la dissolution des résines dans des solvants ; c'est le latex des « Rhus », arbres laquiers. De ces arbres incisés en V, on recueille une substance visqueuse, crémeuse de couleur et d'aspect qui, abandonnée à l'air humide et froid, noircit et durcit peu à peu. Le laque est placé dans des jarres en terre : par densité, il se divise en quatre qualités, dont la meilleure est la plus légère ; le laque est baratté et filtré.

Conservé dans des petits pots recouverts d'une feuille de papier japonais, il présente l'aspect et la consistance du bitume.

Suivant la technique traditionnelle de l'École de Tokio, on se sert pour son emploi d'une palette en corne blonde, de couteaux à palette en épine blanche, bois dur et souple, de gros pinceaux qui ont l'aspect de crayons de charpentier, les poils étant collés entre deux lamelles de bois, et de petits pinceaux à trois poils très longs emmanchés dans une bague en bois sur un bambou.

On passe une première couche sur la carcasse en bois, puis on interpose un canevas pour éviter les disjonctions du bois et, avec le couteau à palette, on étale plusieurs couches successives. Si l'on veut obtenir des épaisseurs, on mélange la couche de laque avec de la terre rouge fine ou de la poudre de charbon. On laisse sécher chaque couche dans une caisse entourée de nattes mouillées, car le laque ne sèche que dans l'air humide.

Après chaque couche, on polit avec une pierre à aiguiser, puis avec du charbon de bois mouillé. Pour dorer le laque, on saupoudre d'or la dernière couche et on brunit avec une dent de loup en agate.

Il n'y a pas plus de vingt-cinq ans que les Japonais ont inventé les laques de couleurs.

Le décor superficiel du laque est inaltérable ; aussi jouit-il d'une faveur croissante, depuis que le matériel européen, employé au pétrissage de la pâte, au filtrage des liquides, à la pulvérisation par l'aérographe, a simplifié la technique pénible des artisans de l'Extrême-Orient.

Ces progrès sont l'œuvre de la Société des Laques Indo-Chinoises, qui a développé au Tonkin la culture des laquiers : tandis que cette culture est en décroissance au Japon et en Chine, elle a pris au Tonkin une telle importance que ce pays est actuellement le seul à exporter le laque : il en exporte 2 500 tonnes par an en Chine et au Japon.

C'est Dunand qui a mis en honneur en France, depuis vingt ans, le travail du laque par de magnifiques décors; la vogue s'étend non seulement aux meubles, mais aux objets de métal tels que les vases.

Aujourd'hui des produits de synthèse, tels que l'Isolémail de la Société des laques et isolants, ont été inventés pour concurrencer le laque.

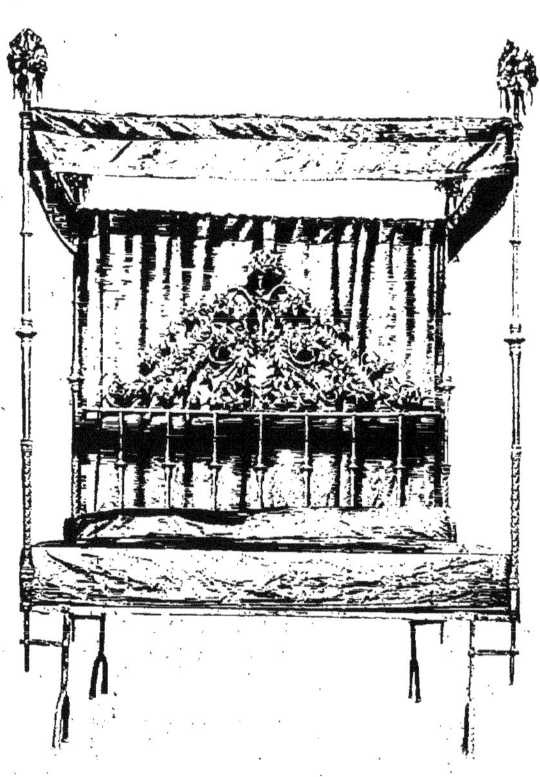

Fig. 15. — Lit italien du XVIIe siècle, fer martelé.
(Extrait du « Musée Le Secq des Tournelles à Rouen », par H. D'Allemagne. Schmit, édit.)

III

ROLE DU MÉTAL DANS LA STRUCTURE ET LE DÉCOR DES MEUBLES

Le bois ne peut suffire à constituer tout un meuble, dont les parties ouvrantes ne sauraient se passer de charnières, ni de serrures en métal. Inversement, le métal a peine à constituer les panneaux d'un meuble.

Dans l'antiquité grecque et romaine, c'est le bronze qui a été employé de préférence au bois pour les supports des tables, supports pliants, grâce auxquels on transportait et rangeait plus facilement l'objet, lorsqu'on avait fini de s'en servir, pour les lits qui ne comportaient que des cadres sans panneaux. Mais ce n'est guère qu'à des coffrets de petite dimension qu'on a pu appliquer une structure entièrement métallique[1], jusqu'au jour où les progrès de la métallurgie ont fourni la tôle laminée à des épaisseurs régulières et à des dimensions telles qu'on a pu l'utiliser pour exécuter des coffres-forts ou des classeurs.

Depuis le Moyen-Age jusqu'au xixe siècle, il est tout à fait exceptionnel de trouver un lit métallique comme celui de la collection Le Secq des Tournelles, œuvre italienne du xviie siècle, exécutée en fer forgé et en tôle découpée, relevée au marteau (fig. 15).

Le métal et, plus généralement le fer, n'était employé d'une manière courante que pour les lutrins d'église et pour les consoles des grands appartements : pour ces meubles semi-fixes, le

1. Voir l'Art appliqué aux métiers, par L. Magne. *Décor du métal, le fer.*

métal présentait, avec la résistance, la légèreté d'aspect ; rehaussé d'or, il s'harmonisait parfaitement avec le décor des murs.

C'est le lit qui est devenu au XIXe siècle le thème principal du mobilier métallique. Il répondait à un souci de propreté très légitime, les parasites ne pouvant s'y installer comme dans le bois. Mais le lit de fer est resté un meuble essentiellement utilitaire, dans lequel il est regrettable qu'aucune recherche d'art n'ait été tentée.

Les cornières laminées, les fers pleins ronds ou les tubes creux étirés ont fourni les éléments rectilignes ou courbes qui s'engagent généralement dans les douilles de fonte servant à les assembler.

Les tubes de cuivre, notamment les tubes carrés, se sont prêtés à des dispositions décoratives plus soignées ; des motifs sphériques emboutis, enfilés sur des filetages de fer, ont formé des coupures intermédiaires et des couronnements.

Si le métal peut ainsi fournir des solutions intéressantes pour l'ensemble d'un mobilier, la manière dont il est intervenu dans les meubles de bois a varié selon les modes de structure et de décoration de ces meubles.

Aux grands coffres du XIIIe siècle formés de planches jointives, les pentures de fer forgé donnaient à la fois la solidité et le décor par les rinceaux dont les fleurons permettaient de multiplier les clous à bédane qui rendaient les planches solidaires entre elles. Les petits coffrets en bois de la même époque étaient entièrement revêtus de plaques de métal ajouré ou gravé formant un fin dessin sous les pentures qui portaient les charnières et dont les extrémités se terminaient par les boucles entrant dans les serrures. Ces petits coffrets, entièrement revêtus de plaques de cuivre émaillé, devenaient les précieuses châsses de nos trésors d'Église [1].

Puis, avec la construction plus savante par bâtis et panneaux de remplissage, la solidité devenant le fait des assemblages du

1. Voir l'Art appliqué aux métiers, par L. Magne. *Décor du métal, le cuivre et le bronze.*

bois, les moulures et les sculptures enrichissant la surface du meuble, les charnières ont remplacé les pentures et le fer n'a plus apporté sa note d'art que par les poignées et les platines découpées qui les recevaient, par les serrures apparentes à plaques ajourées et martelées.

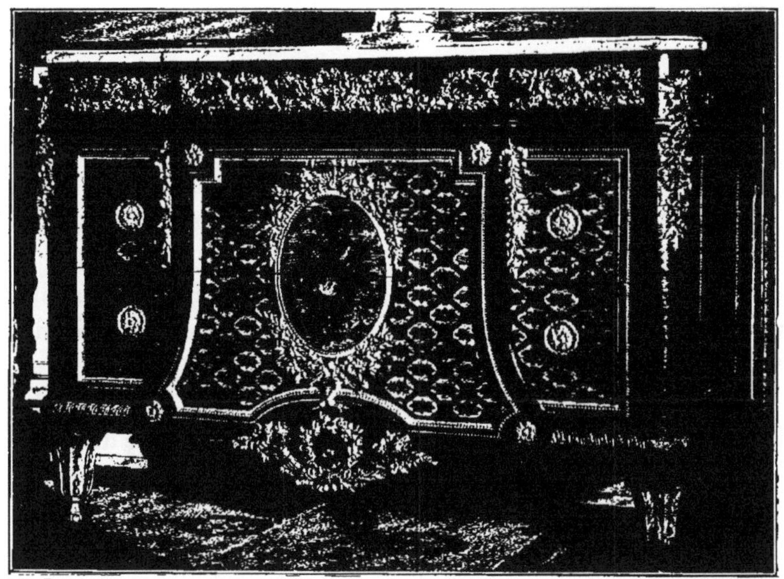

Phot. Alinari.

Fig. 16. — Commode Louis XVI, marqueterie et bronzes, par Riesener (Musée du Louvre).

Les meubles de placage, par leur matière plus précieuse, ne s'accommodaient pas de l'aspect austère du fer, et c'est alors le cuivre et le bronze ciselé qui ont servi, le premier à faire le décor des rinceaux marquetés dans l'écaille, le second à réaliser les entrées de serrure, les poignées. Surtout le bronze est entré dans la composition des meubles pour protéger les arêtes des placages en enveloppant les pieds dans des motifs en relief qui encadraient les surfaces somptueuses de bois précieux (fig. 16).

IV

COFFRE

Le coffre est le prototype et l'expression la plus simple de la « boîte » qui est le principe de tout meuble : c'est, aujourd'hui comme jadis, la malle où l'on range les effets.

Puis, de malle transportable le coffre devient un meuble important et lourd, qui prend sa place dans le mobilier de la maison.

De son origine portative, il garde longtemps la structure de planches renforcées de bandes de fer plat, l'enveloppe de peau ou de cuir que l'on décore par la gaufrure et l'or, voire même le recouvrement de toile marouflée et peinte.

Il s'appelle *bahut* ou *huche* et, en dehors de sa destination propre, sert tout à la fois de banc ou même de lit. « C'est le meuble domestique le plus usuel du Moyen-Age. Le marchand qui paie ou reçoit est assis devant son bahut ouvert ; l'avare couche sur son bahut ; on devise en s'asseyant sur le bahut orné de coussins mobiles. Du temps de Brantôme encore, à la Cour, chez les riches seigneurs, on s'asseyait sur des coffres ou bahuts, pendant les nombreuses réunions, comme de nos jours on s'assied sur des banquettes[1]. » Le coffre servait même de table.

Le Musée Carnavalet conserve un exemplaire absolument complet d'un coffre du XIIIe siècle qu'on pourrait croire exécuté

1. *Dictionnaire du mobilier français*, par Viollet-le-Duc.

par le charpentier et le ferronnier de la Porte Sainte-Anne de Notre-Dame (fig. 1). Telle était d'ailleurs la généralisation des métiers qu'Étienne Boileau rangeait les « huchers » dans la corporation des charpentiers.

Au Musée de Cluny, un bahut du XIVe siècle, de l'ancienne collection Gérente, montre la transition entre le coffre du XIIIe siècle où le bois n'a qu'un rôle constructif, tout le décor

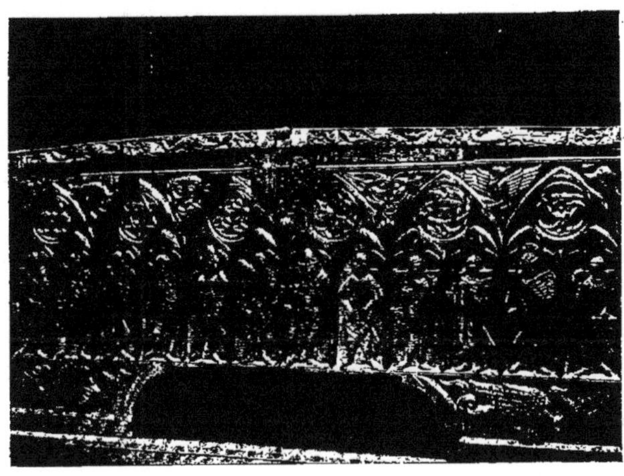

Fig. 17. — Bahut du XIVe siècle, chêne sculpté (Musée de Cluny).

étant le fait des ferrures, et le bahut assemblé (fig. 17). Il est fait d'une seule planche de dimension exceptionnelle (0^m,65 de hauteur), découpée à la partie inférieure pour former pieds et magnifiquement sculptée d'arcatures sous lesquelles figurent les douze pairs, couverts de leurs armes ; la partie médiane de la face est légèrement plus haute que les côtés, de manière à donner au couvercle une forme bombée : celle-ci augmente la résistance du couvercle et écarte la critique qu'on devrait faire des médaillons sculptés sur le couvercle, qui pouvaient être une gêne pour qui eût voulu s'y asseoir. D'ailleurs, suivant le principe constant dans les menuiseries de l'époque, toutes les sculptures sont prises en défoncement, les saillies extrêmes étant au nu des ais.

Au XVe siècle, le coffre, construit suivant les règles d'un lambris de menuiserie, marque le point de départ des principes, désormais immuables, de la structure des meubles, constituée par des montants dans lesquels s'assemblent des traverses, un panneau s'embrèvant à languettes dans les rainures des pièces du bâti. Le Louvre possède un des types les plus complets de ces bahuts : le panneau est finement décoré de motifs architecturaux d'arcatures et de rosaces ; la serrure à auberonnière est un chef-d'œuvre de ferronnerie qui s'adapte parfaitement à la place qui lui est réservée dans le décor sculpté. Le couvercle est logiquement laissé lisse. Une particularité de ce coffre est de présenter, au-dessous de la traverse de base, une traverse formant soubassement plein et entourant les montants : disposition aussi logique que celle du bahut surélevé sur ses pieds, car il n'y a pas de milieu : ou bien un meuble doit poser entièrement sur le sol pour éviter le passage de la poussière, ou il doit être assez surélevé pour permettre de la balayer.

Sans doute était-il difficile de trouver des planches d'une largeur telle qu'elles permissent de faire d'un seul panneau sculpté le remplissage du bâti formé par les montants d'angle et des traverses ; aussi rencontre-t-on plus souvent des coffres dans lesquels des montants intermédiaires subdivisent le vide laissé entre les traverses en un certain nombre de panneaux de largeur correspondant à la largeur normale d'une planche posée verticalement. C'est le cas d'un bahut du Château de Bonnétable dans lequel les montants sont renforcés par des colonnettes saillantes qui alourdissent la composition (fig. 19).

Avec le XVIe siècle apparaît l'influence italienne des coffres qui cessent d'être des ouvrages de menuiserie pour devenir des ouvrages d'architecture et de sculpture. Un coffre romain comme celui du Musée civique de Milan est sans doute une œuvre dont la rare puissance n'exclut pas la délicatesse, grâce à l'opposition du galbe général, des pieds à griffes, de la moulure inférieure et de la corniche en ronde bosse avec les fines guirlandes qui décorent la large frise en gorge : c'est un meuble dont la composition architecturale, reposant sur les supports d'angle, forme architrave, frise et corniche, et n'exclut même pas le rang de modillons sous les rosaces de la corniche ; la sculpture est admirablement traitée, mais dans de tels équarrissages un pareil meuble est singulièrement pesant (fig. 113).

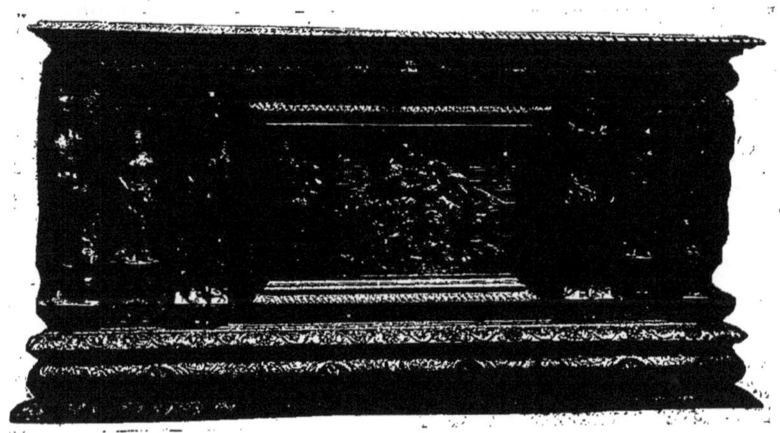

Fig. 18. — Coffre du XVIe siècle, chêne sculpté (Musée de Cluny).

Un coffre de mariage vénitien de la fin du XVIe siècle, conservé au Musée de Cluny, présente l'exagération de ce défaut avec des saillies d'une lourdeur agressive. De telles œuvres ne sont explicables que par les dimensions exceptionnelles des surfaces et des hauteurs des salles de palais auxquelles elles étaient destinées : au regard du cadre de la vie actuelle, elles doivent nous mettre en garde contre des erreurs à ne pas imiter.

Il est d'ailleurs remarquable de constater qu'à la même époque, quelle que fût la vogue des arts italiens, nos huchers respectaient une tradition de construction logique. Le Musée de Cluny conserve un bahut du XVIe siècle montrant l'adaptation au meuble du système des lambris à grands cadres qui, dans la menuiserie, remplaçait les combinaisons à petits cadres (fig. 18). La composition est bien ordonnée avec de doubles poteaux extrêmes décorés de cariatides accouplées de part et d'autre d'une niche et formant deux motifs robustes qui laissent entre eux un cadre, entourant une scène traitée en bas-relief. Sans doute pourrait-on chicaner les différences d'échelles entre les figures : toujours est-il que la décomposition des moulures haute et basse, la tenue des saillies des grandes figures sculptées dans l'équarrissage des poteaux restent qualités bien françaises.

On peut dire que c'est du bahut que sont issus tous les meubles et même, dans une certaine mesure, les sièges : les premiers canapés affectent la forme de coffres ouvrants, surmontés de dossiers et d'accotoirs, comme les crédences sont des coffres surélevés dont le mode d'ouverture s'est modifié, s'appliquant aux panneaux de face au lieu de s'appliquer au couvercle. Un fragment du XVe siècle, conservé au Musée de Troyes, est significatif à cet égard.

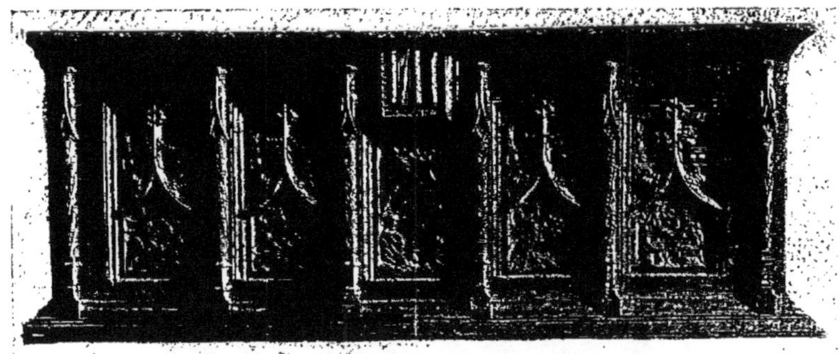

Fig. 19. — Coffre du xve siècle, chêne sculpté (Château de Bonnétable).

V

CRÉDENCE. CABINET. MEUBLE A BIJOUX

Il pourrait paraître logique, après avoir parlé du coffre, qui est l'origine de tous les meubles destinés au rangement des objets, de parler aussitôt des tables, meubles sur lesquels on les pose pour s'en servir.

Mais, ainsi envisagée, la table n'est restée, très longtemps, qu'un meuble sommaire, provisoire, constitué de tréteaux ou de pliants en X sur lesquels on plaçait une planche, et c'est la crédence qui est la première forme permanente du meuble sur lequel on pose les objets.

Dans les églises, la crédence était, à l'origine, la tablette sur laquelle on disposait, à côté de l'autel, le calice, les burettes, les linges, le livre des épîtres et des évangiles et, en général, tous les menus objets nécessaires aux cérémonies du culte. Cette tablette était souvent immeuble, étant fixée dans la niche qui contenait la piscine; souvent aussi elle formait le dessus d'une petite armoire ou d'un petit buffet.

« Près des tables à manger, lorsque le couvert était mis, on plaçait un meuble qui servait à faire l'essai ; ce meuble se composait d'une petite armoire fermée à clef dont le dessus, recouvert d'une nappe, était destiné, au moment du festin, à recevoir les vases que renfermait l'armoire[1]. »

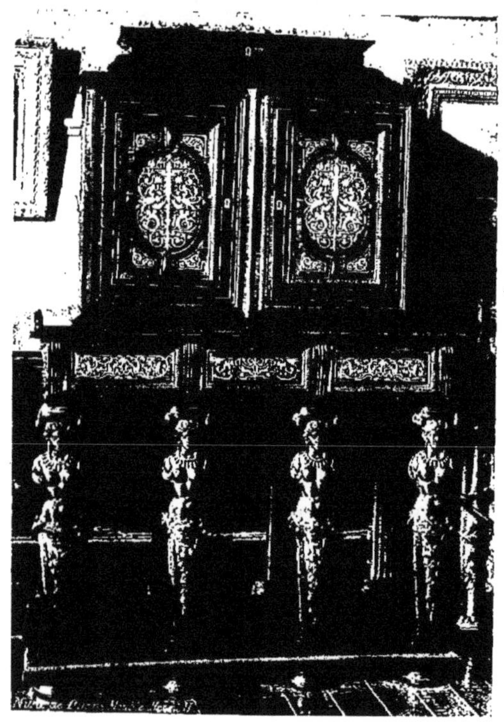

Fig. 20. — Crédence du XVIe siècle, panneaux de marqueterie (Musée de Dijon).

Ainsi définie, la crédence est un bahut surélevé, à portes verticales, à dessus formant tablette. Mais, la tablette supérieure s'élevant avec le meuble au point de devenir inaccessible, d'autres tablettes sont disposées entre les pieds; puis des tiroirs sont aménagés sous la partie formant bahut, et c'est ainsi que la crédence nous apparaît dans les représentations peintes des

1. *Dictionnaire du mobilier français*, par Viollet-le-Duc.

miniatures comme dans les sculptures des rétables : à partir du xve, nous en possédons de nombreux exemples dans nos Musées.

Une crédence de la fin du xve siècle, conservée au Musée de

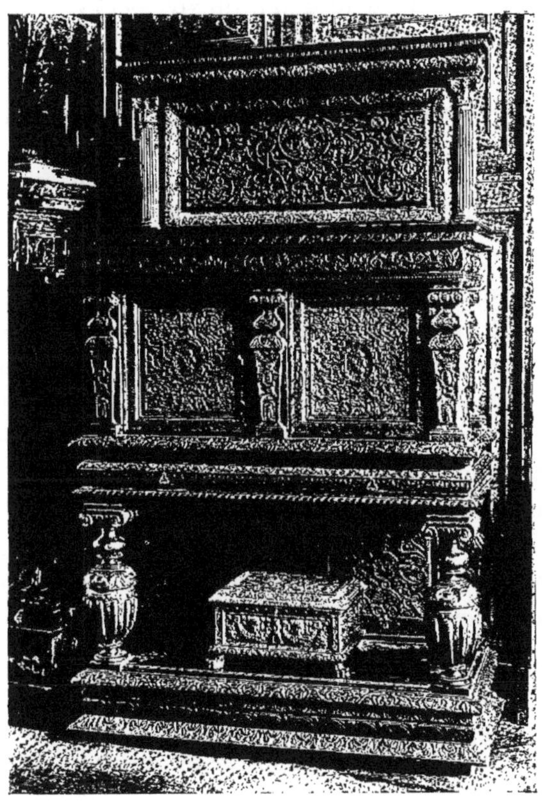

Fig. 21. — Crédence du xvie siècle, chêne sculpté (Château d'Anet).

Troyes, est un type caractéristique de ce meuble et rend bien compte de son utilisation : la tablette supérieure, trop élevée pour recevoir des objets d'un usage journalier, est plutôt destinée à présenter des objets purement décoratifs, tandis que les pièces de vaisselle dont on aura à faire usage prennent place sur la tablette inférieure (fig. 3).

Ces dispositions parurent si pratiques, la tablette inférieure avait un rôle si utile et en même temps si efficace pour réunir et consolider les pieds à la base que la crédence subsista, sous des noms divers, jusqu'au début du XIXe siècle.

Un meuble Henri II du Musée de Dijon montre un grand goût dans la simplicité et la finesse des moulures encadrant les trois tiroirs et l'armoire à deux portes, dont les panneaux sont décorés par des filets et des rinceaux de marqueterie : son mode d'ornementation marque la substitution de l'art du tabletier, devenu l'ébéniste, à l'art du hucher (fig. 20).

Comme dans les coffres, une certaine lourdeur apparaît dans un grand nombre de crédences du XVIe siècle : dans un meuble du château d'Anet, la finesse du décor, uniformément réparti sur les panneaux, ne fait qu'accuser davantage la lourdeur des moulures et des gaines et balustres formant les supports (fig. 21).

Beaucoup plus léger nous apparaît un meuble portugais du Musée de Cluny qui est un exemple de ce qu'on a appelé le cabinet, meuble dérivé de la crédence (fig. 22) ; ici le piètement formé de deux semelles qui reçoivent chacune trois supports verticaux en balustres et en colonnes torses, couronnés par un chapeau, ne comporte pas de tablette basse et est entretoisé par un véritable pan de bois à décor d'arcatures. Le mode de fermeture du bahut est un abattant qui retombe sur des tirettes sortant des chapeaux et découvre plusieurs rangées de petits tiroirs indiquant le meuble destiné à serrer des bijoux et autres objets précieux.

Dans nos cabinets du XVIIe siècle, qui perpétuent la disposition des crédences du XVe et du XVIe, on remarque un même souci de légèreté : le cabinet d'ébène du Musée du Louvre, avec sa fine ordonnance de colonnes, avec ses frises, ses panneaux à encadrements linéaires, est une œuvre de transition charmante ; on y voit toutefois l'abandon d'une saine technique dans l'emploi de motifs sculptés rapportés et collés : on s'en aperçoit à l'absence d'un chapiteau de pilastre qui s'est décollé et est tombé, car le temps se charge de faire apparaître les erreurs de cette nature.

Ces défauts montrent que, dans les meubles de luxe, le bois massif avait fait son temps et, en effet, c'est alors qu'apparaît, dans un cabinet comme celui de Boulle conservé au Louvre, une recherche décorative toute nouvelle, réalisée par des moyens techniques tout différents de ceux usités jusque-là[1].

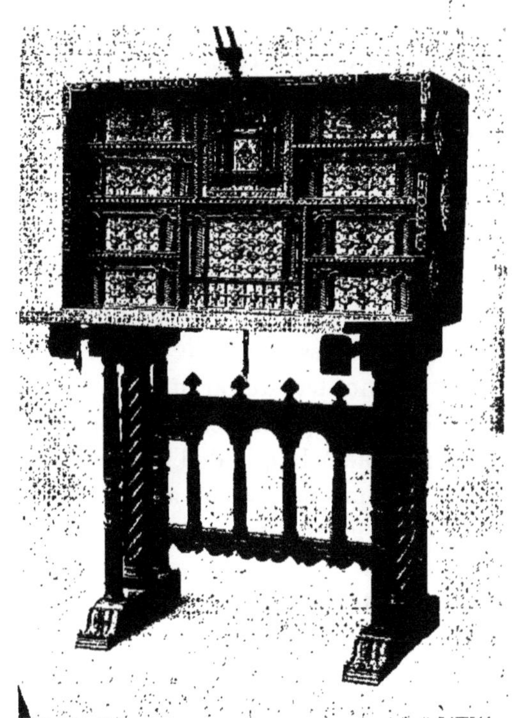

Fig. 22. — Cabinet portugais du XVIe siècle (Musée de Cluny).

Dans le cabinet de Boulle, le bois massif n'est plus qu'un support caché, que revêt une magnifique composition dans laquelle les effets de surface sont obtenus par la marqueterie de cuivre doré et d'écaille posée sur un fond rouge, tandis que les effets de relief sont dus au bronze ciselé : le bronze ciselé protège les angles des pieds, des tablettes ; il sert de prise au tiroir ; même il fournit un motif de statuaire, à l'effigie du roi, sur le panneau central du bahut.

Telle était alors dans le meuble la recherche d'harmonie de

1. Voir figure 89 du *Décor du cuivre et du bronze*.

couleur que, si le métal était argenté, l'écaille était posée sur fond bleu.

Ces recherches précieuses subsistaient jusqu'à la fin du XVIIIe siècle : le meuble à bijoux de la reine Marie-Antoinette, à la décoration duquel concourent la nacre, les camées et la peinture, tandis que le bronze des guirlandes, des frises et des figures est traité avec un art qui n'a peut-être jamais été égalé, est une œuvre de proportions parfaites, de lignes pures, qui reste pleine de goût malgré son luxe, pleine de tenue malgré sa polychromie (fig. 8).

Un cabinet de Molitor, conservé au Louvre et qui paraît dater du Directoire, est plus sec de lignes et les panneaux de laque japonais, par la liberté de leur décor de plantes et d'oiseaux, font ressortir cette sécheresse : les motifs d'angle de gaines surmontées de cariatides trop petites qui portent une corbeille de fleurs présentent des coupures désagréables.

Le meuble à bijoux de l'impératrice Marie-Louise est mieux composé, mais accuse, lui aussi, une certaine sécheresse dans le dessin des guirlandes, des couronnes, des chapiteaux, et les charmantes figures des panneaux y sont au contraire jetées comme au hasard [1].

C'est de la crédence que se sont inspirés, à la fin du siècle dernier, des artistes comme Gallé, dans les petits meubles légers, tels que les étagères, où ils mirent au service de leur fantaisie, les ressources de la sculpture et de la marqueterie (fig. 23).

MEUBLE D'APPUI. — MÉDAILLIER SERVANTE. — COMMODE

Le coffre et la crédence qui est, à l'origine, un coffre surélevé, ont pris, au XVIIe siècle, une autre forme que celle du

1. Voir figure 97 du *Décor du cuivre et du bronze.*

cabinet : tandis que le cabinet devenait de plus en plus élevé, la hauteur du meuble d'appui est restée celle qui convenait pour que la tablette supérieure fût utilisée à recevoir des objets qu'on y posait provisoirement, tels que les livres dans un cabinet de travail, la vaisselle dans une salle à manger, les gants ou tous autres accessoires du vêtement dans une chambre à coucher.

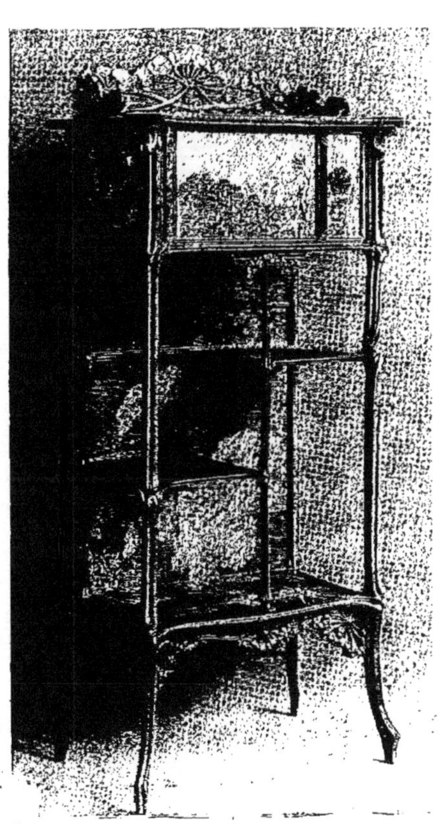

Fig. 23. — Étagère (1900), marqueterie, par Gallé.

C'est encore Boulle qui fournit de magnifiques exemples de ces meubles d'appui ; dans le mobilier du salon, ils servaient de bibliothèque ou de médaillier, ne laissant entre leur partie basse et le sol que l'espace nécessaire au nettoyage du parquet : les pieds deviennent ainsi très courts et la tablette basse de la crédence disparaît.

Le médaillier Louis XIV conservé au Garde-Meuble est une pièce admirable qui s'apparente au cabinet cité précédemment. Œuvre puissamment décorative, c'est en même temps un modèle pour la concordance entre l'art et la construction qu'offrent les grandes équerres de bronze doré permettant d'ouvrir les portes jusqu'au droit des côtés du meuble (fig. 24).

Beaucoup plus contestable est le médaillier dessiné par les frères Slodtz pour Louis XV (fig. 25). Devant ce meuble, un des plus lourds qu'on puisse voir, on ne peut s'empêcher de penser

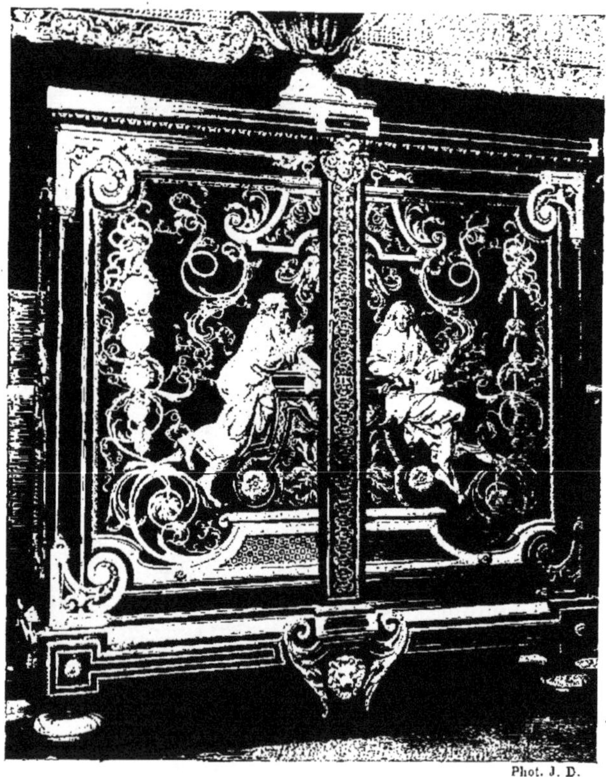

Phot. J. D.

Fig. 24. — Médaillier Louis XIV, marqueterie de cuivre et d'écaille, par Boulle (Mobilier National).

que, pour parisiens que fussent devenus les ébénistes de Cologne accrédités auprès du roi de France, leur goût n'était pas aussi épuré que celui des artisans nés chez nous : les lambris de la même époque, les sièges faits par des ébénistes aux noms bien français comme Foliot, Tilliard ou autres, n'ont jamais présenté un pareil dévergondage de rocailles.

Dans la salle à manger, le meuble d'appui devient la servante, accompagnée souvent d'encoignures assorties et destinées au même usage.

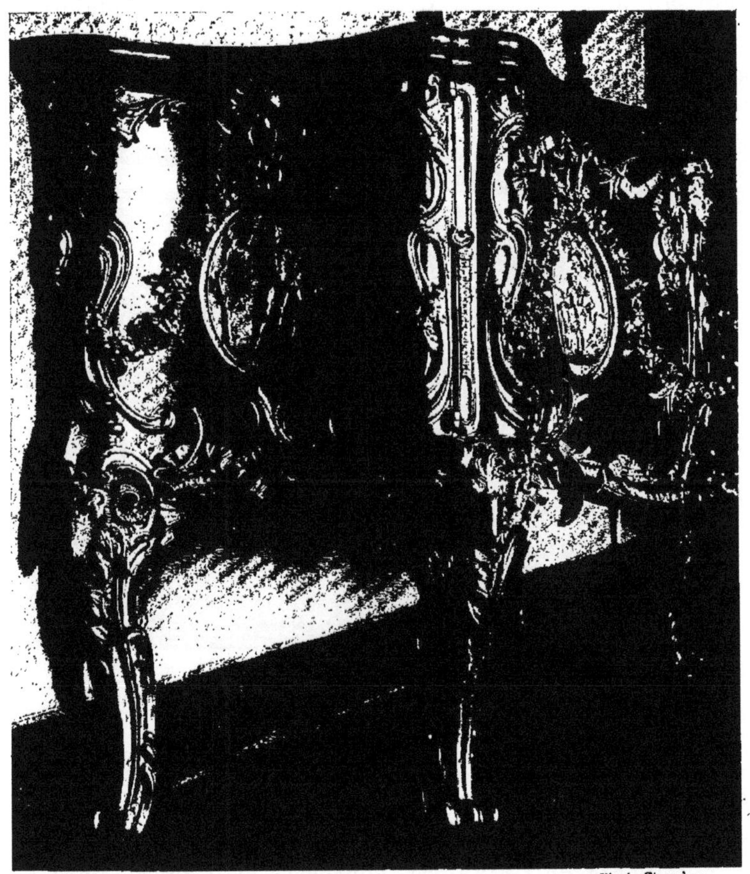

Phot. Giraudon.

Fig. 25. — Médaillier de Louis XV, placage et bronzes, par les frères Slodtz (Bibliothèque Nationale).

Au Château de Saint-Cloud existait un pareil ensemble, œuvre de Martin Carlin, dont les panneaux, en laque de Chine, s'encadrent dans les fines moulures de bronze qui sertissent les frises de placage : rien n'est plus délicat que les guirlandes qui retombent sur ces cadres et que les balustres d'angle; rien n'est plus élégant que les pieds aux bagues de métal ciselé. L'épaisse tablette de marbre qui recouvre le meuble n'ajoute pas seulement sa note à la gamme polychrome du meuble : elle est une adaptation parfaite de la matière qui convient le mieux pour poser des plats chauds, des récipients dont le liquide peut se

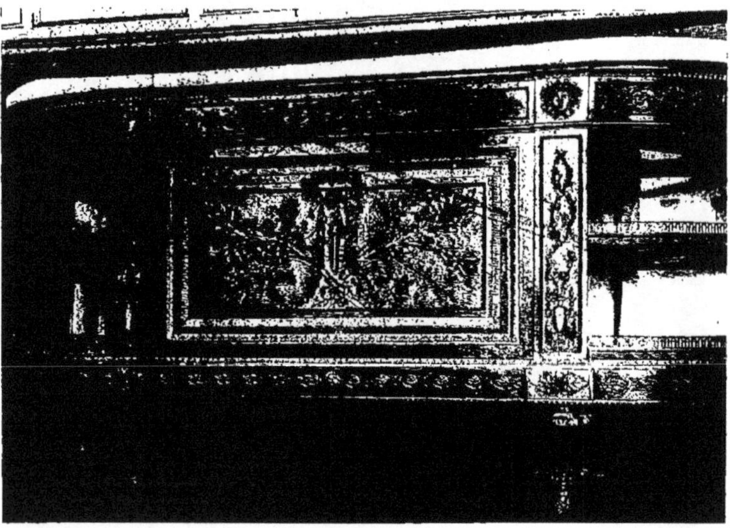

Fig. 26. — Servante Louis XVI, placage et bronzes, par Gouthière (Musée du Louvre).

répandre, tous objets qui risquent de détériorer des surfaces en bois plaqué.

La servante de Gouthière, conservée au Louvre, offre une disposition nouvelle, encore plus heureuse (fig. 26). Le bahut se raccorde avec le fond par des étages à jour en demi-cercle qui adoucissent les formes, évitent les heurts désagréables et permettent d'exposer de belles pièces d'argenterie.

Dans la chambre, le meuble d'appui est un meuble à tiroirs qui prend le nom de commode. Sans doute ne pouvait-on trouver un nom qui convînt mieux à ces meubles à tiroirs qui permettaient de ranger la lingerie et toutes les fanfreluches de la garde-robe féminine.

Un des premiers exemples de ces commodes date de Louis XIV et est conservé au Château de Fontainebleau (fig. 27). Le meuble est divisé, en son milieu, par une partie pleine qui assure le bon

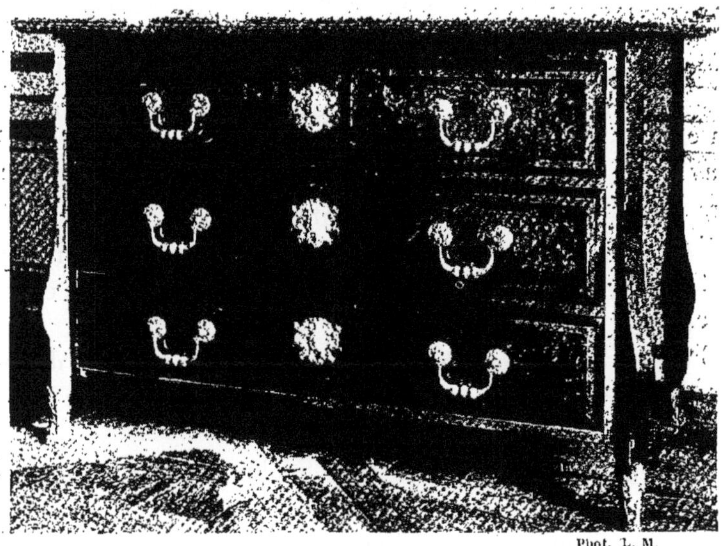

Phot. L. M.

Fig. 27. — Commode Louis XIV, marqueterie de cuivre et d'écaille, par Boulle (Palais de Fontainebleau).

fonctionnement des tiroirs en limitant leur largeur et en offrant toute la résistance nécessaire à l'agencement des glissières et des guides : elle sert en même temps à l'emplacement de serrures à double pêne qui condamnent simultanément l'ouverture des tiroirs de droite et de gauche, et les entrées de ces serrures forment des motifs de mascarons superposés. Les poignées, se détachant sur la marqueterie de cuivre et d'écaille, sont d'un style magnifique; le galbe des pieds d'angle, placés sur la diagonale, assouplit les lignes rigides du meuble.

Ces formes galbées allaient, sous Louis XV, se développer, en plan et en élévation, à la surface même des côtés de la commode et des tiroirs.

Sous Louis XVI, on revint à des formes plus sobres, mais on eut la singulière idée de composer la face des commodes comme un ensemble dans lequel on ne tient aucun compte de l'ouverture des tiroirs. Certes, une commode comme celle de Riesener qui est conservée au Louvre est un chef-d'œuvre de goût et d'exécution (fig. 16); elle est néanmoins critiquable à ce point de vue; rien n'est plus désagréable que de voir le médaillon et les cadres saillants de la partie centrale se couper lors de l'ouverture d'un des deux tiroirs qui se superposent dans la hauteur du meuble et, lorsque le meuble est fermé, malgré la perfection inouïe de son exécution, le désaccord entre la forme et la destination laisse voir une disjonction dans les panneaux et dans les cadres.

C'est un défaut commun aux œuvres les plus célèbres de cette époque comme celle que fit Benemann pour la reine Marie-Antoinette.

Le meuble d'appui reste le type le plus luxueux du mobilier moderne.

Dans un modèle de Bouchet, exécuté par Dennery, les pieds et les traverses finement moulurés et sculptés mettent en valeur les surfaces courbes où se joue la magnifique matière qu'est le palissandre de Rio; seul, le motif de serrure à cache-entrée de bronze rompt la surface.

Un admirable meuble d'appui de Ruhlmann offre le décor de surface infiniment précieux de l'amboine et de l'ivoire qui encadre le motif de figures enrichissant le centre; les cannelures des pieds sphériques, le galbe du dessus suffisent à assouplir les lignes droites qui silhouettent le meuble (fig. 5).

VI

ARMOIRE, BUFFET, BIBLIOTHÈQUE, SECRÉTAIRE

Si, pour ranger des objets, le coffre, sous sa forme primitive de malle portative, doit être aussi vieux que l'humanité, l'idée de créer dans une muraille un placard fermé par une porte ne doit pas être plus nouvelle.

Il semble bien qu'avant même qu'on eût songé à surélever le coffre et à le fermer par des portes verticales, le placard avait déjà donné naissance à l'armoire portative. A l'église d'Obazine, en Corrèze, à la cathédrale de Bayeux, subsistent encore des armoires du XIIIe siècle constituées, comme les portes et les coffres de cette époque, d'ouvrages rudimentaires de charpenterie dans lesquels les parties ouvrantes sont formées de planches jointives dont les pentures de fer assurent la liaison et la suspension mobile sur charnières.

L'armoire de la cathédrale de Noyon, qui date de la fin du XIIIe siècle, est la plus belle des armoires anciennes connues (fig. 28). Surélevée sur ses pieds, sa façade est divisée en quatre parties égales par un montant et une traverse en croix : ainsi, bien que ce ne soit pas encore un meuble à deux corps, elle offre deux étages de portes superposées. Les portes, beaucoup plus larges que hautes, sont suspendues par des pentures qui s'articulent en leur milieu, comme celles des volets de fenêtres de la même époque, idée fort ingénieuse pour diminuer l'encombrement des portes, lorsqu'elles étaient ouvertes.

4

Toute la richesse décorative est dans les peintures qui ornent les faces extérieures et intérieures des portes. Ces peintures sont exécutées sur des toiles marouflées, probablement à la colle, afin d'éviter les disjonctions qu'aurait pu causer le retrait du bois.

C'est là une disposition très décorative, que gâtent seulement

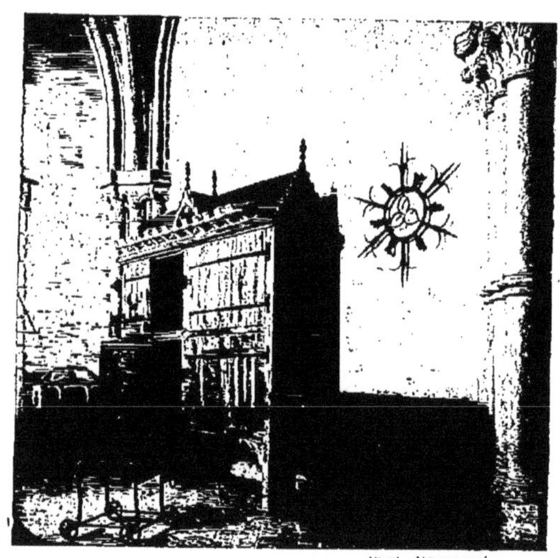

Phot. Martin-Sabon.

Fig. 28. — Armoire du XIVe siècle, bois peint et pentures de fer forgé (Cathédrale de Noyon).

les singulières prétentions architecturales du couronnement, dont les deux pentes se retournent sur la façade comme pour former un pignon de transept devant lequel passe un crénelage inspiré des fortifications militaires.

D'un goût plus sûr est l'armoire du XVe siècle encore intacte dans la salle du trésor qui surmonte le porche de l'église Saint-Germain-l'Auxerrois, à Paris.

L'armoire repose sur un banc dont le dessus se relève, formant coffre. Les vantaux ne sont pas décorés par la peinture, mais par les organes métalliques de suspension, de tirage et de fermeture, qui sont des chefs-d'œuvre de serrurerie : à la partie supérieure, les têtes de poteaux forment une saillie finement sculptée et sont reliées par une frise semblablement décorée.

Un très bel exemple subsiste dans la sacristie de l'église de Plougrescat (Côtes-du-Nord). Le meuble ne comporte pas de banc; il pose sur le sol par un soubassement plein.

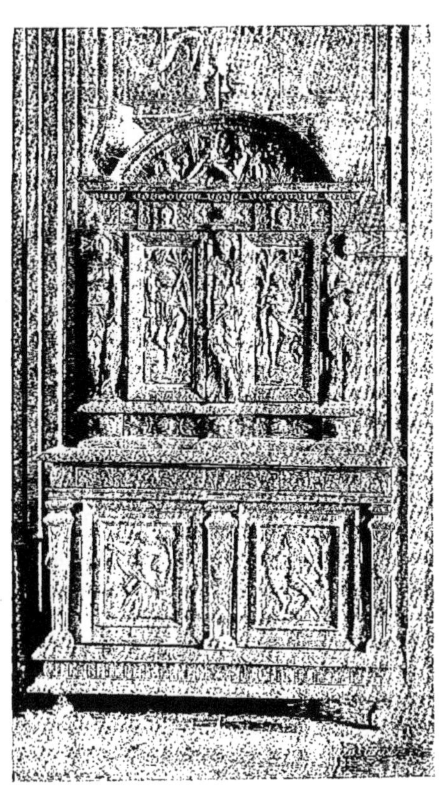

Fig. 29. — Meuble à deux corps du XVIe siècle, chêne sculpté (Château d'Anet).

Avec la Renaissance apparaît un élément nouveau dans la disposition de l'armoire. Le meuble étant de plus en plus important et lourd, il devient difficile de le faire passer dans les portes et dans les escaliers, et la nécessité d'en faciliter le transport suggère l'idée de le faire démontable ; cette idée aboutit très logiquement à la constitution de deux corps superposés. Ainsi l'armoire conservait la disposition de rangées de portes superposées qui existait depuis deux siècles, mais l'améliorait en rendant les deux étages indépendants l'un de l'autre.

Les artistes surent éviter l'écueil qu'ils rencontraient dans cette voie nouvelle, celui de donner l'impression de deux meubles posés l'un sur l'autre : ce fut en ménageant un retrait formant tablette entre le corps inférieur traité comme un soubassement bas et large, et le corps supérieur, plus élancé, plus légèrement décoré et surmonté d'une silhouette mouvementée qui contrastait avec la ligne horizontale de la tablette, doublée de la ligne horizontale des tiroirs qui couronnaient le corps inférieur. Le type des armoires à deux corps de la Renaissance s'est conservé dans nos buffets de salle à manger et dans nos bibliothèques. Une armoire à deux corps du Château d'Anet est d'un style particulièrement délicat, avec ses larges montants du corps inférieur, décorés de médaillons et couronnés de consoles méplates dans la hauteur du tiroir, avec les colonnettes d'angle qui flanquent le corps supérieur et soutiennent, au-dessus d'une frise, un fronton très librement traité (fig. 7). Des dispositions analogues se maintiennent jusqu'au début du XVIIe siècle, mais les débordements de la sculpture nuisent à l'élégance des meubles de cette époque (fig. 29).

C'est au XVIIIe siècle qu'elles allaient s'alléger singulièrement en s'appliquant aux meubles de bois plaqué : un cabinet à deux corps, servant de médaillier et conservé à la Bibliothèque Nationale, est un meuble charmant de souplesse, avec ses angles arrondis, avec les encadrements de bronze des panneaux, avec la silhouette gracieuse de la traverse inférieure et du couronnement (fig. 30).

Si la vogue de la disposition de deux corps superposés se poursuivait logiquement, suivant la formule nouvelle de la Renaissance, une autre formule allait jouir d'une égale faveur : c'est celle qui, ne comprenant qu'un seul corps, en développa les proportions pour former la grande armoire à deux portes, dont le type est resté invariable dans l'armoire à linge tandis qu'il comportait des variantes dans l'armoire à glace ou dans l'armoire anglaise.

Au Musée de Cluny se trouve un exemple d'art hollandais du XVIIe siècle, caractéristique de la grande armoire, qui souvent comporte des tiroirs à la partie basse, disposition conservée dans les armoires à glace du XIXe siècle (fig. 31). Le style de ce meuble est beaucoup plus sobre que celui des meubles français contemporains.

La grande armoire de Boulle conservée au Louvre comporte, au-dessus d'un soubassement, l'ouverture de deux vantaux, suspendus par des équerres de bronze, comme le Médaillier qui faisait partie du même mobilier royal (fig. 4).

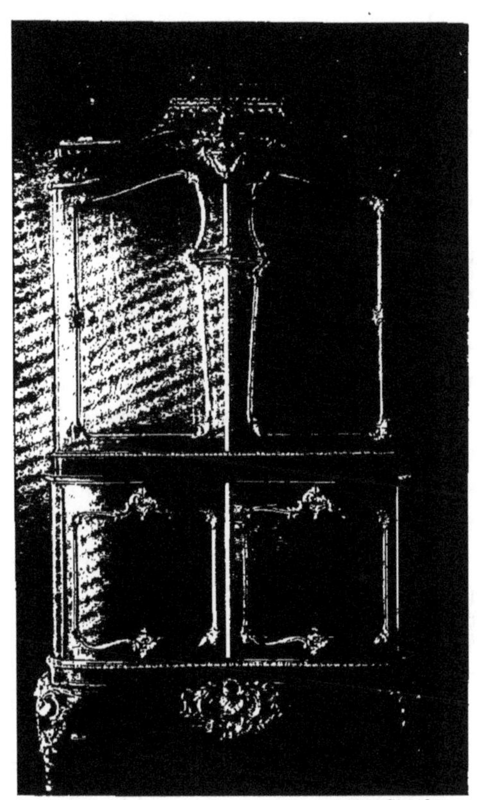

Phot. Giraudon.

Fig. 30. — Médaillier à deux corps du XVIIIe siècle, marqueterie et bronzes (Bibliothèque Nationale).

C'est là une œuvre unique, d'un luxe exceptionnel : mais la grande armoire, dite normande, dont la construction en bois massif s'est maintenue à travers tout le XVIIIe siècle et dont on peut dire que chaque foyer de France possédait plusieurs modèles, est peut-être plus représentative du meuble français, bien construit, délicatement décoré suivant sa construction même, donnant une idée aussi honnête de l'artisan qui la construisait que de la ménagère qui y rangeait le linge minutieusement entretenu.

C'est encore une œuvre de menuiserie de bois plein, décorée par la sculpture. Comme dans une porte de maison, des traverses intermédiaires viennent raidir l'écartement du bâti des portes, mais l'assouplissement de leurs contours leur enlève toute raideur architecturale ; des fleurons terminent les fines moulures dans lesquelles s'embrèvent des panneaux ; les sculptures dateront ces meubles suivant qu'elles représenteront des houlettes ou des bonnets phrygiens. Ces portes débordent sur les montants pour permettre une plus large ouverture et éviter l'entrée de la poussière.

Pas plus que dans les coffres du xve siècle, la ferrure ne perd ses droits : les grandes fiches en fer forgé et poli assurent une rotation parfaite des vantaux et les entrées de serrures en fer découpé guident la clef.

Le démontage de ces grands meubles n'est pas moins simplement conçu : les côtés, tenant d'un seul morceau avec les montants qui forment les pieds, sont assemblés à chevilles mobiles avec les deux traverses haute et basse de face et les deux traverses de fond ; la moulure supérieure forme une saillie qui emboîte l'ensemble ; ainsi, en un tournemain, l'armoire est démontée ou remontée.

Le type de l'armoire s'est d'ailleurs appliqué à des meubles moins importants : à côté de tous ceux auxquels s'adaptent les portes vitrées, bibliothèques ou vitrines, des meubles délicats, d'une destination spéciale, tels que les secrétaires, qui connurent une telle vogue à partir du xviie siècle, relèvent encore du type de l'armoire.

Un secrétaire d'époque Louis XVI montre la disposition caractéristique de ces meubles dans lesquels la partie basse forme armoire à registres, la partie supérieure présente un grand tiroir sous la tablette et la partie intermédiaire est fermée par un abattant, qui deviendra table à écrire en même temps qu'il dégagera une multitude de petits tiroirs et de casiers utiles au classement (fig. 12).

La fantaisie du décor d'un tel meuble, avec la représentation d'une table à écrire, comportant tous ses accessoires et même une chandelle allumée pour faire fondre la cire, est sans doute un peu enfantine, mais quelle savoureuse naïveté elle révèle chez nos vieux artisans, amoureux de leur métier.

A une époque où l'influence de l'Extrême-Orient avait été si importante sur le goût des bois précieux, du laque, de la

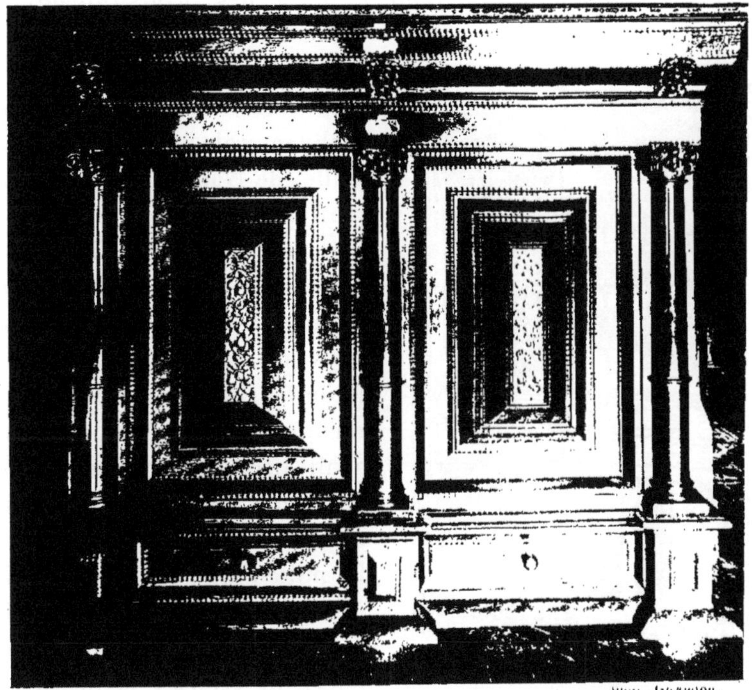

Phot. Giraudon.

Fig. 31. — Armoire hollandaise du XVIIe siècle, placage (Musée de Cluny).

nacre et des ors, il est intéressant de rapprocher des types occidentaux une armoire chinoise comme celle conservée au Musée du Louvre, armoire aussi sage de disposition et de logique que nos meubles, mais exubérante par la coloration et le fouillis de la sculpture.

Notre mobilier moderne nous fournirait des exemples aussi variés du programme de l'armoire.

Les premiers essais originaux remontent à la fin du siècle

dernier : parmi les œuvres d'une stricte adaptation au programme et d'une parfaite construction, on peut citer des meubles de L. Magne, tels qu'une bibliothèque, avec tiroirs et casiers à musique dans la partie basse : la note discrète de l'olivier s'encadre dans le chêne pour le décor des tiroirs, quelques incrustations de filets agrémentent les portes (fig. 32).

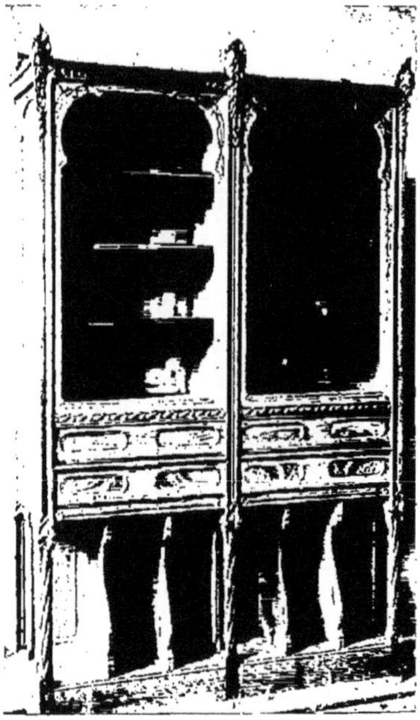

Fig. 32. — Bibliothèque (1899), chêne et olivier, par Lucien Magne.

A côté de cette tendance architecturale et constructive, Gallé, de Nancy, fut le champion de la renaissance naturaliste et décorative. Revenir, comme le préconisait Gallé, à l'étude directe de la nature pour en tirer une interprétation originale au lieu de recopier l'interprétation qu'en avait tirée tel ou tel siècle antérieur, ainsi qu'on avait eu le tort de le faire depuis le milieu du XIXe siècle, était un principe vivifiant. Mais il faut bien avouer qu'il était puéril de croire à la nécessité de copier scrupuleusement la nature ; il était puéril de faire des meubles avec des ceps de vigne : si la nature avait fait des meubles, elle ne les aurait pas traités comme des plantes attachées au sol. Aussi, malgré le talent déployé par le génie de Gallé dans le jeu des bois colorés, dans le dessin des marqueteries, un meuble comme le buffet de salle à manger qu'il exposait en 1900 est une erreur.

Les œuvres modernes de nos artistes et de nos ébénistes sont beaucoup plus réfléchies; elles visent avant tout à leur destination et le parti décoratif y reste subordonné, parti qui varie suivant la personnalité de l'artiste et aussi suivant les traditions régionales. Le meuble parisien se différencie par son luxe de placage du meuble provincial où se conserve l'emploi du chêne plein et des panneaux sculptés (fig. 33 et 11).

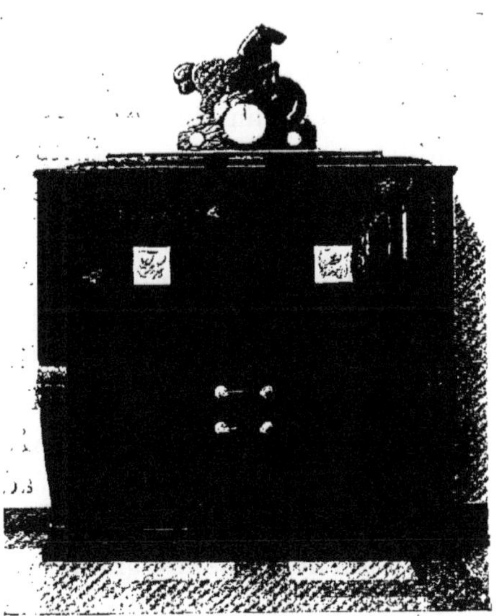

Fig. 33. — Meuble (1925), par Rapin.

VII

TABLE, CONSOLE, BUREAU, BILLARD

La table, meuble sur lequel on pose les objets, n'a pas pris une forme définitive avant la fin du xve siècle; jusque-là, on trouve dans l'antiquité des tables immeubles en marbre et, à côté de ces tables fixes, la table pliante dont le support articulé en X est en bronze.

Pendant tout le début du Moyen-Age, les crédences avec leurs tablettes, les petits guéridons à un pied central, sont les seuls meubles sur lesquels on pose les objets et, s'il y a des tables fixes en pierre, la table de bois conserve la forme provisoire des tables romaines à supports de bronze en X ou repose sur des tréteaux de bois, suivant l'usage encore adopté dans nos banquets.

« La rapidité avec laquelle, dans les grandes salles des châteaux, on dressait et on enlevait les tables à manger ou à jouer, indique assez que ces meubles n'étaient composés que de grands panneaux posés sur des tréteaux pliants et qu'ils n'étaient pas à demeure. Suivant que le nombre des convives était plus ou moins grand, on dressait et on assemblait un nombre plus considérable de ces tables[1]. »

Ces tables étaient en général longues et étroites, et les convives n'étaient assis que d'un côté, le côté opposé étant laissé libre pour faciliter le service.

1. *Dictionnaire du mobilier français*, par Viollet-le-Duc.

C'est ce qu'on voit dans les manuscrits : dans le calendrier des très riches Heures du duc de Berry[1], une table sur tréteaux est ainsi dressée pour le prince devant la grande cheminée de pierre et les murs ornés de tapisseries. Les nappes damassées ou brodées qui recouvraient la table retombaient d'ailleurs assez bas pour cacher presque entièrement les tréteaux.

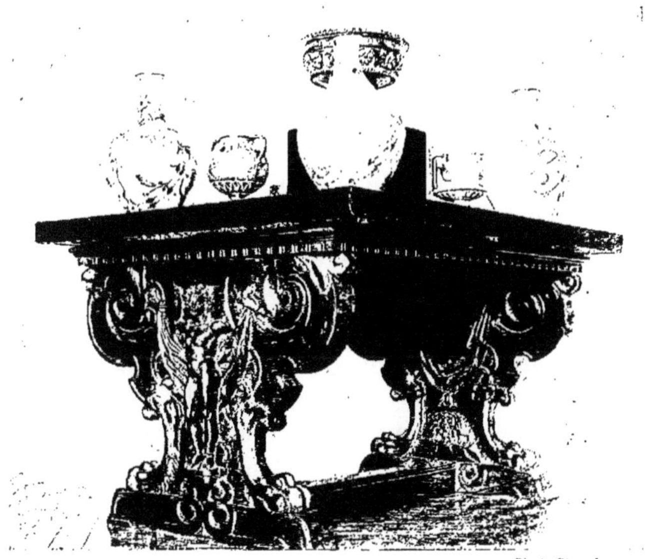

Phot. Giraudon.

Fig. 34. — Table du XVIe siècle, chêne sculpté (Musée du Louvre).

Il semble que la première forme des tables offrant la structure et l'aspect d'un meuble se soit inspirée de celle des tables rectangulaires antiques de marbre, perpétuée dans les tables fixes de pierre du Moyen-Age : la table repose sur deux blocs formant supports aux extrémités et reliés par une traverse basse; la disposition est excellente au point de vue de la stabilité, excellente au point de vue de la construction de bois qui consiste en deux semelles reliées par une traverse, les supports étant

1. Voir figure 123 du *Décor de la pierre*.

assemblés dans les semelles et dans la ceinture du dessus ; elle est excellente aussi pour l'utilisation, les personnes assises autour de la table ayant toute aisance pour leurs jambes. Les inconvénients d'une telle disposition, très décorative si l'on en juge par les tables de la Renaissance conservées dans nos musées, sont d'une part la lourdeur et d'autre part la difficulté de trouver les plateaux nécessaires pour exécuter d'une seule pièce des supports aussi massifs (fig. 34).

Une table du Musée Carnavalet est plus simple et plus logique : sur le milieu des semelles s'élèvent des supports n'ayant que la largeur de la traverse ; des consoles élargissent ces supports étroits sous la partie de la ceinture ; le contreventement des supports extrême est assuré par une traverse haute découpée pour former des arcatures qui reposent sur des balustres tournés, assemblés dans la traverse basse.

Une table de salle à manger de la Collection Foule montre une première application du système des allonges : il fallait, en effet, trouver un moyen d'agrandir la table suivant le nombre des convives, comme on le faisait précédemment et comme on le fait encore très facilement par la disposition sommaire de planches posées sur des tréteaux.

« Au XVIe siècle, les ébénistes, s'inspirant des compositions de Du Cerceau, exécutèrent un grand nombre de tables, dont les dessus se rallongent, de chaque côté, à l'aide de coulisses intérieures ingénieusement disposées.

« Ces tables ont généralement de grandes dimensions et leurs dessus sont formés de deux panneaux superposés. Le panneau supérieur possède les dimensions totales de la table ; le panneau inférieur est divisé en trois parties : au milieu, une large traverse fixe s'appuyant sur les traverses de ceinture et, de chaque côté, un volet mobile de même épaisseur. Ces deux volets et la traverse, réunis, ont les mêmes dimensions que le panneau du dessus.

« A l'intérieur de la table, de chaque côté et sous chaque volet, sont fixées, sur champ, deux fortes coulisses qui se prolongent, en dépassant les volets, de toute la longueur intérieure.

« Les volets sont fixés sur la partie des coulisses abattue obliquement et, comme ils doivent avoir toujours une position horizontale, ce sont les coulisses qui prennent une position oblique.

« Par suite de la position oblique des coulisses, les volets

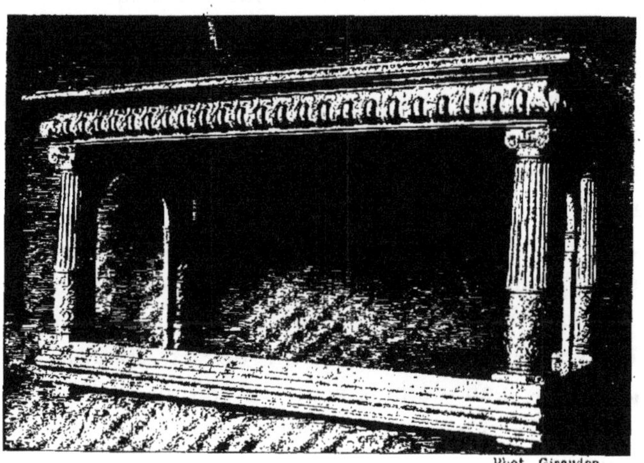

Phot. Giraudon.

Fig. 35. — Table du XVIe siècle, noyer sculpté (Musée du Louvre).

s'élèvent en sortant de la table, pour venir à la hauteur du dessus, lequel, mobile lui-même, se soulève afin d'aider au glissement mais retombe ensuite au niveau des volets quand ceux-ci ont terminé leur course et que, arrêtés par un taquet intérieur fixé aux coulisses, ils sont sortis entièrement de la table dont la superficie est ainsi augmentée, de chaque côté, de leur superficie propre[1]. »

Cette combinaison très savante et au fond très simple est restée l'une des plus élégantes pour l'agrandissement des tables de salle à manger.

1. *Industrie du meuble* par J. Boison. Dunod et Pinat, édit.

La disposition la plus courante des tables de salle à manger actuelles, à coulisses et à rallonges, date du premier tiers du XIXe siècle : le dessus de la table se divise en deux parties maintenues, en temps ordinaire, par des vis de rappel à oreilles; sous chacune de ces parties sont fixées des coulisses qui, placées sur champ, glissent les unes contre les autres lorsque la table s'ouvre. Leur course est limitée par l'arrêt des languettes dans les rainures qui ne sont pas poussées jusqu'au bout des coulisses. Les rallonges, maintenues entre elles par des clefs et des mortaises, sont posées sur les coulisses développées.

Cette combinaison nécessite qu'au moment de l'allongement de la table, des piétements secondaires, repliés en temps ordinaire sous la table, viennent soutenir les parties extrêmes développées.

Dans d'autres systèmes, c'est une rotation dans le sens vertical qui amène des pieds de soutien aux extrémités; parfois aussi, ce sont les pieds de la table qui glissent comme des chariots avec les deux parties du dessus, lorsque celles-ci s'écartent, et le pan de bois central à colonnettes qui relie en temps ordinaire les traverses longitudinales haute et basse pivote sur son axe pour former pieds intermédiaires au milieu de la table. Dans des meubles plus petits, ce sont de simples équerres à charnière verticale qui peuvent soutenir les extrémités, repliées en temps normal aux bouts de la table.

A côté de la disposition des supports extrêmes formant un bloc sur les semelles, on commença, au XVIe siècle, à faire des tables posées sur quatre pieds. Une belle table en noyer, du Musée du Louvre, montre ainsi quatre supports en forme de colonnes, reliés aux extrémités par une petite arcature et reposant sur un plateau plein (fig. 35). Une telle table devait être singulièrement incommode pour l'aisance des pieds des personnes assises autour, et l'on peut se demander si elle ne servait pas plutôt de desserte.

Avec le XVIIe siècle apparaissent des tables plus légères dont les pieds, souvent tournés en balustres, sont reliés par trois traverses formant un double T, suivant un plan d'ailleurs adopté pour relier les pieds des sièges de la même époque. C'est également à ce moment qu'on commence à placer des tiroirs dans la ceinture des tables. Cette disposition nécessitait une grande précision de la structure, parce qu'avec les tables se posent des problèmes qui exigent, pour la commodité, des

Phot. Brogi.

Fig. 36. — Table italienne du XVIIe siècle, marqueterie.

solutions strictes, exemptes de fantaisie. La hauteur d'une table ne peut guère dépasser 0^{m},75 pour qu'on puisse commodément y écrire ou y manger ; or, pour pouvoir passer les genoux sous la ceinture sans la heurter, cette ceinture ne peut guère descendre au-dessous d'une hauteur de 0^{m},60 à partir du sol ; il ne reste donc que 0^{m},15 pour le dessus de la table et la ceinture ; si l'on veut faire jouer dans cette ceinture, sans l'affaiblir à l'excès, un tiroir utilisable, il faut donc serrer la solution du problème à quelques millimètres près.

Ce qui arrêta les ébénistes dans la voie d'une recherche de légèreté pour les piétements des tables, ce fut le poids considérable qu'imposa aux dessus le marbre pour lequel on eut alors une prédilection.

L'orientation nouvelle de la décoration vers la polychromie et les ors faisait d'ailleurs abandonner, dans les tables comme dans les autres meubles, le bois massif de chêne ou de noyer apparent pour le bois doré ou pour les combinaisons de placage et de marqueterie.

Les dispositions des pieds en gaine sculptés à jour, des ceintures agrémentées de consoles découpées et refouillées, des traverses en X triangulant les pieds, furent aussi luxueuses que les belles matières qui constituaient le dessus des tables; on ne peut rien imaginer de plus puissant, de plus souple que la forme des consoles qui, pour relier les pieds, s'incurvent dans le plan vertical et se relient sur un noyau central; rien ne pouvait d'ailleurs être mieux compris pour ne pas gêner les personnes qui s'approchaient de la table, les traverses ne se trouvant plus dans le plan ni des faces, ni des côtés.

Il est très curieux de comparer les œuvres françaises du XVIIe siècle aux œuvres contemporaines italiennes (fig. 36). Car, s'il est certain que l'origine des meubles rehaussés d'or, enrichis de marqueterie, est en Italie, il n'est pas moins certain que les élèves s'étaient singulièrement affranchis des maîtres. Tandis que l'art italien restait attaché à des dispositions un peu sèches qui ne s'écartaient guère du style de la Renaissance, les ébénistes français avaient créé un art original, dont l'ampleur décorative était à l'unisson des conceptions architecturales du Palais de Versailles.

Cet art somptueux trouva particulièrement son application dans les tables d'apparat qui furent placées à poste fixe le long des murs et qu'on a appelées des consoles.

Un des exemples les plus riches est le meuble Louis XIV dessiné par Robert Decotte : il repose sur quatre consoles accouplées, reliées par une luxuriante décoration de sculpture ajourée (fig. 37).

Bientôt, donnant à ces tables adossées une fixité encore plus grande, on les scella au mur par la ceinture, ce qui permit de dessiner les pieds suivant la forme caractéristique de consoles qui dégageaient complètement la base des meubles. Il reste des témoins nombreux de cet art délicat du XVIIIe siècle.

Sous Louis XVI, le principe de ces tables à usage décoratif se maintenait dans des œuvres d'un style très pur comme celle

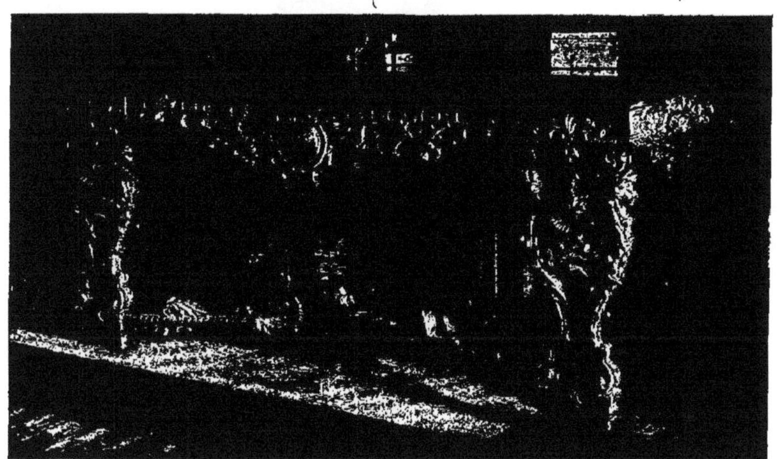

Phot. Alinari.

Fig. 37. — Table Louis XIV, bois sculpté et doré, par Robert Decotte (Musée du Louvre).

qui est conservée au Louvre et présente à chaque extrémité, deux consoles à pieds d'animaux cantonnant le balustre qui s'appuie aux raccords des traverses basses; sur la traverse basse s'élève un vase qui occupe le vide central (fig. 38).

Sous l'Empire, ces meubles faisaient montre d'un goût moins sûr ; telle la table rectangulaire du Grand Trianon, « supportée aux angles par quatre cariatides qui, deux à deux, se tournent le dos et qui semblent en s'écartant prêtes à laisser tomber leur fardeau[1] ». La traverse centrale de ce meuble porte un vase

1. Voir figure 98 du *Décor du cuivre et du bronze*.

flanqué de deux sphinx trop petits, qui ne relève pas l'art si contestable d'une telle œuvre.

Si l'art monumental des tables du XVIIe siècle s'était ainsi perpétué à travers les styles du XVIIIe siècle, dans les tables

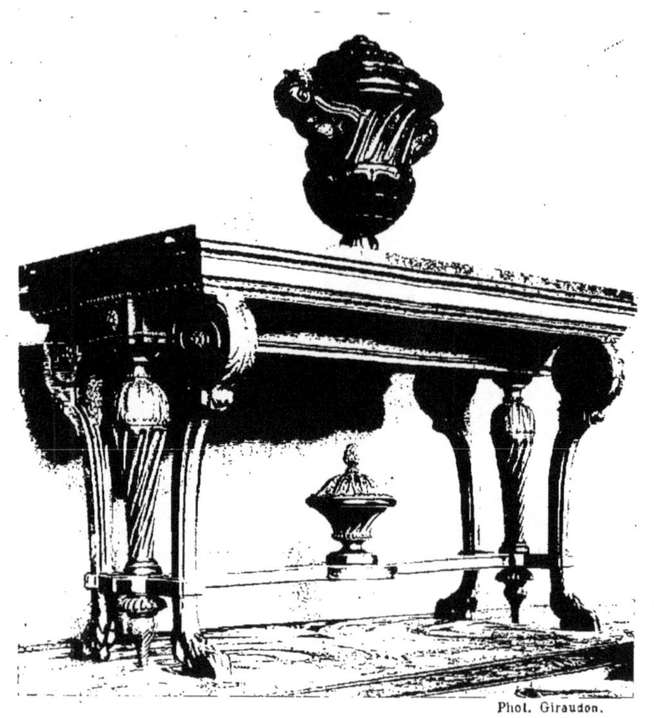

Phot. Giraudon.

Fig. 38. — Table Louis XVI, bois sculpté et doré (Musée du Louvre).

d'apparat et dans les consoles, un art beaucoup plus fin s'en était dégagé, à partir de la Régence, pour les tables à écrire, dont l'évolution, durant tout le siècle, offre une variété aussi grande par les dispositions adoptées que par le parti décoratif que les artistes tirèrent de ces dispositions nouvelles. De ce programme si strict, limité en hauteur à des mesures invariables, que présente la table à écrire, on tira toute sorte de systèmes de tiroirs, de tablettes, de casiers, de volets.

Dans sa disposition la plus simple, le bureau plat est une grande table munie de trois tiroirs, celui du milieu étant moins haut que ceux de droite et de gauche afin de laisser

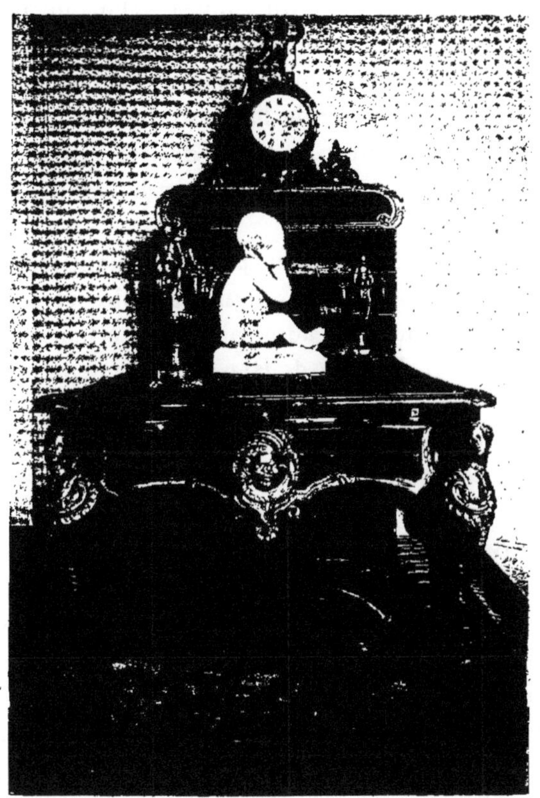

Phot. Giraudon.

Fig. 39. — Bureau plat Régence, placage et bronzes (Musée du Louvre).

plus d'espace pour les genoux de la personne assise. Une table du Louvre, d'époque Régence, est un exemple charmant de ces bureaux (fig. 39) : la grâce des pieds galbés, couronnés par d'exquis bustes de femmes, n'a d'égale que la souplesse des ceintures bombées, où les cadres de bronze enveloppent les tiroirs sur la face tandis que sur les côtés ils accompagnent un motif central de figure finement ciselé.

Si vastes que fussent ces tables à écrire, on trouvait commode de les agrandir momentanément par des tablettes latérales glissant à coulisses dans l'intérieur entre la ceinture et le dessus, comme on le voit sur la table du Louvre. Dans un bureau plat d'époque Louis XV, également conservé au Louvre, la ceinture est ingénieusement festonnée sur le tiroir central pour épouser la forme des genoux de la personne assise; les bronzes sont très sobrement traités, les lignes droites qui encadrent les tiroirs font une opposition heureuse avec les motifs à rocailles des poignées et des pieds.

Les dispositions du bureau plat se maintiennent sous Louis XVI dans des œuvres aux lignes simples et à la décoration très fine qui répondent admirablement à leur destination.

C'est un des chefs-d'œuvre de Riesener que le petit bureau de dame conservé au Louvre (fig. 40). Dans ses proportions réduites, tout y est logiquement conçu : la largeur du tiroir central, les tirettes qui se placent à droite et à gauche de la personne en train d'écrire, le rebord de bronze ciselé qui évite la chute des papiers, des livres ou même de l'encrier, que l'étroitesse de la table rendait possible. La disposition nouvelle des pieds à pans, s'amincissant à la base et portant, à la partie supérieure, un large chapeau de bronze qui donne une bonne résistance à l'assemblage à tourillons, est une trouvaille.

Aussi ne peut-on s'empêcher de quelque étonnement en voyant le nom de Riesener accolé à celui d'Œben, de Duplessis et d'Hervieu dans une œuvre qui est le triomphe de la lourdeur, au même titre que le bureau de dame précédent est le triomphe de la légèreté : le célèbre bureau de Louis XV (fig. 41).

Assurément on peut admettre que les deux programmes ne sont pas comparables et qu'il est normal et même louable que le second soit plus massif que le premier : le bureau de Louis XV offre la disposition d'une fermeture cylindrique qui alourdit singulièrement la partie supérieure du meuble, comme aussi les profonds tiroirs accolés aux pieds alourdissent toute la partie basse, notamment lorsqu'elle est vue de côté avec ses pieds très courts et sa traverse plus haute que la partie supérieure du meuble. Mais du fait que les dispositions mêmes du meuble en vue de la commodité de son usage imposaient des proportions trop lourdes, fallait-il décupler encore cette lour-

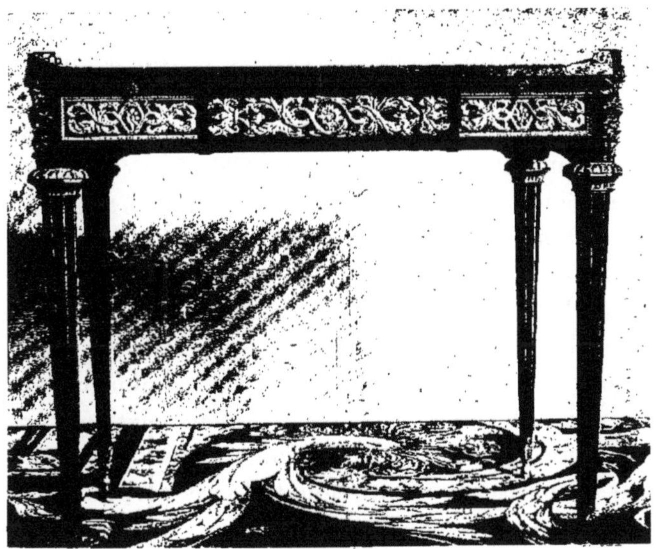

Fig. 40. — Petit bureau de dame, marqueterie et bronzes, par Riesener. Époque Louis XVI (Musée du Louvre).

deur par le poids des bronzes qui la surchargent? On peut expliquer certains d'entre eux, comme ceux qui encadrent la pendulette ou ceux qui constituent bras de lumière. Mais on pourrait peut-être en tirer argument contre l'abus de complications apportées à un programme : faut-il incorporer à un bureau les appareils destinés à l'éclairer, une horloge et une ncrier, et ne vaut-il pas mieux, pour l'art comme pour la commodité, laisser ces éléments hétéroclites indépendants du meuble lui-même ?

La critique du bureau à cylindre de Louis XV est d'ailleurs fournie par d'autres exemples de meubles analogues, tels qu'un bureau à cylindre, meuble de dame, conservé au Louvre (fig. 9). On ne peut concevoir œuvre plus fine, plus élégante, malgré l'encombrement du cylindre et la hauteur des tiroirs de côté. Le cylindre est un panneau mobile d'une seule pièce; dans cette disposition, le cintre est forcément un quart de cercle qui se prolonge par un autre quart de cercle à l'intérieur du meuble. L'espace disponible pour des casiers se trouve ainsi réduit presque de moitié et en même temps il est impossible que la partie de la table disponible pour écrire ait plus de la moitié de la largeur du meuble. Aussi, en général, le mécanisme de ce genre de fermeture est complété par des ferrures articulées qui, en même temps que le cylindre disparaît à l'intérieur, font avancer la tablette, indépendante du dessus du meuble.

On voit là un exemple de l'habileté de nos artisans qu'aucune difficulté technique ne laissait dans l'embarras : d'ailleurs c'était pour eux un amusement que de combiner dans ces bureaux des cachettes que découvraient des mécanismes secrets. Auprès de ce meuble de dame léger, il est intéressant d'étudier un bureau contemporain de Levasseur, qui est le prototype des bureaux modernes des hommes d'affaires, avec sa partie centrale laissée nécessairement libre, tandis que deux véritables armoires existent à droite et à gauche sous les tiroirs (fig. 42) ; malgré l'importance d'un tel programme, dans lequel le bureau devient un meuble considérable, qu'on pourrait dire un meuble à deux corps, puisque le dessus comporte des casiers et des tiroirs, l'œuvre est si bien conçue que la robustesse n'en exclut pas la grâce.

L'art moderne a standardisé industriellement ces œuvres magistrales dans la fabrication spéciale des meubles de bureau dont la qualité réside dans la simplicité même des formes, réalisées par de beaux bois de chêne apparent, à peine teinté.

Dans des recherches plus luxueuses et plus originales, un des premiers exemples est le bureau de Majorelle exposé en 1900; ses lignes simples étaient malheureusement alourdies par les supports inclinés qui partaient de la base des pieds pour supporter des plateaux circulaires qui terminaient latéralement la

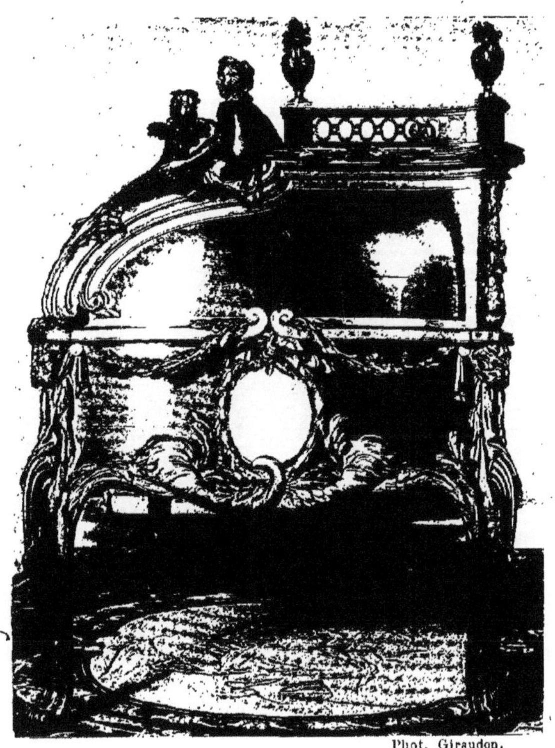

Phot. Giraudon.

Fig. 41. — Bureau de Louis XV, placage et bronzes, par Œben, Riesener, Duplessis et Hervieux (Musée du Louvre).

table, et il faut avouer que cette recherche d'originalité ne répondait peut-être pas aussi bien à l'usage que les tablettes mobiles inventées par les ébénistes du XVIIIe siècle[1].

Aujourd'hui, dans les mobiliers les plus luxueux, comme dans les modèles économiques, on revient, pour les tables de

1. Voir figure 99 du *Décor du cuivre et du bronze*.

salle à manger, à la disposition des supports extrêmes qui ont l'avantage de dégager complètement toute la longueur de la table.

Ruhlmann, dans une table somptueuse de noyer (fig. 43), Burie, dans la table de la salle commune d'une métairie berrichonne (fig. 142), fournissent des variations également excellentes de ce thème.

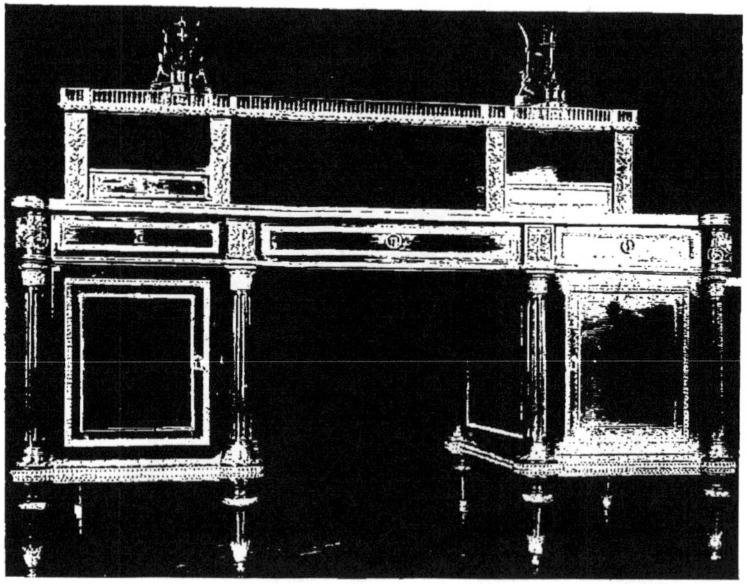

Phot. Giraudon.

Fig. 42. — Bureau Louis XVI, placage et bronzes, par Levasseur (Musée du Louvre).

A la structure de la table se rattache le meuble que constitue le billard et on ne saurait trop louer les ébénistes modernes d'avoir exercé leur talent à faire œuvre d'art dans la solution d'un problème aussi ardu que celui de cet objet encombrant, d'une lourdeur exigée par la matière lapidaire qui constitue leur dessus, parfaitement plan.

Le métal jouit à nouveau d'une grande vogue pour l'exécution des tables, mais, par son poids, il ne se prête guère à traiter des objets réellement meubles dès qu'ils atteignent de grandes dimensions, et c'est pourquoi les virtuoses du fer forgé se sont exercés de préférence sur le programme des grandes consoles fixes.

A la suite du ferronnier Robert, Favier et Brandt, Kiss, Subes, d'autres encore, ont déployé toutes les ressources de leur art, que les procédés nouveaux de la soudure autogène ont

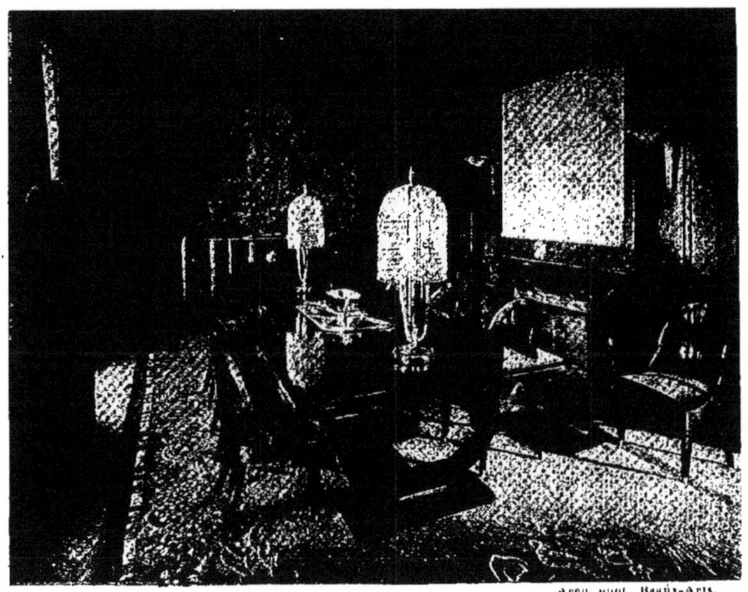

Arch. phot. Beaux-Arts.

Fig. 43. — Table de salle à manger, noyer, par Ruhlmann.
(Extrait du Rapport général de l'Exposition de 1925.)

rendues si riches et si variées, dans des œuvres d'un goût parfait. Une tentative des plus curieuses avait été faite, à l'Exposition de 1925, par Maurice Dufrêne pour une table somptueuse de salle à manger réalisée au moyen de grandes consoles en fer laminé qui dégageaient bien le dessous de la table ; ce ne sont pas là des œuvres qui pourraient entrer dans une fabrication courante, mais elles témoignent du génie inventif des décorateurs contemporains (fig. 136).

VIII

PETITS MEUBLES : GUÉRIDON, TABLE A JEUX, TABLE A OUVRAGE, TABLE A COIFFER, TABLE DE TOILETTE

Des meubles légers, de destinations variées, ont été, à toutes les époques, le complément du mobilier principal constitué par les grandes catégories de meubles du genre des armoires et des tables.

Dérivés de la table sont la plupart de ces petits meubles dont les exemples les plus anciens ne sont pas parvenus jusqu'à nous, en raison de la fragilité inhérente à ces objets divers.

C'est ainsi que le guéridon, qui est l'expression mobile de la table fixe de marbre posée sur un pied central telle qu'elle fut disposée dès l'antiquité, n'a laissé trace, pour la période du Moyen-Age, que dans les représentations figurées des miniatures.

Il nous faut arriver à la fin du xviiie siècle pour en trouver des exemples qui subsistent encore. Ces petits meubles correspondaient d'ailleurs parfaitement au caractère d'intimité que marquent, dans une demeure royale comme le Petit Trianon, les dimensions réduites des pièces, leur décoration sobre, par opposition avec le faste des appartements monumentaux du Palais de Versailles.

Le chef-d'œuvre du genre est le guéridon du Petit Trianon dont la structure et les lignes simples s'agrémentent de la décoration la plus gracieuse qui soit, par le mélange de la peinture et des bronzes enrichissant les placages précieux (fig. 44).

Pour apprécier à sa valeur un tel bijou, il faut le comparer avec une œuvre analogue, postérieure de quelques années seulement, comme le guéridon Empire du Grand Trianon, qui apparaît comme la caricature du précédent (fig. 45).

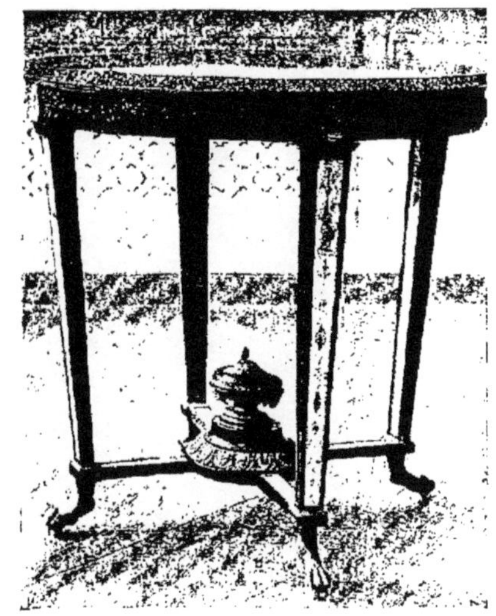

Fig. 44. — Guéridon Louis XVI (Petit Trianon).

Il faut reconnaître d'ailleurs que les premiers essais des artistes modernes ne prêtaient pas à moins de critique. Le guéridon aux pieds à formes de libellules monstrueuses, exposé par Gallé à l'Exposition de 1900, nous apparaît aujourd'hui comme une œuvre dépourvue de simplicité et de ligne, et la remarquable marqueterie encadrée dans les lobes que forme le bord du plateau, ne suffit pas à compenser ces défauts de composition.

Tandis que le guéridon est en général rond ou ovale, la table à jeu est carrée pour répondre à sa destination. Pour peu encombrante qu'elle soit, on s'applique cependant à la combiner comme une table à allonges, le dessus se repliant à charnière pour que le volume du meuble, lorsque l'on ne s'en sert pas, diminue de moitié. Les ébénistes rivalisent d'ingéniosité dans la manière de replier ces dessus, coupant par exemple la table carrée suivant ses deux diagonales pour former quatre triangles articulés sur les faces : les triangles dépliés forment un losange double du carré de la table.

La table à ouvrage de l'impératrice Joséphine à la Malmaison est, avec le métier qui l'accompagne, parmi les exemples les plus légers d'un art dont la lourdeur ne fut pas, en général, le moindre défaut.

Supportée en encorbellement par des colonnettes doubles qui reposent sur des semelles, la table à ouvrage s'ouvre à charnière et l'envers du dessus est orné d'une glace. Le métier

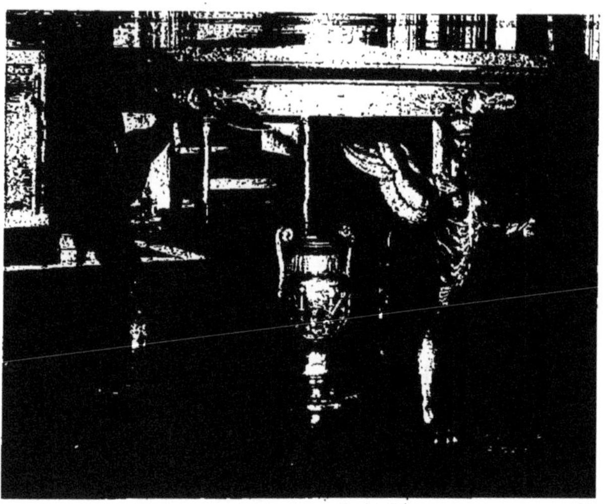

Fig. 45. — Guéridon Premier Empire (Grand Trianon).

est une petite merveille d'expression artistique d'un instrument de travail parfaitement agencé : sur l'un et l'autre de ces petits meubles luxueux, le bronze est ciselé comme de l'orfèvrerie.

La table à coiffer est souvent traitée suivant un plan analogue à celui de cette table à ouvrage; parfois aussi la glace est mobile sur des supports fixés à la table qui s'ouvre par des volets de côté se rabattant et formant tablettes.

La table de toilette apparaît vers la même époque : c'est le premier pas vers l'adaptation de l'art aux meubles qui rendent plus confortable la vie journalière. Sans doute serait-il prématuré de parler d'hygiène devant la chaise d'affaires ornée de laque de Chine et d'incrustation de nacre, conservée dans le cabinet de toilette du Petit Trianon, et l'on ne peut sans sourire admirer ce meuble qui semble, par son aspect de coffre-fort à serrure, destiné à renfermer les matières les plus pré-

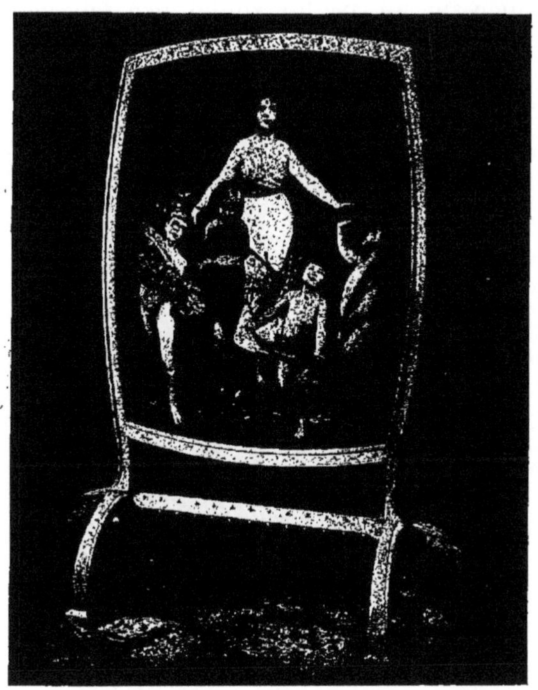

Fig. 46. — Écran « L'Année » (1922), chêne sculpté et tapisserie de Beauvais, par H.-M. Magne.

cieuses. Mais n'avons-nous pas encore, le plus souvent, un vase de nuit dans nos tables de chevet ?

Au XIXe siècle s'est développée la forme de toilette à chariot dont la tablette de marbre s'avance en même temps que s'ouvre le dessus, offrant tout à la fois une glace sur le fond rabattu contre le mur et tous les objets de toilette à leur place sur la tablette. Surmontant une armoire basse agencée comme une commode, ce meuble présentait une disposition vraiment pratique tant que la généralisation du cabinet de toilette, avec ses installations apparentes, exécutées en matériaux hygiéniques, n'était pas encore entrée dans les mœurs.

En même temps que la table de toilette est apparue la glace Psyché, mobile sur un axe horizontal fixé dans les montants

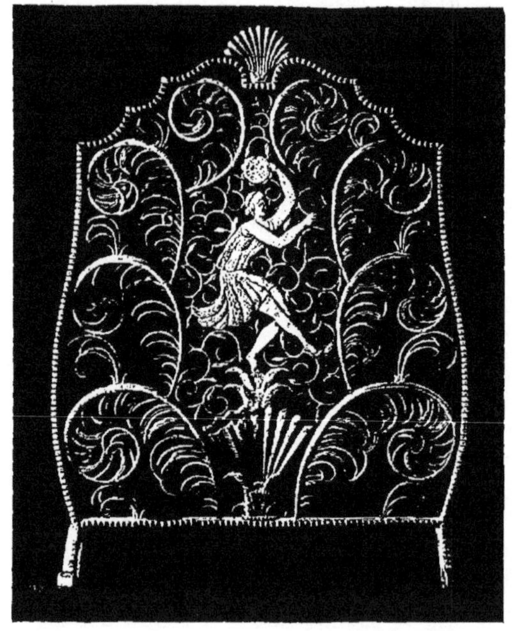

Phot. E. Harand.

Fig. 47. — Écran « Danseurs » (1925), fer forgé, par Brandt.

verticaux et réalisant pour la personne qui s'habille une commodité qui n'a été dépassée que par les systèmes actuels à triple miroir articulé.

Si le bois a fourni la matière de ces petits meubles nécessaires au confort de la vie, il a permis également d'exécuter des objets mobiliers qui augmentent ce confort, tels que les écrans, les paravents : l'écran destiné à tempérer le rayonnement de la flamme du feu de bois, a été, au XVIIIe siècle, l'occasion d'œuvres charmantes, dont la construction légère, formant un cadre étroit garni d'étoffe, était néanmoins fort bien comprise pour la stabilité, obtenue par la saillie des pieds perpendiculairement au plan de l'écran. Le paravent, dont le but est de couper les courants d'air, est naturellement construit de manière que ses panneaux pleins reposent sur le sol de la pièce, sans piètement à jour, et c'est grâce aux charnières à double rotation

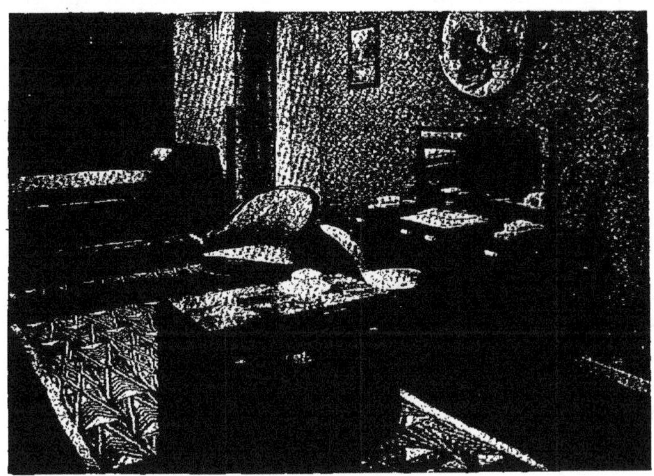

Fig. 48. — Chambre à coucher, composée par Fréchet, éditée par E. Vérot. (Extrait du Rapport général de l'Exposition de 1925.)

reliant les panneaux que l'on obtient la pose en dents de scie qui assure la stabilité de l'objet. Cette disposition particulière apparaît dans les œuvres admirables de laque constituant les feuilles ou encadrant les panneaux habilement brodés qu'a réalisées l'art d'Extrême-Orient comme dans les œuvres françaises décorées de cuirs gaufrés.

Ces programmes ont été repris par les décorateurs modernes qui, sans en changer l'agencement essentiel, en ont modifié heureusement les thèmes (fig. 46).

D'autres artistes modernes ont préféré recourir au métal pour l'exécution de ces meubles protecteurs auxquels il se prête parfaitement, tamisant suffisamment la chaleur par leurs parties pleines sans l'arrêter complètement, grâce aux ajours du décor (fig. 47).

C'est d'ailleurs dans les petits meubles que se sont distingués avec le plus de talent les ébénistes d'aujourd'hui.

La fin du XVIIIe siècle avait vu apparaître le casier à musique, cette petite bibliothèque roulante où l'on plaçait les recueils favoris. Le XIXe siècle imagina la bibliothèque tournante, qui permet, étant assis, d'avoir sous la main un grand nombre de livres répartis sur les quatre faces de ce meuble léger, mobile sur un pivot central.

Toute la grâce qu'on trouvait dans les menus objets mobiliers, bonheurs du jour, poudreuses ou autres du XVIIIe siècle, apparaît dans les conceptions modernes des artistes qui, comme René Gabriel, comme Fréchet, ont mis leur savoir et leur goût au service de ces meubles indispensables à la vie féminine (fig. 122 et 48).

IX

MEUBLES D'ÉGLISE, INSTRUMENTS DE MUSIQUE

Avec ses combinaisons de construction simples, résistantes et relativement légères, le bois fournit la matière de bien des objets mobiliers, autres que ceux qui répondent strictement au programme de l'habitation.

C'est dans les églises que le charpentier et le menuisier, unissant leurs talents, avaient réalisé les plus vastes ensembles décoratifs, tels que les tribunes et leurs buffets d'orgues, les chaires à prêcher ou les boiseries de chœur et leurs stalles ; ils apportaient ainsi leur collaboration à l'exécution des instruments de musique comme à celle des sièges.

Mais il fallait compléter ces ensembles fixes par des objets mobiles, et c'est encore l'art du bois qui permit de les réaliser.

Un des programmes qui ont fourni, pendant quatre siècles, le thème de chefs-d'œuvre qui suffiraient à écrire l'histoire des styles, c'est celui du lutrin.

A la fin du XIVe siècle, le lutrin est un double pupitre, monté à pivot sur un support auquel trois pieds donnent une assise solide : du premier coup est ainsi trouvée une silhouette imprévue qui répond à l'ouverture des antiphonaires in-folio dont les chants sont enluminés à une dimension qui les rend lisibles aux chanteurs groupés tout autour ; la double pente du pupitre lisse limite un triangle dont le sculpteur s'empare. Plus tard, la partie basse du lutrin forme une masse importante qui fait contrepoids à la mobilité de la partie supérieure et permet en même temps de déposer les livres en attendant qu'on les place sur le pupitre (fig. 49).

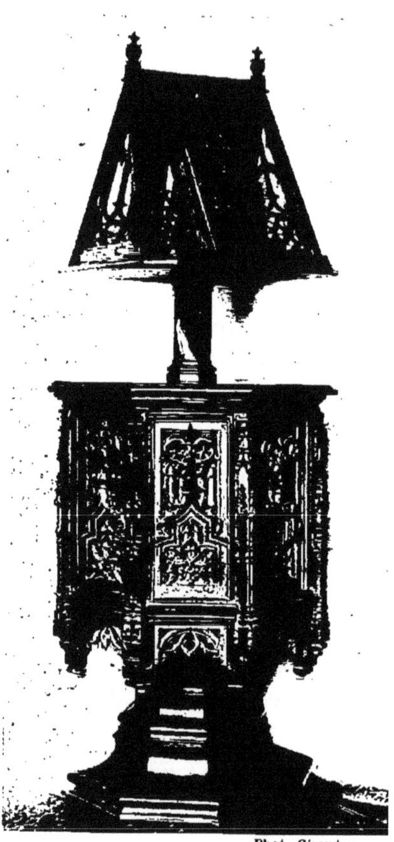

Phot. Girnudon

Fig. 49. — Lutrin du xve siècle, chêne sculpté (Collection Foule).

Parfois même, comme à Chérence (Seine-et-Oise), la base du lutrin est une véritable bibliothèque dont les panneaux ouvrants permettent de ranger les livres; mais le meuble perd alors toute sa mobilité.

Il est curieux de comparer l'identité de disposition des lutrins français et des lutrins italiens, offrant cependant des effets décoratifs absolument différents, parce que l'art français utilisait exclusivement le décor de relief et d'ajour du bois massif, tandis que les panneaux de marqueterie de bois colorés enrichissaient les œuvres italiennes (fig. 50).

Au xviiie siècle, malgré la vogue du fer forgé et de la tôle martelée et dorée pour la réalisation des lutrins, le bois conserve ses droits dans des objets où la figure joue le rôle principal : c'est ainsi que dans l'église de Montigny (Oise), un ange porte dans ses bras le pupitre qui recevra le livre. Le hasard qui a réuni, à côté de cette œuvre monumentale, un lutrin tournant d'une grande légèreté, montre les ressources qu'offre le bois pour des expressions très diverses d'un même programme, suivant qu'il est taillé dans la masse ou forme un assemblage de pièces de faible section.

Dans le Salon du Petit Trianon se trouve un pupitre de musique de chambre qui est un exemple exquis de l'art de la fin du XVIIIe siècle par les proportions de ce petit meuble et par la sculpture très fine à faible relief qui décore le panneau de bois plein (fig. 51).

A l'intérieur des églises, le bois a servi encore à réaliser les chaires mobiles dont on trouve des exemples dans de petites églises de campagne.

Hors des églises, le principe du trépied, qui a été le point de départ des lutrins, a été utilisé pour les bases des lampadaires dorés, qui ont parfois, comme à Versailles, été des œuvres d'une richesse inouïe, s'accordant bien avec la décoration monumentale des grands appartements royaux (fig. 52).

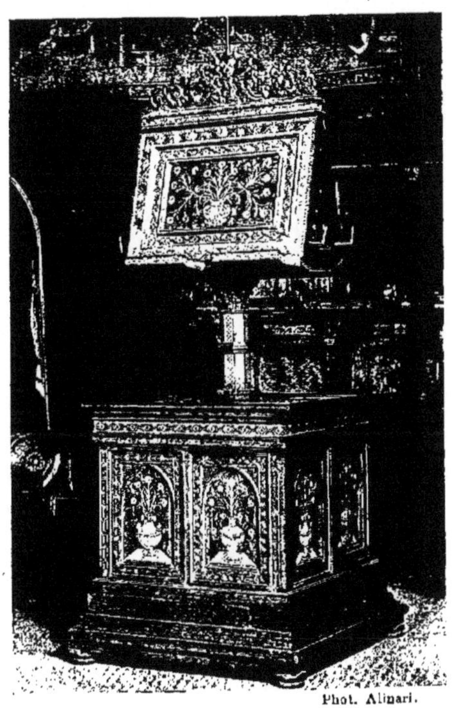

Phot. Alinari.

Fig. 50. — Lutrin italien du XVe siècle, marqueterie, par Leonardo Marti (Pinacothèque de Lucques).

Les lutrins et les pupitres évoquent une autre application du bois, la fabrication des instruments sonores eux-mêmes, la lutherie. Le bois, avec ses sections d'ouvrages de charpente ou de menuiserie, a pu fournir la matière nécessaire aux buffets d'orgue et aux lutrins ; c'est presque paradoxal qu'il ait pu fournir aussi, à l'épaisseur infiniment réduite d'une table de violon, la matière la plus propice à la résonance des instruments de musique.

La musique est peut-être l'art le plus ancien, et les formes des instruments de musique, comme la grâce des mouvements des musiciens, ont toujours tenté les artistes.

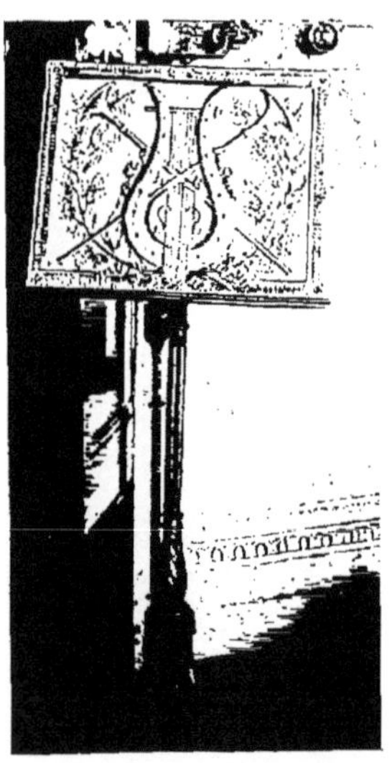

Fig. 51. — Pupitre Louis XVI, bois sculpté (Salon du Petit Trianon).

La joueuse de mandore peinte sur les murs d'une Nécropole de Thèbes et dont le costume ressemble fort heureusement aux modes féminines actuelles, est une des œuvres les plus délicieuses de cet art égyptien qui a eu toutes les puissances dans la structure gigantesque de ses monuments, toutes les grâces dans leur décor.

Fra Angelico, dans ses visions célestes, se plaisait à doter le concert des anges des instruments de musique de son temps et la célèbre tapisserie de Rohan, à la cathédrale d'Angers, montre un petit orgue portatif du plus charmant effet.

Les premiers instruments de musique paraissent avoir tous été des instruments à cordes pincées, au doigt ou au plectre, qui est le médiator actuel de la mandoline. A côté de la mandore, c'est la harpe, dont l'antiquité égyptienne nous a laissé des exemplaires.

Primitivement exécutée en bois plein, de forme naturellement courbe ou recourbée au feu, la harpe a ensuite comporté, à la partie inférieure, une caisse de résonance en bois mince, destinée à amplifier la sonorité : elle prit dès lors sensiblement sa forme actuelle avec des crochets ou sabots, mus à la pédale, en vue d'élever le ton des sons produits par les cordes.

C'est Érard qui, en 1787, remplaça le mécanisme des sabots

par un mécanisme à fourchettes à double mouvement, grâce aux deux crans d'arrêt de chacune des sept pédales.

La harpe comprend, en dehors de la caisse sonore, le pied, la console et la colonne creuse ; la caisse, en forme de pyramide tronquée, est un placage de plusieurs morceaux de bois dur et la table d'harmonie est en sapin ; la console se compose de plusieurs épaisseurs collées ; la colonne, creusée pour le passage des sept tringles actionnant les fourchettes, est en bois dur très résistant afin de pouvoir soutenir la tension de quarante-six cordes.

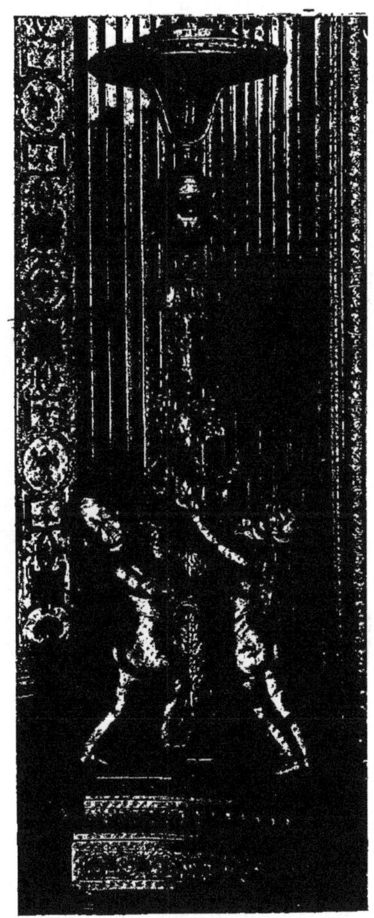

Fig. 52. — Lampadaire XVIIIe siècle, bois doré (Palais de Versailles).

Si les problèmes exclusivement techniques et mécaniques de structure et de sonorité s'accumulent sur un objet de ce genre, on a pu mettre néanmoins beaucoup d'art dans la forme de la console, dans la disposition de la colonne (fig. 53).

Successivement sont apparus d'autres instruments à cordes pincées : vers le VIIe siècle, le luth, qui est l'antique mandore et est monté avec des doubles cordes ; la théorbe, qui date du XVIe siècle et porte le nom de son inventeur, la mandoline, inventée à Naples, en sont les dérivées.

Contrairement au luth, la guitare, qui apparaît au XIe siècle en Espagne et en Italie, est un instrument à éclisses et son manche, afin d'assurer la justesse des sons, est divisé en cases d'un demi-ton. Tous ces instruments, dont il faut rapprocher les cithares ou psalterions, eurent grande vogue au XVIIe siècle.

A côté des instruments à cordes pincées, on voit au XIIe siècle apparaître, sur les peintures, les vitraux, les chapiteaux sculptés, les instruments à cordes frottées avec un archet : vielle, rubec, monocorde sur pied. Au XVe siècle, le violon a déjà sa forme actuelle, ainsi que l'alto, le violoncelle et la contrebasse. C'est en Italie, à Crémone, que furent fabriqués au XVIIe siècle les violons les plus parfaits : les noms d'Amati, de Stradivarius, de Guarneri sont universellement connus. Pour être moins célèbres, les luthiers français tels que Médard de Nancy, ont fait école et nous avons eu au XIXe siècle d'excellents fabricants, comme Vuillaume, Gand, Deroux.

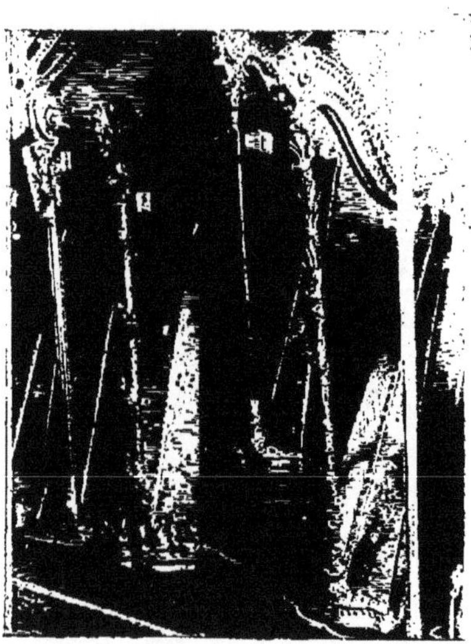

Fig. 53. — Harpes du XVIIIe siècle, bois doré (Musée du Conservatoire de Musique).

Les formes traditionnelles des instruments à cordes frottées, formes d'ailleurs élégantes, paraissent impossibles à changer, si l'on en juge par les essais infructueux de Savart au début du XIXe siècle : ses violons en trapèze, à éclisses droites, sont conservés au Musée du Conservatoire national des arts et métiers.

Pour la sonorité, la table et l'âme sont nécessairement en sapin. Dans ces conditions, le manche qui est en érable comme le fond, les éclisses et le chevalet, tandis que la touche, les chevilles, le cordier sont en ébène, peut offrir une diversité par sa sculpture ; le découpage du chevalet et la délicatesse du contour des éclisses peuvent également prêter à une recherche d'art qui est néanmoins très limitée; on a enjolivé à la Renaissance le fond par des peintures ou même par la sculpture : depuis que les lois de la structure de ces instruments ont été fixées, on a renoncé à ces décors pour ne garder que quelques filets d'ébène ; il n'en reste pas moins qu'il y aurait quelque chose de moderne et de charmant à faire avec la tête du manche, avec le

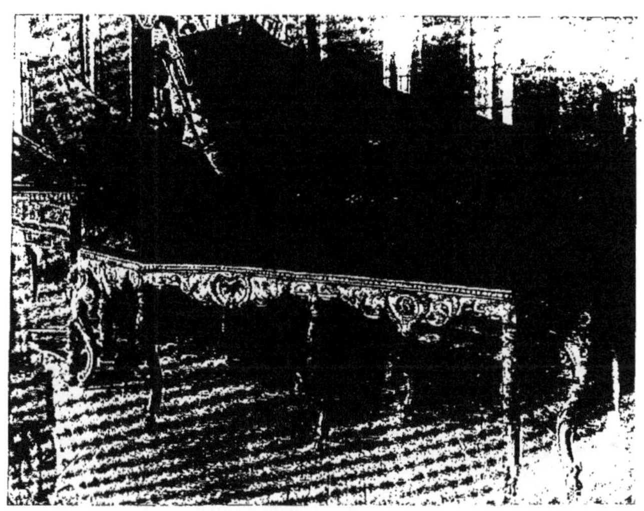

Fig. 54. — Clavier Régence.

chevalet, et qu'en tout cas, au point de vue de l'exécution, la construction d'un violon est un travail d'art des plus délicats.

Suivant le tracé traditionnel publié à Padoue au XVIIIe siècle, on fait un moule en bois avec des entailles pour les tasseaux, placés aux deux extrémités du violon, pour les coins placés aux angles des éclisses. En chauffant le fer à plier, on plie les éclisses et les contre-éclisses, préalablement trempées dans l'eau. On taille à la gouge et au rabot à fer courbe les voûtes du fond et de la table de manière que la partie centrale conserve une épaisseur de trois millimètres, tandis que l'épaisseur sur les bords est réduite à un millimètre et demi. On repère le fond sur les éclisses en entrant deux chevilles dans les tasseaux ; on colle le fond et l'on détache alors du moule l'ensemble formé du fond et des éclisses. On fixe la table de la même manière après avoir collé une barre de renforcement sous le passage des grosses cordes.

Ce travail très fin de sculpture et de montage est simplifié

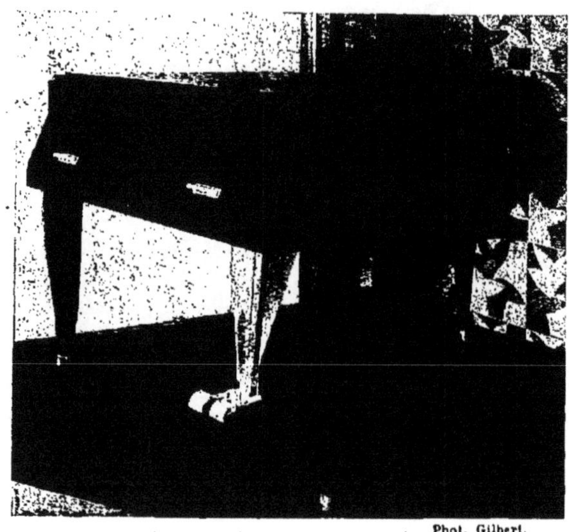

Phot. Gilbert.

Fig. 55. — Piano Pleyel (1925), palissandre, par Ruhlmann.

dans la fabrication industrielle de Mirecourt, où la forme du fond et de la table est réalisée par moulage, mais on ne saurait obtenir ainsi la qualité des instruments à la fabrication desquels les artistes luthiers appliquent un travail manuel plus précis.

Les instruments à cordes frappées, clavecins puis pianos, ont toujours été entièrement enveloppés par une construction de bois qui en fait de véritables meubles (fig. 54). Pour logique que soit la forme adoptée de nos jours pour les pianos à queue, en raison de la longueur différente des cordes, elle n'est pas sans offrir une dissymétrie assez disgracieuse et l'on conçoit qu'au début du XIXᵉ siècle, on se soit efforcé, par une autre disposition des cordes, de réaliser des enveloppes rectangulaires : tout vaudrait mieux néanmoins que la forme actuelle du piano droit, qu'il paraît impossible de placer autrement qu'adossé à un mur, et l'on aimerait voir les facteurs de pianos, Lyon, Érard ou Gaveau, dont l'initiative s'est très heureusement exercée en faisant collaborer au décor extérieur les meilleurs artistes (fig. 55), se préoccuper davantage de trouver des dispositions techniques d'où puisse résulter une forme plus neuve et plus esthétique.

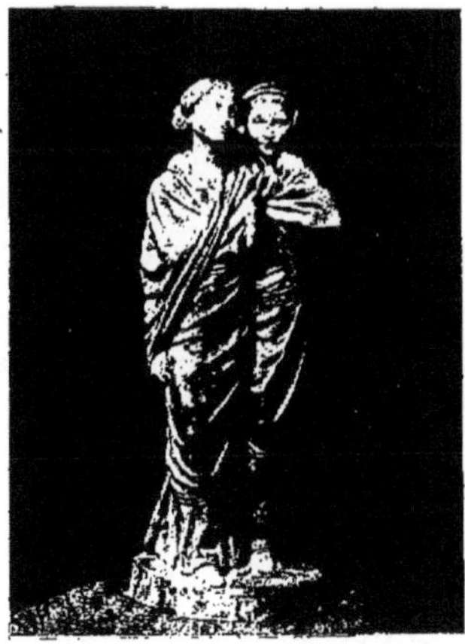

Fig. 56. — Groupe, buis et ivoire, début du XXᵉ siècle, par Dampt.

X

TABLETTERIE

Ivoire, écaille, corne, nacre et produits artificiels.

Les techniques du bois massif, du bois incrusté ou plaqué, de la marqueterie et du laque ont trouvé de tout temps leur emploi dans les objets usuels de tabletterie.

La tabletterie est comme la miniature du meuble : la boîte, le classeur, sont les diminutifs du coffre et du bureau.

Par ses qualités de finesse, le bois se prête au travail de ces objets qui doivent être traités avec d'autant plus de délicatesse qu'ils sont pour notre usage personnel ; d'ailleurs il a des qualités particulières qui le rendent indispensable pour certains usages ménagers, par exemple celle de pouvoir être mis impunément en contact avec des liquides acides d'un usage domestique courant, comme le vinaigre.

Dans l'antiquité égyptienne, le bois de cèdre a fourni la matière des cuillers et des boîtes à parfums dont le décor a pour thèmes des petites figures, des animaux et des fleurs (fig. 57). L'on ne saurait, devant ces délicieux découpages sculptés en bas-relief, oublier la maîtrise dont les Égyptiens firent preuve dans l'emploi du bois lorsqu'ils l'appliquèrent aux petites statuettes dont les bras et la chevelure sont collés au corps, suivant une attitude qui répond aussi bien à un sentiment exquis de dignité qu'à la juste préoccupation de ne pas couper le fil du bois, de peur d'avoir des parties très fragiles : de là une synthèse de la forme qui rend grandes ces petites œuvres par l'opposition audacieuse des larges modelés unis avec des détails infiniment précieux.

Les mêmes qualités se retrouvent dans les objets usuels pour lesquels des incrustations d'émail ou d'ivoire complètent le travail du sculpteur : et il suffirait du moindre de ces objets pour caractériser la civilisation égyptienne en donnant l'idée d'un peuple paisible, très civilisé, aimant le fleuve qui enrichissait la terre, les plantes qui poussaient le long de ses rives, les êtres qui s'y baignaient.

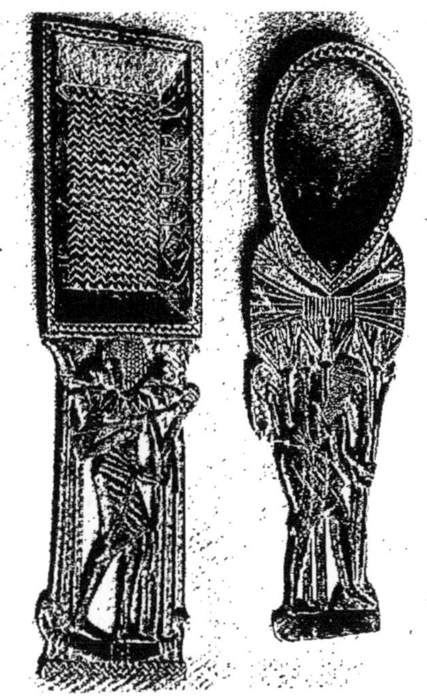

Fig. 57. — Cuillers égyptiennes, cèdre sculpté (Musée du Louvre).

En Assyrie, au contraire, sur un peigne en buis, c'est une lionne que le peuple guerrier et chasseur veut voir représenter, d'une manière admirable d'ailleurs et, si l'on peut dire, toute moderne.

Dans la civilisation du Nord, les boîtes, les manches de couteaux s'inspirent, comme la menuiserie des encadrements de portes d'église, comme aussi les sièges, de l'art oriental où les entrelacs, les figures et les animaux fantastiques se mêlent étrangement (fig. 6).

En Extrême-Orient, le laque s'est appliqué aux objets en bois, en lamelles de bambou, pour faire le revêtement précieux des boîtes, des coffrets, des étagères et des plateaux.

En France, c'est l'ivoire qui a été la matière préférée pour la tabletterie.

Il est d'ailleurs curieux de constater la parenté qui existe entre les deux matières et qui a eu pour effet des méthodes techniques et des recherches artistiques analogues.

Comme le bois, l'ivoire a un fil ; au centre de la dent est la partie plus dure, le cœur ; autour, l'ivoire pousse par couches successives concentriques qu'enveloppe l'écorce ; comme le bois, l'ivoire se gerce et se fend sous les variations atmosphériques et c'est pourquoi les artistes du Moyen-Age évidaient leurs statuettes : le cœur une fois enlevé, l'ivoire pouvait jouer librement.

Originaire d'Asie et d'Afrique, l'ivoire fut employé par les Assyriens et les Égyptiens ; il fut importé en Grèce et l'on sait que l'Athéna du Parthénon était une statue chryséléphantine. Les plaquettes d'ivoire byzantines montrent l'analogie du travail avec celui du bois. Le siège épiscopal conservé à Ravenne et datant du VIe siècle est le type de ces ouvrages comprenant des montants et des traverses dans les rainures desquels s'assemblent les panneaux (fig. 58).

La châsse du trésor de la cathédrale de Sens, datant du Xe siècle et représentant l'histoire de David et de Joseph, est encore une œuvre tout orientale.

Mais rien n'est comparable à l'art de nos ivoiriers du XIVe siècle. Objets religieux tels que les crosses, les triptyques et les statuettes du Christ ou de la Vierge, objets de toilette, pièces de jeu d'échec, manches de couteaux, tous ces objets sont autant de chefs-d'œuvre artistiques et techniques (fig. 59 et 60).

Lorsqu'on regarde ces Vierges qui portent l'Enfant Jésus, le corps renversé en arrière dans un mouvement plein de grâce, on admire la courbe qui, partant du pli de la robe, monte jusqu'au sommet de la tête de la mère et de l'enfant ; il ne faut pas moins admirer la parfaite adaptation de ce geste à la courbe même de la dent d'ivoire.

Ces œuvres ont fait la renommée des artistes qui, depuis le XIVe siècle, firent de Dieppe et de Saint-Claude des centres du travail de l'ivoire. Aujourd'hui le travail de l'ivoire s'est industrialisé et c'est dans l'Oise, notamment à Hermes, que sont les usines mécaniques tandis qu'à Paris se sont groupés les ateliers manuels.

C'est à Anvers qu'est centralisé aujourd'hui le marché de l'ivoire, ce qui ne laisse pas d'être assez paradoxal puisque, l'ivoire provenant toujours de l'Asie et de l'Afrique, c'est des colonies françaises qu'en est exportée la majeure partie : l'ivoire d'Asie est plus fin que l'ivoire d'Afrique, mais les dents sont moins grosses : les dents d'Afrique atteignent jusqu'à $0^{m},17$ de diamètre.

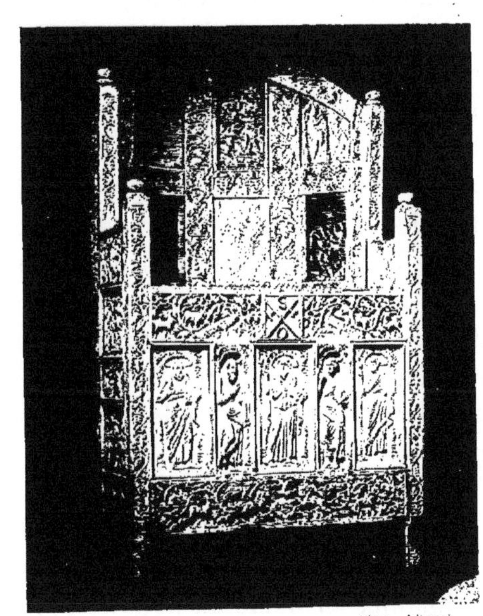

Phot. Alinari.

Fig. 58. — Siège épiscopal byzantin, ivoire du VIe siècle (Cathédrale de Ravenne).

On scie au ruban la dent en grands tronçons. Si l'on veut obtenir des plateaux, comme il en faut pour la fabrication des boîtes rectangulaires, on scie les tronçons par quartier à la scie alternative en mouillant avec de l'eau pour ne pas échauffer ni bourrer : la scie n'a pas de voie et cependant la matière est si dense que, pour lever des feuillets de quatre dixièmes de millimètre d'épaisseur, le trait de scie est de un millimètre.

Si l'on veut faire des boîtes cylindriques comme les boîtes à poudre, des ronds de serviette, etc... on découpe en cylindre les tronçons pleins au moyen de fraises en cuivre à grandes dents, trempées dans l'eau et fixées sur le tour à pointes. La matière est trop précieuse pour ne pas être économisée le plus possible : aussi les pièces étroites, brosses, chausse-pieds, sont prises dans la partie creuse de la dent ; puis les déchets eux-mêmes sont envoyés à Thiers pour fournir la matière des canifs, des cure-oreilles.

Chaque objet a sa technique particulière : les couvercles vissés sur les boîtes cylindriques sont faits au tour avec un peigne, comme on ferait une vis de pressoir en bois; les billes de billard sont prises par trois dans le même bloc et débitées par tiers au croissant, après qu'on a centré le cœur; les dents de peignes sont obtenues à la fraise mouillée dans l'ivoire mouillé, pour éviter les cassures : pour les brosses, on perce au foret les trous sur la face, puis on perce les trous perpendiculaires en guidant un foret flexible, et c'est en passant un cordonnet double de soie qu'on replie les soies à l'intérieur des trous. Le montage des fonds de boîtes ou de glaces dans les rainures des côtés n'est pas moins délicat : en général, on utilise la propriété de dilatation et de rétraction de l'ivoire pour faire entrer les fonds dans les rainures en faisant sécher les fonds et en mouillant le cadre qui porte les rainures.

Le travail manuel de sculpture est pratiqué à l'écouane, outil spécial à dents qui enlève les copeaux et dresse la surface; l'ébauche est faite avec des gouges plates affûtées très court et un maillet en bois; on pousse le travail avec l'échoppe de graveur, le rifloir, la râpe, lime triangulaire sans dents de manière qu'elle ait un coupant. On ponce les pièces lisses au tour avec une meule en drap enduit de suif et de ponce agglomérés; on les polit au tour avec une meule en toile de coton enduite de blanc d'Espagne et de suif, et on finit de les faire briller avec du suif. Pour la sculpture, on la brosse à la ponce et à l'eau de savon.

Si la sculpture est devenue commerciale dans le travail industriel de l'ivoire et utilise les moyens de reproduction que donnent les tours à réduire et qui manquent d'accent, les plus grands artistes pratiquent de nos jours le travail de l'ivoire : tel Dampt dans la statuaire (fig. 56), Clément Mère, Bastard dans la tabletterie. Par leurs compositions et leur technique, ils ont su mettre en valeur les qualités les plus précieuses de la matière, notamment sa transparence lorsqu'on dégage de faibles épaisseurs ; ils l'ont enrichie par des incrustations de nacre et de pierres précieuses.

Le Japon exporte actuellement une quantité considérable d'ivoires dont les sujets se rattachent à des formes traditionnelles, mais cet art n'a pas de racines lointaines : c'est exceptionnellement qu'on trouve dans l'art ancien quelques fourreaux de sabre ou quelques étuis à tabac (netsukés) ; mais il n'y a pas plus d'un demi-siècle que les centres ivoiriers de Tokio se sont constitués.

Fig. 59. — Jacquet, ivoire bourguignon du xve siècle (Musée National de Florence).

D'autres produits animaux, qui ont joué et jouent encore un rôle dans les meubles, ont une importance encore plus grande en tabletterie : c'est la nacre que produisent les coquillages des mers à courants chauds qui baignent l'Australie : la nacre est très dure et se travaille avec des scies trempées et des limes.

Très dure et très fragile est encore l'écaille, formant les treize pièces de la carapace des tortues marines ou carets : la plus belle écaille provient de la Havane. L'écaille, qu'on peut travailler par des méthodes semblables au travail de l'ivoire et du bois, offre une qualité que ne présentent pas ces autres matières, la malléabilité par le feu ou l'eau bouillante : on peut par suite la mouler; on peut même la souder avec une pince chauffée, les deux bords à réunir étant taillés en biseau.

La corne se travaille d'une manière analogue : plongée dans l'eau bouillante, sciée et aplatie, elle se ramollit, s'étend et se moule, sous une pression assez forte, dans des moules de laiton poli.

Aujourd'hui s'ajoutent d'autres substances qui remplacent pour des usages courants les matières précieuses comme l'ivoire et la nacre : c'est ainsi que la noix de corozo, originaire de l'Équateur, facile à travailler à la scie et au tour, facile à teindre, remplace l'ivoire pour les objets de petite dimension, boutons, colliers, chapelets, pièces d'appareillage électrique; elle est travaillée à Paris et à Saint-Claude.

Le troca de Nouvelle-Calédonie et de Madagascar se substitue de même à la nacre et se travaille avec des fraiseuses-découpeuses rapides qui entrent dans le coquillage.

Les matières employées dans la tabletterie courante se sont d'ailleurs complètement transformées de nos jours par les produits minéraux et organiques nouveaux qu'a créés la chimie : le plus ancien, le celluloïd, à base de cellulose nitrée et de camphre, inventé en Amérique par les frères Hyatt, remonte à plus de cinquante ans; dur et élastique, non cassant, inattaquable par l'air, l'eau, l'alcool, les acides, son seul défaut est son inflammabilité. Le travail du celluloïd est l'industrie française d'Oyonnax, qui exporte à elle seule cent millions de peignes féminins.

L'ébonite, caoutchouc vulcanisé, toutes les substances à base de caséine traitée au formol, telles que la galalithe et la lactolithe, la nacrolaque enfin, offrent autant de ressources à l'art de la tabletterie, en se prêtant aussi bien au travail du tour qu'au moulage ou à la soudure.

Si la nacre, l'écaille, l'ivoire, les bois précieux restent les matières propres à des ouvrages de luxe, ces produits de synthèse permettent la diffusion de l'art dans tous les milieux et c'est le signe le plus manifeste de sa renaissance moderne que de le voir ainsi appliqué, grâce à la collaboration des industriels avec les créateurs de modèles, aux objets usuels, suivant la tradition qui s'était établie dès l'antiquité égyptienne et que le Moyen-Age français avait continuée.

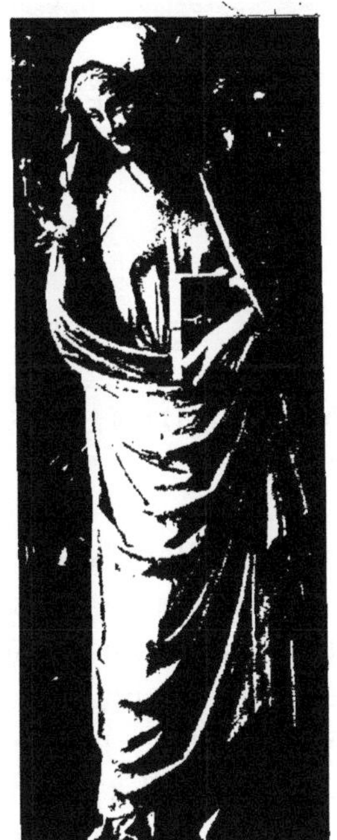

Fig. 60. — Vierge de l'Annonciation, ivoire du XIVe siècle (Collection Paul Garnier).

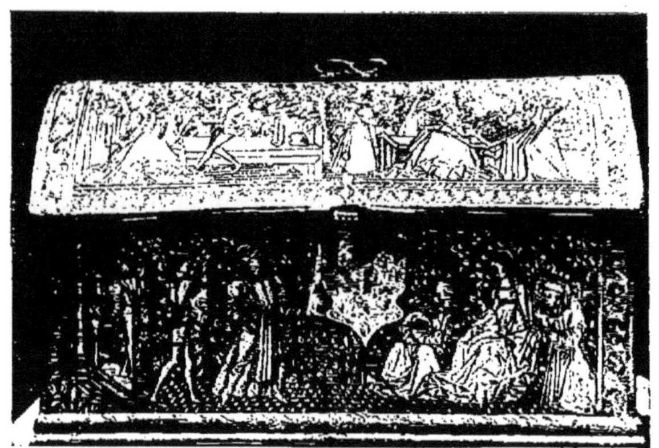

Fig. 61. — Coffret du xve siècle, cuir incisé et doré (Musée de Clermont-Ferrand).

XI

MAROQUINERIE

Le travail des peaux, qui s'était associé au travail du bois et du métal pour la fabrication des meubles les plus anciens, les coffres, est devenu l'accessoire des tables à écrire, des bureaux; sous le nom de gainerie, il a fourni, dans les meubles de salle à manger, des solutions pratiques et élégantes pour l'aménagement des tiroirs à argenterie. Il a pris d'autre part une place importante dans l'art du tapissier pour la garniture des sièges et même des murs.

Surtout, il s'est développé au cours des âges pour tous les objets qui relèvent de la tabletterie, boîtes, étuis, plumiers, coffrets, ainsi que pour tous les accessoires du vêtement, sacs, portefeuilles; aujourd'hui il fournit presque exclusivement les articles de voyage, mallettes et malles, qui se sont d'ailleurs perfectionnées au point de devenir de véritables meubles, tels que les modernes malles-armoires comprenant penderie et tiroirs, ou les malles-bureaux avec leur bibliothèque, leurs classeurs, leur table pliante et leur machine à écrire.

Pratiqué en Orient, puis à Venise et à Cordoue, le travail du cuir a joui également en France d'une grande vogue; nos musées et nos collections privées renferment des types variés

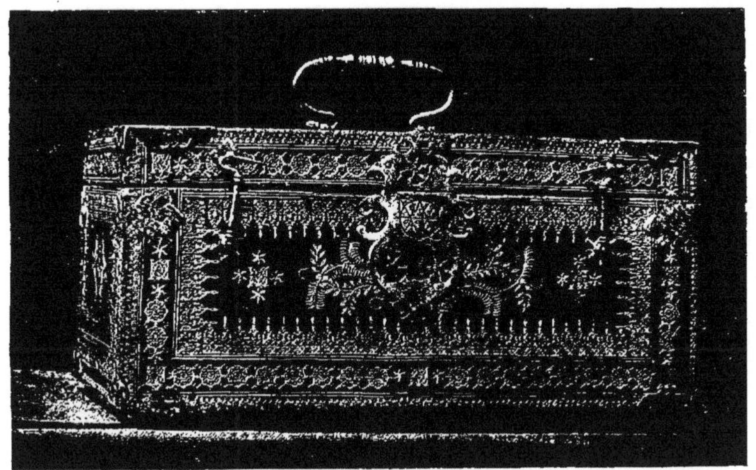

Fig. 62 — Coffret du XVIe siècle, cuir doré au petit fer (Château de Chenonceaux).

des coffres où le cuir incisé et doré a servi à exprimer les thèmes ornementaux les plus délicats traités au fer de relieur, ou même des scènes à personnages parfaitement interprétés (fig. 61 et 62).

On peut dire que la dépouille de tous les animaux a été utilisée, avec les qualités spéciales à chacune d'elles, pour fournir la matière de ces ouvrages précieux : peaux de moutons, de veaux, de chevreaux, d'agneaux, de daims, de rennes, voisinent avec les peaux de phoques, de crocodiles, de requins, de serpents et de lézards.

De nos jours, la gainerie a pris un tel développement pour

la fabrication des boîtes à gants, à dentelles, à cols, à mouchoirs, à cravates, des flacons de parfumerie, des boîtes à savons et à poudres, l'art du sac s'est ramifié en de telles diversités que tout un outillage mécanique a été créé, notamment en Allemagne, pour étendre, épiler, gratter, tanner et préparer les cuirs de toute espèce.

Parallèlement l'industrie de la toile et du papier s'est perfectionnée pour fabriquer tous les simili-cuirs employés dans les objets à bon marché.

Mais ce sont les artisans parisiens qui ont réalisé, du double point de vue de l'art et du confortable, les objets les plus précieux, tels que les trousses de toilette où le cuir s'allie aux riches matières employées en tabletterie (fig. 63).

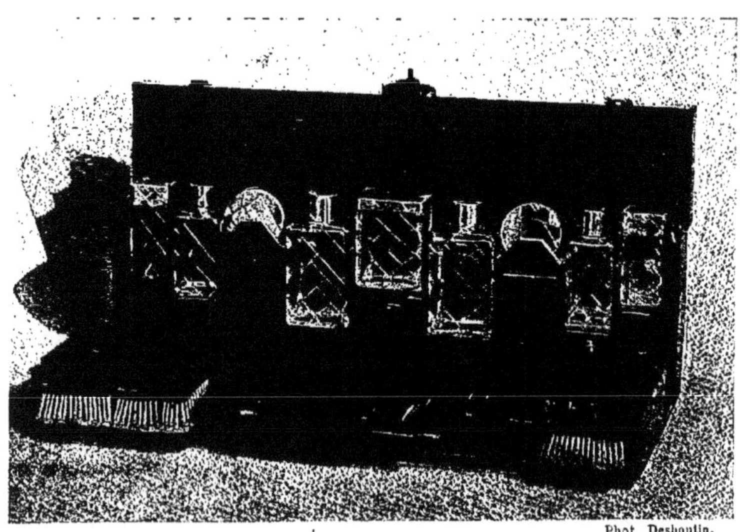

Phot. Desboutin.

Fig. 63. — Mallette, peau de serpent, garnie d'un nécessaire cristal et or, par L. Vuitton.
(Extrait du Rapport général de l'Exposition de 1925.)

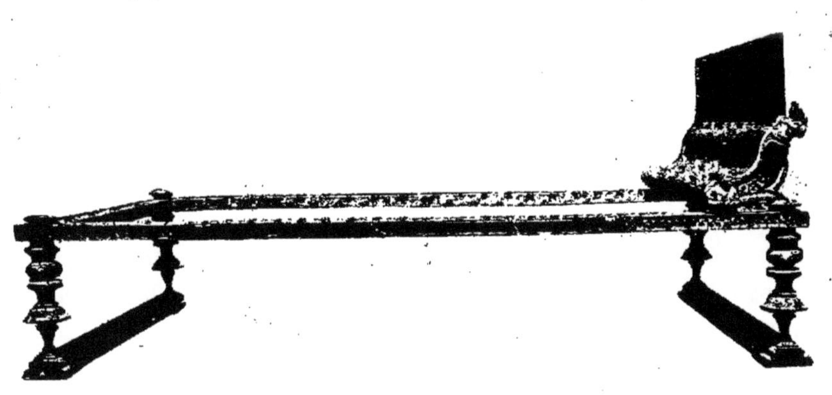

Fig. 64. — Lit romain, bronze (Fouilles de Pompéi).

XII

LIT

S'il peut paraître étrange de traiter le lit, c'est-à-dire un des moins mobiles des meubles, après les objets légers qui font le sujet des chapitres précédents, le lit fait cependant la transition logique entre l'étude des meubles et l'étude des sièges.

Par sa construction traditionnelle de boîte comportant des montants, des traverses et des panneaux, il se rattache naturellement aux meubles ; c'est néanmoins le plus confortable des sièges, à telle enseigne que la chaise longue du XVIIIe siècle, avec ses dossiers extrêmes, est déjà un lit, tandis que le lit de repos du premier Empire est encore un divan.

D'ailleurs la conception moderne du lit tend à supprimer de plus en plus les dossiers qui en faisaient un meuble, pour ne plus en faire qu'une couche moelleuse dans laquelle le bois n'apparaît plus.

Ce sont les lits antiques en bronze qui, ne comprenant qu'un châssis posé sur des pieds et un dossier, se rapprochent le plus de cette conception actuelle (fig. 64) : dans les climats cléments des bords de la Méditerranée, on ne se préoccupait pas des courants d'air qui furent le principal souci qui influa, en France, sur la disposition du lit comme il influait au XVIIIe siècle sur la disposition même des chambres à coucher, dans lesquelles une alcôve protégeait le lit sur trois côtés.

Pris complètement dans la menuiserie des lambris, de manière à ne laisser qu'un côté à jour, tels nous apparaissent encore les lits bretons qui sont des ouvrages de menuiserie, n'ayant rien d'un meuble.

Le lit de Jeanne d'Albret, conservé au château de Pau, pour isolé qu'il soit du lambris, présente, au XVIe siècle, une disposition analogue (fig. 65). L'ouvrage est d'un luxe inouï, tant par la sculpture des montants et de l'entablement que par le travail d'assemblage de compartiments linéaires qui orne le pied du lit.

C'est au XVe siècle qu'apparaît le lit à colonnes dans les représentations peintes et sculptées; il subsiste jusqu'au début du XVIIe siècle. C'est davantage un meuble, monté sur des pieds; il n'offre qu'un panneau de fond s'arrêtant à mi-hauteur entre les colonnes qui soutiennent un cadre léger : ce cadre sert à fixer la courtine qui comprend un bandeau fixe faisant tout le tour du lit et deux rideaux latéraux mobiles; la protection contre l'air était assurée, du côté de la tête, par l'adossement au mur, le lit formant milieu dans la pièce (fig. 66).

Sous Louis XIV, comme on le voit dans la chambre du roi à Versailles, malgré les remaniements qu'un tel décor a pu subir au XIXe siècle, le lit devient indépendant du baldaquin qui, suspendu au plafond, supporte un bandeau, un fond et deux rideaux latéraux; disposition beaucoup plus ouverte, très décorative et qui, en dépit des justes préoccupations modernes d'hygiène, devait être nécessaire dans des pièces énormes, très aérées par d'immenses fenêtres et d'immenses portes, fort mal chauffées par des cheminées trop petites, afin d'éviter à l'illustre occupant un perpétuel coryza : toutes ces précautions n'auraient d'ailleurs pu suffire sans l'usage d'un bonnet de coton.

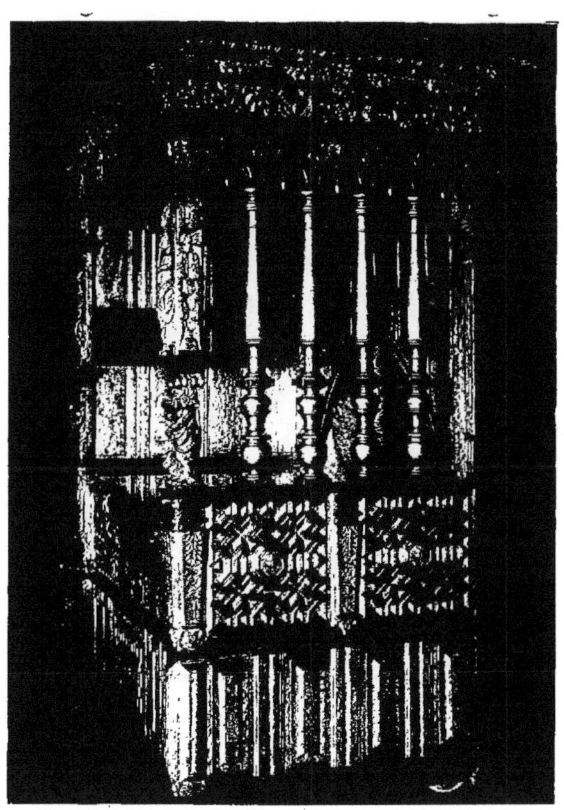

Fig. 65. — Lit du XVIe siècle, chêne sculpté (Château de Pau).

C'est un décor analogue, mais encore plus somptueux, qu'offre le lit de Marie-Antoinette à Fontainebleau. Le lit n'a qu'un dossier, à la tête, et ce dossier est garni d'une riche tapisserie qu'encadre le bois doré (fig. 67). La suppression du dossier au pied était particulièrement heureuse pour un tel lit d'apparat.

Le très joli lit Louis XVI conservé au Louvre présente la

disposition devenue classique du lit à deux dossiers de hauteur inégale avec deux longs pans qui les relient sur les côtés; l'arrangement du baldaquin reste celui adopté précédemment.

Ces données ont prévalu pendant plus d'un siècle; elles

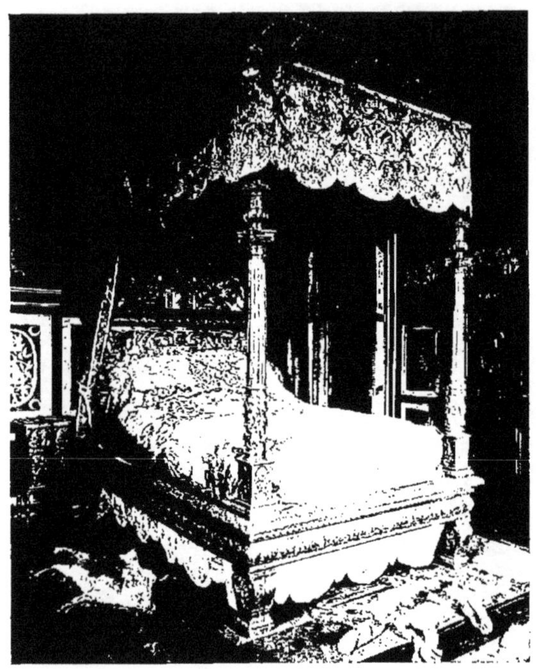

Fig. 66. — Lit à colonnes du XVIe siècle, chêne sculpté (Château d'Anet).

répondaient à une conception pratique, aussi bien au point de vue de l'utilisation qu'au point de vue de la construction : le meuble était démontable en quatre parties, l'assemblage des longs pans dans les dossiers se faisant au moyen de vis serrées dans des écrous pris à l'intérieur des montants.

Les lits que firent, vers 1900, les artistes épris de modernisme, se distinguaient de ce type par des formes d'ailleurs souvent agressives, mais en gardaient les principes essentiels. On vit alors toutefois des préoccupations de réunir dans le dossier du lit des tablettes pour poser les menus objets qu'on peut aimer avoir auprès de soi, montre, livre, etc..., et des moyens d'éclairer le livre de chevet. L'idée de réunir ainsi en un seul meuble des éléments différents fut la conséquence des premières recherches

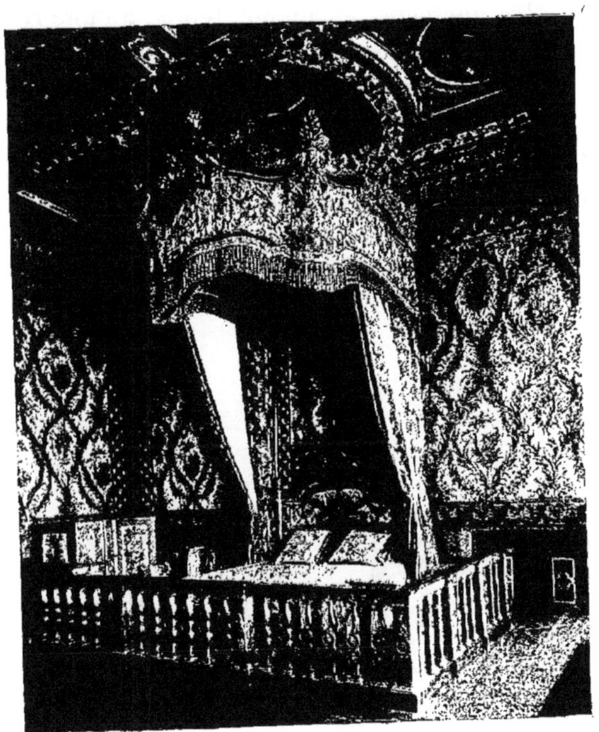

Fig. 67. — Lit de Marie-Antoinette, bois doré (Palais de Fontainebleau).

d'ensemble par lesquelles débuta la renaissance moderne ; elle apparaît aujourd'hui comme contestable et il semble préférable d'étudier séparément un lit, un appareil d'éclairage et une table de chevet.

Le lit, avec son dossier de pied s'élevant à une certaine hauteur, paraît trop encombrant au regard de l'exiguïté des pièces actuelles d'appartement : un lit de milieu avance à 2 mètres au milieu d'une pièce qui souvent n'a que 3m,50 ou même 3 mètres de largeur, parfois réduits encore par la saillie d'une cheminée ; dès lors ce dossier forme une sorte de cloison créant un couloir dans la chambre. Aussi est-il logique de supprimer ce dossier et de ne garder qu'un cadre bas pour porter le sommier.

C'est une idée analogue, en même temps qu'une recherche de commodité plus grande, qui a fait baisser le niveau du lit au niveau d'un siège, pour permettre de s'y asseoir : ainsi le lit n'apparaît plus que comme une sorte de vaste coussin aux contours flous, formant, grâce à l'étoffe qui le recouvre, une belle tache de couleur dans l'ensemble décoratif.

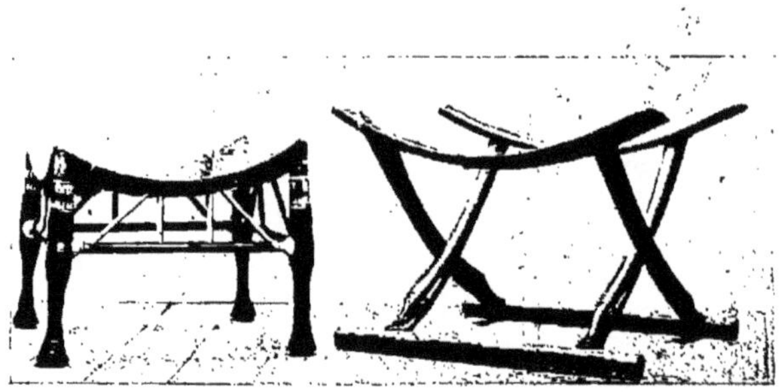

Fig. 68. — Tabouret et pliant égyptiens, ébène et ivoire (British Museum).

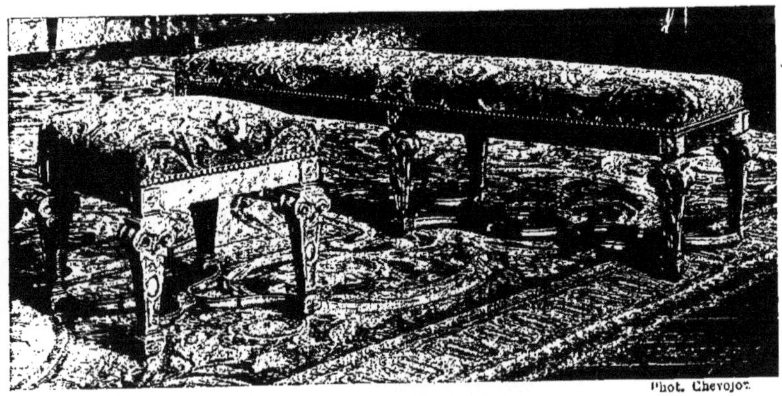

Phot. Chevojon.

Fig. 69. — Banquette et tabouret Louis XIV, hêtre sculpté et doré. Savonnerie (Palais de Versailles).

DEUXIÈME PARTIE

SIÈGES

I

DESTINATION ET CLASSIFICATION DES SIÈGES

La forme et le décor d'un siège sont exclusivement subordonnés à la commodité et à la solidité. On s'asseoit pour se reposer, ce n'est pas pour être gêné et encore moins pour risquer de tomber.

Ainsi semble-t-il que les données d'un siège ne puissent guère être modifiées puisque les proportions et le poids du corps humain ne changent pas et puisqu'on s'asseoit toujours de la même manière. Effectivement, quand on étudie les dimensions de sièges d'époques très différentes, on constate les faibles écarts entre lesquels ces dimensions se meuvent. La largeur intérieure d'un siège à bras, qu'on passe de la plus inconfortable des chaises du xve siècle au plus moelleux fauteuil du xviiie, varie de 0m,50 à 0m,60; c'est que, au-dessous de 0m,50, on n'entrerait pas dans le siège; au delà de 0m,60 on flotterait à l'intérieur. La profondeur varie de 0m.40 à 0m,50; au-dessous de 0m,40, on se heurte contre le dossier en s'asseyant; au delà de 0m,60 on cherche le fond du siège. La hauteur varie de 0m,40 à 0m,50, mais pratiquement oscille aux environs de 0m,45 : on sait la sensation d'effroi qu'on éprouve en s'asseyant sur une chaise basse qu'on s'attendait à trouver à une hauteur normale. La pente du dossier oscille de même aux environs de 0m,10; plus faible, elle renvoie le dos, au moment que l'on s'assoit; plus forte, elle donne l'impression qu'on va se renverser en arrière. A ces faibles variations, qui correspondent au confort précisément cherché, suivant qu'on fait une chaise de bureau ou un fauteuil de fumoir, s'adaptent des sections de bois sensiblement équivalentes.

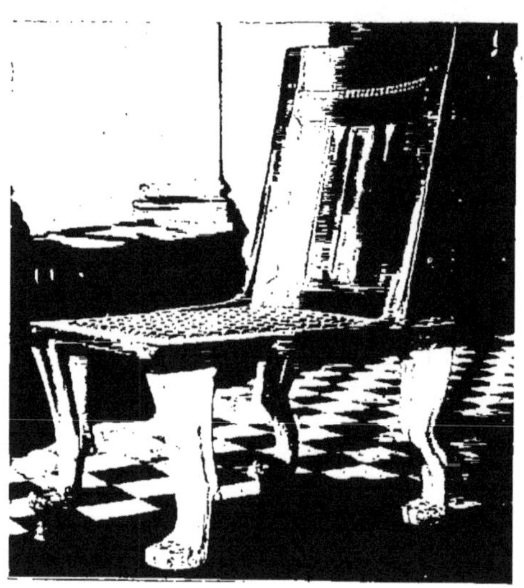

Fig. 70. — Chaise égyptienne, cèdre incrusté d'ivoire (Musée du Louvre).

Car si un siège doit être aussi solide que possible, il doit également être aussi léger que possible, et l'accord de ces deux conditions contradictoires aboutit à des différences de section minimes; si l'on descend au-dessous de 0m,045 pour la section du pied, il devient presque impossible de donner une solidité suffisante au double assemblage des ceintures dans les pieds; si l'on monte au-dessus de $0^m,06$, on fait un siège trop lourd pour être transporté ; c'est le cas des premières chaises du xve siècle.

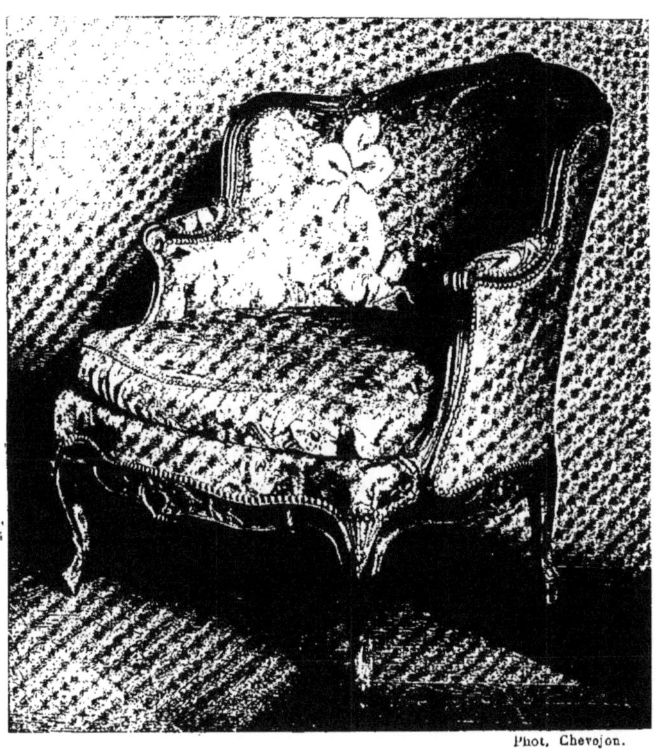

Phot. Chevojon.

Fig. 71. — Bergère Louis XV, noyer sculpté (Musée des Arts Décoratifs).

Le bras d'un fauteuil est à $0^m,22$ au-dessus du siège parce que cette hauteur correspond à celle du coude replié.

Comment donc des menuisiers en sièges, pris dans d'aussi impérieuses conditions, ont-ils pu créer, à travers les âges, une telle diversité de formes? C'est que à l'adoucissement progressif des mœurs a correspondu une évolution parallèle du confort; c'est aussi que les techniques se sont perfectionnées; c'est encore que l'on a utilisé des matières différentes ; c'est enfin que le siège, participant, comme toutes les autres pièces du mobilier, à un ensemble décoratif, a suivi les transformations du goût.

Si d'ailleurs l'on ne doit pas s'étonner outre mesure de trouver dans le mobilier égyptien le siège portatif le plus simple, celui que nous appelons encore un pliant, dans la forme même où nous l'utilisons, il est d'une assez douce ironie de constater que le siège le plus confortable que nous connaissions, jusqu'au milieu du XVIIIe siècle, est précisément le plus ancien, c'est la chaise égyptienne avec son siège souple de sangles et avec son dossier cylindrique penché en arrière (fig. 70). Mais la construction et la forme en sont barbares ; si l'assemblage des pieds et des traverses est satisfaisant, la structure du dossier, indépendante du pied de derrière, laisse à désirer, moins cependant que la manière simpliste dont on a assuré le dévers du dossier, par un étai vertical et des équerres, ce qui ne peut pas passer pour une solution technique ou artistique ; du point de vue de l'art, les quatre pieds d'animaux qui s'additionnent avec les deux extrémités inférieures de la personne assise, forment un support très lourd ne s'accordant guère avec le dossier qui, par sa forme incurvée, par ses incrustations d'ivoire, est un modèle d'élégante sobriété.

Il paraît logique de classer les sièges suivant le nombre de personnes qu'ils sont appelés à recevoir et selon le degré de confortable que comporte leur destination. Parmi les sièges à une place, le plus simple et le plus portatif est *le pliant* ; l'*escabeau* ou *tabouret* est une forme aussi simple, mais rigide, du même programme (fig. 68). Puis vient la *chaise*, qui comporte un dossier, c'est-à-dire un élément important de confort. Le *fauteuil*, grâce à ses *bras*, permet un repos beaucoup plus complet ; en outre, ses bras donnent un double point d'appui à la personne assise, au moment où elle se relève comme au moment où elle s'assoit, et aussi lui permettent de s'abandonner davantage. La *bergère* est une forme plus confortable du fauteuil comportant un dossier surélevé avec des joues latérales qui fournissent appui à la tête (fig. 71). La *chaise-longue* donne la possibilité d'étendre la partie inférieure du corps tout en restant adossé (fig. 72) : c'est en quelque sorte le dernier échelon du confort avant d'arriver au lit. Le lit *de repos* ou *divan* est une variante de la chaise longue.

Le siège à plusieurs places, c'est d'abord le *banc* ou la

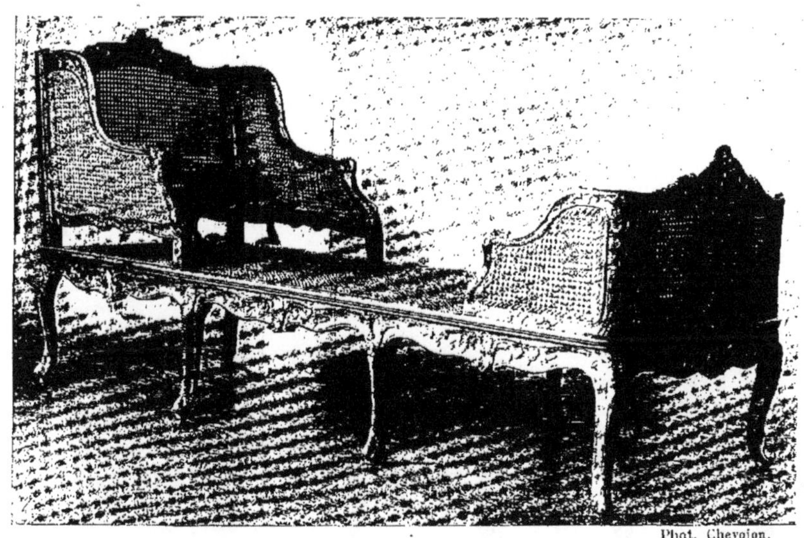

Phot. Chevojon.

Fig. 72. — Chaise-longue Louis XV, noyer sculpté (Musée des Arts Décoratifs).

banquette (fig. 69), qui correspond à l'escabeau, puis le banc à dossier qui correspond à la chaise ou au fauteuil. Le *canapé* est la forme la plus confortable du banc à dossier (fig. 73).

La réalisation des sièges exige une structure de bois ou de métal conforme à la fois aux techniques de ces matériaux et aux programmes que doivent réaliser ces sièges.

Mais quelle que soit l'adaptation de la structure en bois ou en métal aux formes du corps, il n'y a guère de siège confortable sans adjonction de coussins, mobiles ou fixes, s'interposant entre le corps et la structure rigide du siège.

C'est l'art des garnitures, qui est l'œuvre du tapissier, réalisée sommairement par les sangles des sièges égyptiens antiques, plus sommairement encore par les coussins mobiles qu'on plaçait sur les menuiseries des sièges du Moyen-Age, étudiée avec un soin de plus en plus grand, dans les garnitures fixes à partir de l'époque de la Renaissance. Aux sièges lourds du Moyen-Age, qu'on ne pouvait aisément déplacer, correspondaient logiquement les coussins mobiles qui dès lors ne risquaient pas de tomber; quand les sièges sont devenus légers et d'un maniement facile, on a dû remplacer par des garnitures fixes les coussins qu'on aurait laissé tomber en déplaçant les sièges.

Rembourrées d'abord, construites ensuite avec des ressorts comme des sommiers de lit, les garnitures ont fini par recouvrir complètement les bois de certains sièges.

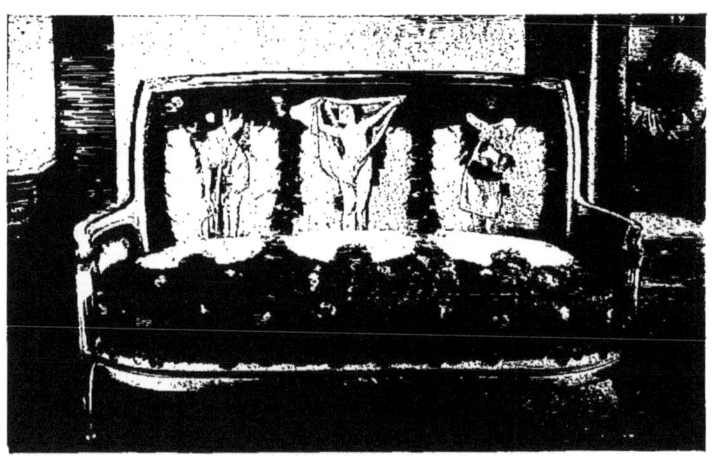

Fig. 73. — Canapé « Les Mois » (1925), hêtre doré et tapisserie, composé par H.-M. Magne, exécuté par Roumy, et « Aux fabriques d'Aubusson ».

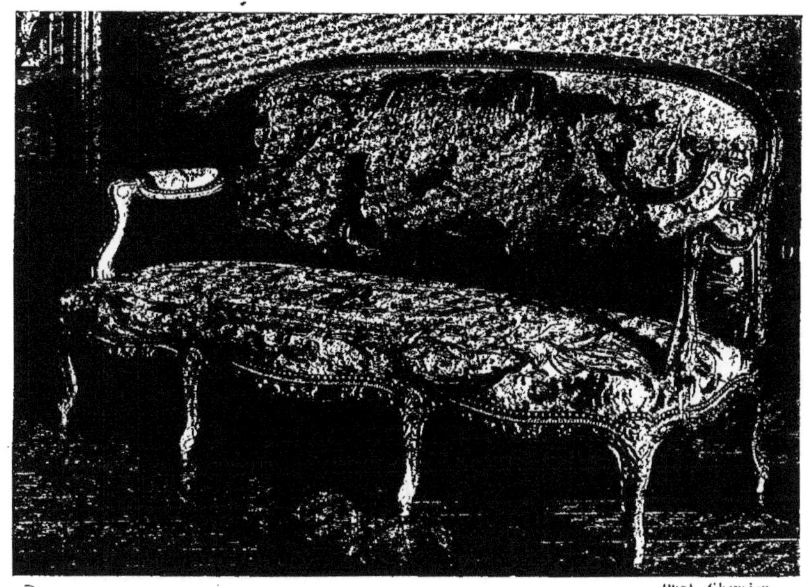

Phot. Chevojon.

Fig. 74. — Canapé Régence, noyer sculpté et doré, tapisserie des Gobelins (Musée du Louvre).

II

STRUCTURE ET DÉCOR DES SIÈGES

Bois

La structure de tout siège consiste à porter à la hauteur voulue la tablette sur laquelle on s'asseoit et à assurer la position du dossier; dans les sièges en bois, la solution la plus simple est le siège sur plan carré, à dossier vertical : les traverses de ceinture se fixent dans les quatre pieds par des assemblages perpendiculaires et les deux pieds postérieurs montent à hauteur de la traverse formant dossier. On conçoit que la principale préoccupation soit d'empêcher que, le poids du dos faisant levier sur le dossier, les angles droits constitués par les pieds d'arrière et les ceintures latérales se déforment par la rupture des assemblages; aussi les menuisiers du xve siècle traitaient-ils la base comme un lambris plein dont les traverses et les panneaux assuraient parfaitement la fixité des montants prolongés pour former dossiers ou accotoirs. Les accotoirs étaient eux-mêmes des pièces droites s'assemblant perpendiculairement dans les montants (fig. 75).

Cette base pleine alourdissait singulièrement le siège et constituait en même temps une gêne pour le jeu des jambes qui ne pouvaient rentrer sous la devanture. Ce fut le grand progrès accompli à la fin du xvie siècle que de supprimer le lambris inférieur et d'entretoiser les pieds par des traverses basses, en relevant la traverse de devant pour libérer complètement le bas de la face. En même temps les accoudoirs s'incurvaient pour épouser la forme des bras de la personne assise, et les montants postérieurs, légèrement inclinés, amélioraient la position du dossier.

Le plan en trapèze, dont les côtés sont, en quelque sorte, dans des plans tangents au volume du corps, est plus logique et plus fin, mais crée une complication dans les assemblages, par les rencontres obliques des ceintures de côté avec les pieds. Aussi on ne saurait trop admirer l'idée simple suivant laquelle on incurve la devanture de manière à former angle droit avec les côtés du trapèze, ce qui mettait les pieds dans les axes de ces côtés et rétablissait des assemblages normaux. Une chaise du xviie siècle montre le progrès accompli; la courbure des dossiers, l'entretoise en X, réalisée par deux pièces assemblées à mi-bois, complètent la disposition nouvelle (fig. 76).

Entre le xve et le xviie siècle un immense chemin avait été ainsi parcouru. Le xviiie siècle fit plus encore en imaginant les tracés à double courbure dans lesquels le siège établi sur un plan cylindrique, se prolonge par un tronc de cône qui s'évase vers la partie supérieure (fig. 71).

De là la souplesse admirable de ces fauteuils dits cabriolets ou gondoles dans lesquels le dossier et les bras courbés, pris dans la surface générale tronconique, enveloppent complètement le corps.

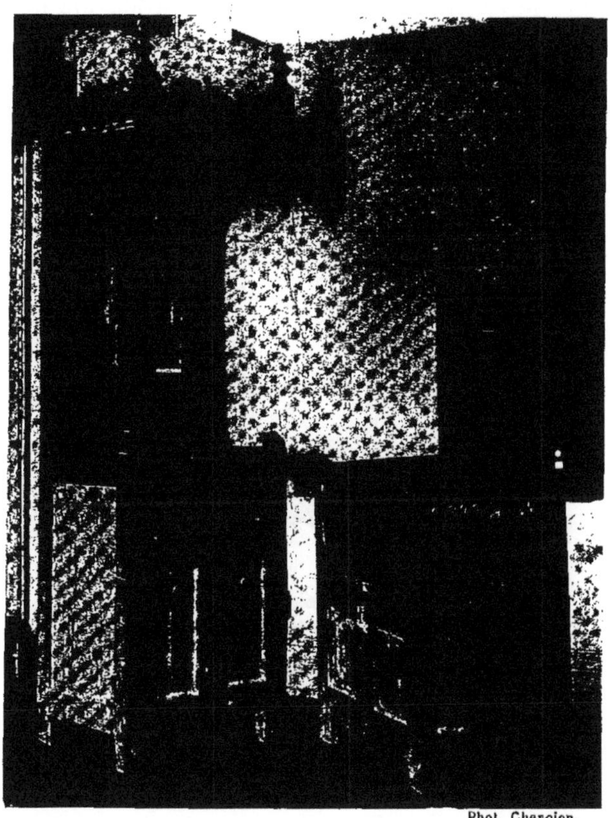

Phot. Chevojon.

Fig. 75. — Chaires de la fin du xve siècle, chêne sculpté (Musée des Arts Décoratifs).

Le xixe siècle a ajouté peu de chose à ces géniales trouvailles et il faut arriver à l'époque actuelle pour rencontrer soit des idées nouvelles comme celle de faire une forme continue du siège et du dossier d'une chaise, de manière à pouvoir le garnir tout ensemble et éviter le creux ou le vide qui, dans tous les sièges anciens, se produisait à la rencontre du siège et du dossier, soit un système d'assemblage des pieds antérieurs entrant à tourillons dans les ceintures (fig. 79).

La forme décorative des sièges a toujours, dans ces beaux exemples, été la résultante de la structure et ç'a été la loi des menuisiers en siège, comme c'était la loi des ébénistes et des

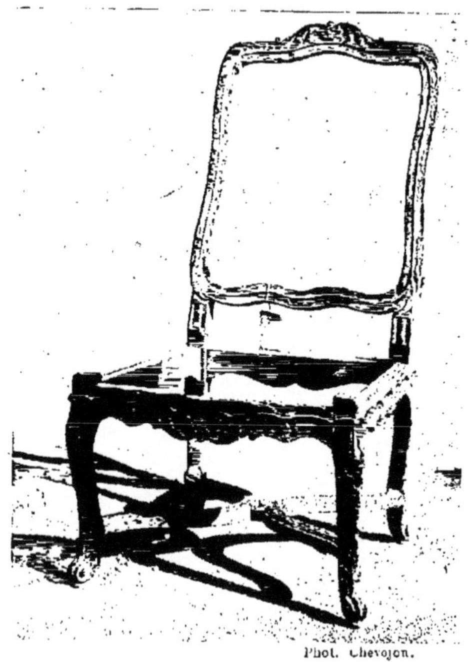

Phot. Chevojon.

Fig. 76. — Chaise Louis XIV, noyer sculpté (Mobilier national).

charpentiers, de prendre la sculpture dans l'équarrissage des pièces, ayant soin d'ailleurs de respecter les joints d'assemblages et de ne jamais faire passer le décor sur ces joints. Il suffit, pour s'en convaincre, d'étudier un des modèles qui paraissent les plus souples et les plus affranchis de ces sujétions rationnelles, tel que la chaise Louis XIV citée plus haut. Si l'on examine la ceinture, toute la hauteur de la pièce est conservée au droit des assemblages avec les pieds et au milieu de la portée afin de lui laisser toute sa résistance, mais elle est découpée entre ces trois points en une courbe gracieuse qui laisse aux genoux la faculté de se replier sous la chaise sans rencontrer la sécheresse de l'arête inférieure de la devanture. Si l'on examine les pieds, leur galbe est alternativement tangent à l'un ou à l'autre des angles de la pièce équarrie et toute la force de l'équarrissage est laissée à la hauteur des assemblages

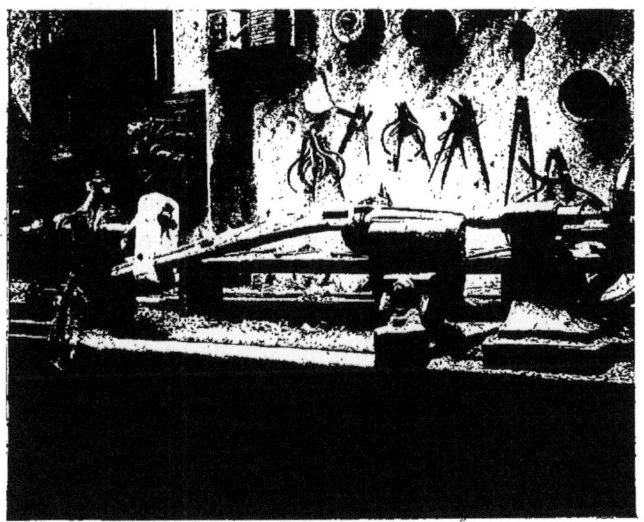

Fig. 77. — Tournage d'un pied arrière de fauteuil Louis XVI.

des ceintures, l'affinement de la forme ne commençant qu'au-dessus; quant à la sculpture, qu'elle soit sur les traverses ou sur les pieds, elle est à faible relief, pour n'écorcher ni les membres ni les vêtements; ses motifs indépendants de coquilles, de palmettes se localisent sur les différentes pièces sans chevaucher sur les joints et ne se relient que par des lignes très fines formant des champs ou des lignes gravées.

Bien que la construction des sièges ait toujours relevé principalement du travail manuel, on avait fait intervenir le travail mécanique du tour, dès que, à l'époque de la Renaissance, on avait introduit, notamment dans les pieds des sièges, les formes de colonnes ou de balustres. On en fit usage également sous Louis XVI, quand les pieds droits remplacèrent les pieds galbés qui étaient en usage depuis l'époque de Louis XIV. Mais comme ces pieds se prolongeaient, soit par les supports de bras, soit par les montants de dossiers qui n'étaient pas dans le plan des pieds et offraient même les surfaces gauches imposées par les tracés à double courbure, il fallait prendre des dispositions spéciales de montage sur le tour pour que l'axe du pied fût sur l'axe du tour à pointes (fig. 77).

De nos jours, les sièges de modèles courants sont exécutés presque entièrement à la machine et c'est un problème des plus intéressants que de standardiser la construction de manière à avoir des assemblages identiques dans les quatre pieds et à éviter le temps perdu à dépointer et à repointer les tenonneuses ou les mortaiseuses ; il n'est pas moins intéressant de chercher à exprimer le décor par les moyens simples qu'offre la toupie sans aucune retouche manuelle, d'accuser et de combiner les rencontres des pièces, en saillie les unes sur les autres, de manière à éviter les affleurements longs et coûteux. Toutes ces préoccupations techniques ne doivent pas aller à l'encontre de l'art, si l'artiste est en même temps un technicien averti (fig. 78).

La construction des sièges n'offrant plus, depuis le XVIe siècle, de panneaux de remplissage, les pièces exigeant des élégissements propres au décor de moulure et de sculpture, il est rare qu'on ait employé, pour la polychromie des sièges, autre chose que les rehauts de peinture et d'or et qu'on y ait adapté le décor de placage et de marqueterie qui a eu un si grand rôle dans les meubles. Cependant, en Italie, en Espagne, on trouve à la Renaissance des sièges dont les pièces découpées gardent une section carrée entièrement décorée par un placage de bois précieux, de nacre et d'ivoire. Les sièges français de même époque portent parfois de fines incrustations ; sous le premier Empire, les sections plus lourdes des sièges permirent de plaquer en acajou les ceintures et l'on employa même des appliques décoratives de bronze doré. Des sièges d'époque Louis-Philippe présentent des ceintures et des dossiers marquetés. De nos jours, des artistes comme Paul Follot ont décoré des fauteuils de fines bandes de marqueterie d'un effet charmant (fig. 79).

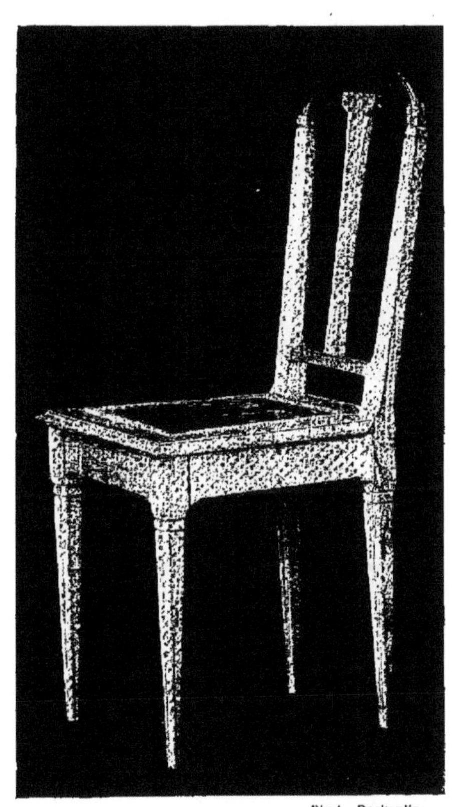

Phot. Desboutin.

Fig. 78. — Chaise (1920), frêne toupillé, par H.-M. Magne.

La menuiserie en sièges n'avait pas connu, jusqu'au siècle dernier, d'autres matières que les bois débités aux sections commerciales et parfaitement séchés. C'est sur des principes tout différents que repose la construction des sièges en bois courbe, qui se développa principalement en Autriche, car c'est dans le bois vert que sont débités, suivant le fil, les bois de hêtre, de noyer ou de frêne, exempts de nœuds, qui sont préférés pour ce travail spécial. Les pièces cylindriques sont faites sur le tour.

Les bois sont étuvés dans des tuyaux de fer pendant trente minutes et, à la sortie de l'étuve, immédiatement courbés, soit à l'aide de moules en fonte ou en bois, soit dans des machines disposées comme des laminoirs. Une fois mis en forme, les bois sont fixés par leurs extrémités et passés à l'étuve sèche à 40° pendant quatre jours; ils en sortent secs et indéformables. Pour fermer une forme, on colle les deux extrémités, taillées en sifflet; le montage des pieds se fait par tourillons fixés dans la ceinture; les pièces formant entretoises sont vissées.

On obtient par ces procédés des sièges légers et solides qui peuvent, dans leur simplicité, être très agréables. Tout aussi

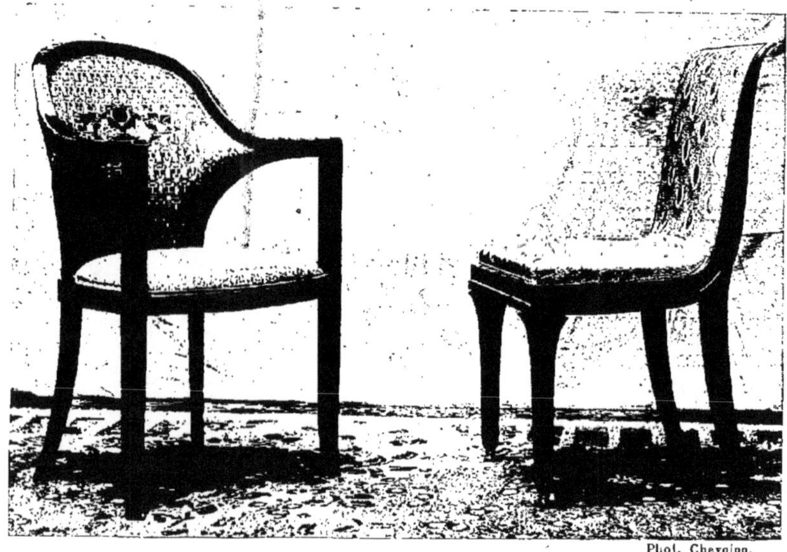

Phot. Chevojon.

Fig. 79. — Fauteuil et chaise (1909-1910), par Paul Follot.

favorable à une expression artistique est la construction en rotin, selon les procédés de tressage de la vannerie; c'est une disposition toute particulière qu'exigent les procédés de liaison des pièces par des nattages savants. Mais rien ne se prête mieux à des formes enveloppant le corps que cette structure très souple, et le passage de brins de couleur dans la vannerie blanche peut donner une note distinguée.

Métal.

Si l'antiquité nous a légué des exemples des premiers sièges en bois, elle nous a légué aussi des exemples des premiers sièges métalliques dont le bronze fournissait la matière.

L'examen des pliants romains trouvés dans les fouilles montre une technique qui ressemble à celle employée encore aujourd'hui pour la construction du mobilier métallique.

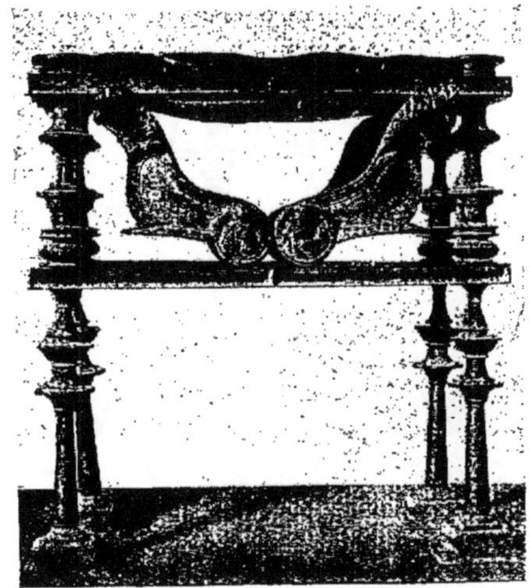

Phot. Alinari.

Fig. 80. — Siège proconsulaire romain, bronze (Musée national de Naples).

Les grandes longueurs formant l'X, les entretoises ou le cadre sur lequel seront tendues les sangles, sont comme des tubes décorés de rangées de perles, au moyen du tour; ces tubes sont réunis par des pièces fondues dans lesquelles ils s'engagent : ce n'est pas autrement qu'on réunit aujourd'hui, dans un lit métallique, les longs pans avec les dossiers, les barreaux de remplissage avec les traverses. Dans les œuvres romaines, ces pièces fondues deviennent des points de sculpture dont la finesse fait oublier le thème contestable, têtes et sabots de béliers; il y a lieu de noter le renforcement logique des tubes aux articulations que traversent les pivots.

Les grands sièges de proconsuls offrent une disposition très curieuse de charnières latérales permettant de replier le siège, de manière à le réduire, pour le transporter, à l'épaisseur minimum (fig. 80).

Ailleurs l'œuvre, beaucoup moins légère, utilise des sections rectangulaires pour les ceintures et les traverses; les pièces tournées forment des pieds en balustres dont les profils présentent une grande originalité : jamais le tournage n'a été employé avec autant de diversité que par les artistes romains. Les ceintures et les traverses sont entretoisées sur les deux faces à charnières par deux grandes plaques inclinées dont la silhouette figure l'avant d'un corps de cheval et se termine, en haut, par la tête du cheval en haut relief, en bas par des médaillons d'où sortent des bustes, composition un peu déconcertante, mais d'un grand effet.

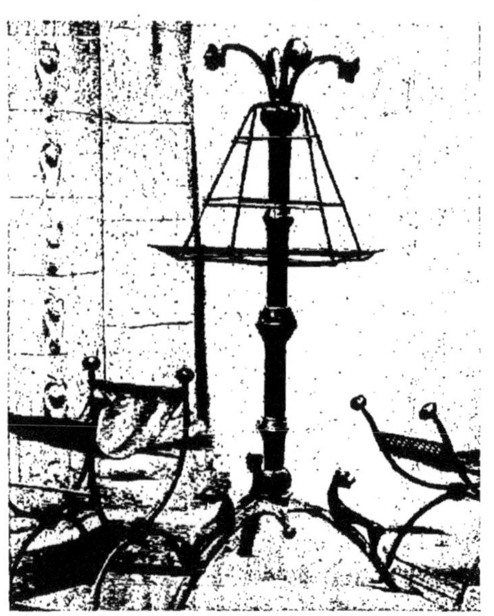

Fig. 81. — Pliants et lutrin du XIIIe siècle, fer forgé (Église Saint-Martin de Brives).

Au XIIIe siècle, on trouve des exemples très intéressants de pliants en fer forgé comme ceux qui sont conservés à l'église Saint-Martin de Brives (fig. 81). Le lutrin de fer forgé qui les accompagne est une pièce aussi remarquable par sa conception que par son exécution.

C'est au XIXe siècle que l'on a commencé à donner une grande importance à la fabrication métallique pour les sièges de jardin, le métal résistant mieux aux intempéries que le bois; on a fait des sièges en fer rond dont le principal défaut a toujours été l'élargissement insuffisant de la base qui s'enfonce par suite dans le sol sableux ou humide; dans les fauteuils de nos jardins, on a utilisé les lames souples de tôle recourbées à leurs extrémités pour faire des dessus de sièges et des dossiers confortables, mais fragiles.

Au xxe siècle, on a imaginé de faire des sièges entièrement emboutis qui présentent, par exemple pour les terrasses de cafés, l'avantage de pouvoir se superposer en rentrant les uns dans les autres, mais dont la forme est assez lourde.

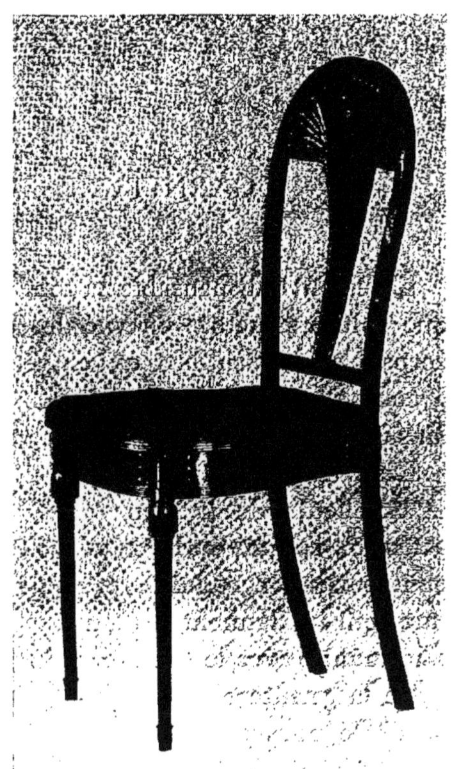

Phot. Desboutin.

Fig. 82. — Chaise (1923), cuivre et lanières de cuir, par H.-M. Magne.

Il n'y a aucune raison de ne pas faire des sièges métalliques aussi esthétiques que des sièges de bois. En utilisant les fabrications industrielles de tubes à section ronde ou carrée, de troncs de cône, de planés, de cornières et de moulures en cuivre, en les reliant par des pièces estampées pour ne pas alourdir le poids par des pièces fondues, on peut faire même des chaises de salon d'un caractère confortable et moderne (fig. 82).

III

GARNITURE DES SIÈGES

L'élément indispensable du confort des sièges, quelque étudiée que soit la structure en vue de son adaptation aux formes du corps, c'est la garniture, qui empêche le contact direct du corps avec les surfaces de bois ou de métal et qui donne de la souplesse au siège et au dossier.

Les sangles d'étoffe ou de cuir étaient une solution très simple et excellente de la garniture des sièges ; elle garde toute son actualité, comme on le voit dans le siège de cuivre à lanières de cuir croisées reproduit ici ; le cuir se prête d'ailleurs à des teintures qui lui donnent des tons magnifiques, comme le bleu qui s'harmonise avec le ton jaune du métal.

De la garniture en sangles on peut rapprocher le cannage, formé de joncs croisés, en usage depuis le XVIIIe siècle : c'est une garniture très légère et suffisamment élastique, mais fragile ; elle nécessite un châssis indépendant avec des trous perforés pour le passage des joncs. Parfois on a doré le cannage pour le rendre plus précieux.

Les coussins mobiles des chaises du Moyen-Age n'étaient qu'une solution en quelque sorte provisoire ; c'est un adoucissement apporté temporairement à la gêne qu'on ressentait au contact de formes trop brutales.

Mais c'est avec les garnitures fixes de l'époque de la Renaissance que commence véritablement l'art du tapissier (fig. 83).

Cet art a eu un triple résultat, celui de rendre le siège très confortable, celui de fournir, en développant sous la garniture les pièces de bois, plus de résistance au siège, celui enfin de donner une impression de légèreté d'autant plus grande que la

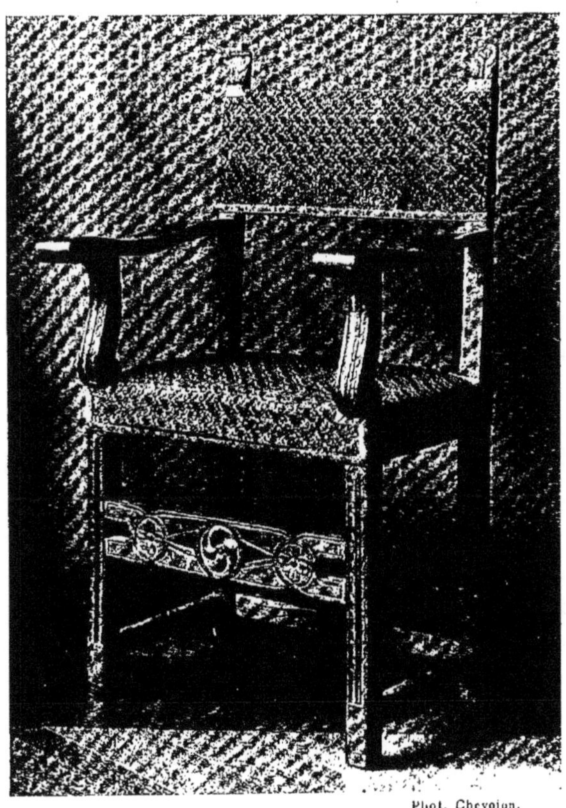

Phot. Chevojon.

Fig. 83. — Fauteuil du début du XVIIe siècle, noyer sculpté et velours (Musée des Arts Décoratifs).

largeur visible du bois était plus mince : c'est ce qui fait le charme des compositions du XVIIIe siècle dans lesquelles la partie visible d'une ceinture, allégée encore par de fines moulures, n'a que trois ou quatre centimètres.

Le mode de garniture le plus simple est le rembourrage de crin : on cloue sur le bois des sangles croisées, on passe le crin dans des lacets cousus sur les sangles et on le régularise avant de le recouvrir d'une toile qui constitue la garniture en blanc. On place sur cette toile l'étoffe choisie, on la cloue sur le bois et une ganse ou un galon qu'on colle ou qu'on fixe par des clous pouvant donner un motif décoratif, recouvre la jonction de l'étoffe et du bois; il est nécessaire de descendre de quelques millimètres le nu de la pièce de bois pour rattraper l'épaisseur des différents éléments constituant la garniture.

Le rembourrage, d'abord employé pour toutes les garnitures fixes, s'applique encore aux dossiers, aux manchettes des fauteuils, mais ne constitue qu'un moyen imparfait pour la garniture du siège dans laquelle il est nécessaire d'introduire des ressorts, si l'on veut avoir une élasticité tout à fait confortable.

La garniture comprend alors les dispositifs suivants : on tend d'abord les sangles clouées sous les ceintures. on fixe sur les sangles les élastiques, ressorts à boudin en cuivre qui sont de tout calibre, de toute grandeur, selon l'importance du siège; on fait le guindage, qui consiste à maintenir le dessus des élastiques avec des cordes qui se croisent de manière à régler la hauteur des élastiques suivant la convexité à donner au siège ; sur le guindage, on pose une toile forte, clouée sur les bords ; sur cette toile on étend le crin en le répartissant de manière à faire une forme aussi continue que possible ; on place sur le crin la toile d'embourrure, grosse toile d'emballage, qu'on cloue dans le bois ; on pique alors cette toile de manière à faire sur le bord un bourrelet qui précise la forme ; on coud des lacets dans lesquels une légère couche de crin est passée pour régulariser la surface ; enfin on pose la toile blanche ou finette.

Au XIXe siècle, on a parfois piqué la garniture comme un matelas, pour lui donner l'aspect d'un capitonnage.

Ainsi comprise, la garniture est tout un art qui est encore plus délicat lorsqu'il s'agit de sièges entièrement couverts dans lesquels le bois n'est plus qu'une ossature servant à fixer la garniture.

Dans une chaise longue, la forme du dossier exige, de la part du tapissier, un véritable modelage, dont le volume et les contours font partie intégrante de la silhouette et des proportions du siège.

Le choix de l'étoffe qui recouvre la garniture a naturellement joué un rôle considérable à toutes les époques.

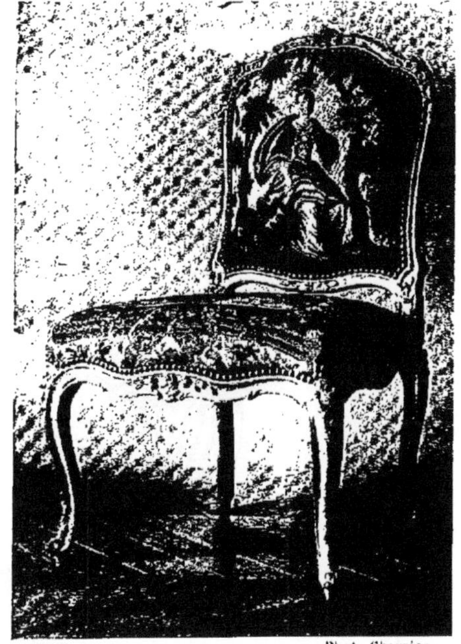

Phot. Chevojon.

Fig. 84. — Chaise Louis XV, hêtre sculpté et peint par Tilliard, tapisserie au point, (Musée du Louvre).

Sous Louis XIII on a fait des garnitures de cuir ciselé qui s'harmonisaient avec les bois naturels tournés et avec la tenture de cuir des murs ; on a composé des garnitures avec des velours et des galons encadrant les motifs.

Sous Louis XIV, les plus beaux tissus de soie ont été mis au contact des bois sculptés et dorés ; les tapisseries, les tapis de haute laine ont servi à recouvrir des banquettes.

Au XVIIIe siècle, on a composé, à la Manufacture de Beauvais, des tapisseries spécialement pour la forme des dossiers, des sièges et même des manchettes ; on a fait des tapisseries au point (fig. 84) ; on a tissé à Lyon des étoffes dont les motifs de couronnes et de médaillons, qui pouvaient servir de tentures murales, s'adaptaient en même temps à la dimension et à la forme des sièges et des dossiers.

Le choix des étoffes n'a pas seulement de l'importance pour l'aspect du siège garni ; il a un grand rôle pour sa durée, car les étoffes doivent être très résistantes et rien, à cet égard, ne peut remplacer la tapisserie, si ce n'est les étoffes plus communes, mais très solides, comme les reps et les velours; les tissus qui comportent des points flottés, comme les satins ou les sergés, s'usent rapidement au frottement.

Dans l'art moderne où souvent les décorateurs créent des formes de sièges qui, par leurs lignes rigides, s'harmonisent avec la décoration fixe des murs mais se prêtent mal au repos du corps, le rôle des garnitures est plus important qu'il ne fut jamais.

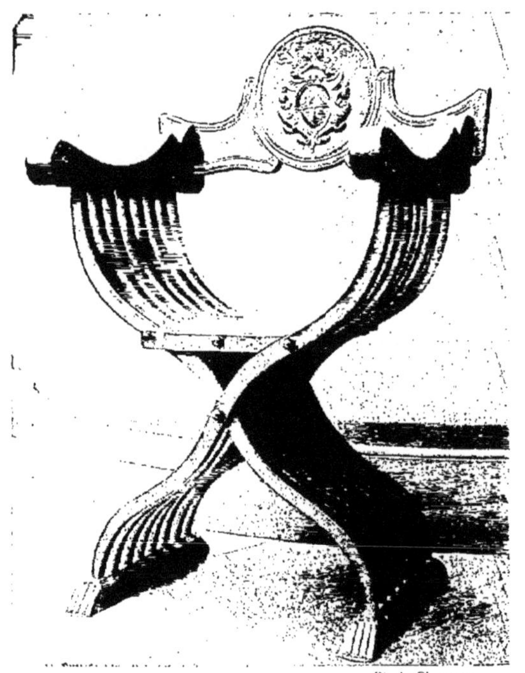

Phot. Chevojon.

Fig. 85. — Fauteuil pliant du XVIe siècle (Musée de Cluny).

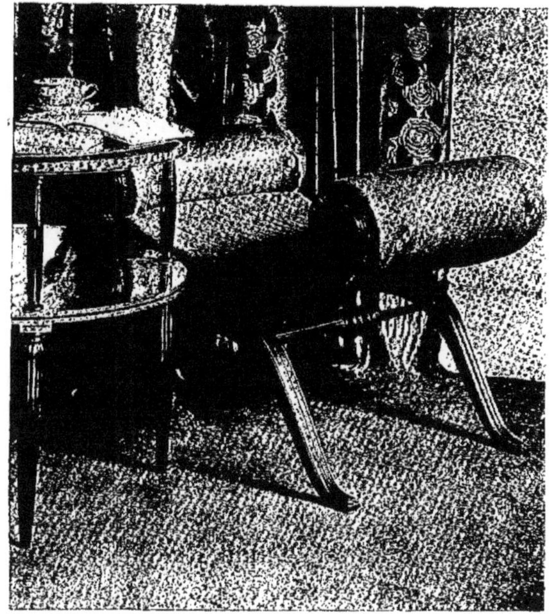

Fig. 86. — Siège en X (1920), par Maurice Dufrêne.

IV

PLIANTS

Le pliant, dans sa forme d'X, a été créé en bois par l'art égyptien, et un pliant d'ébène conservé au British Museum est une œuvre d'une simplicité et d'une souplesse de ligne charmantes, que complètent des incrustations d'ivoire interprétant, à la rencontre des barres inclinées avec les traverses basses, des têtes d'animaux (fig. 68).

Traité en métal par l'art romain, il a dû être, avec l'escabeau, le seul siège portatif du Moyen-Age : les exemplaires de fer forgé, conservés à l'église Saint-Martin de Brives, permettent de le penser. D'ailleurs, l'un des sièges les plus anciens que nous possédions est le trône de Dagobert, aujourd'hui à la Bibliohèque Nationale : l'on y avait utilisé un siège proconsulaire romain qu'on avait surmonté d'un dossier et de deux galeries latérales formant accoudoirs. Le siège ainsi composé est évidemment hybride, avec son couronnement mérovingien, surmontant le décor traditionnel des pieds à têtes et griffes de lions; mais il n'est pas dépourvu de somptuosité.

La forme du pliant s'est maintenue dans les fauteuils de bois et, si l'exemple conservé à Cluny possède un dossier d'une authenticité douteuse, la structure même du siège, formé de seize lamelles de bois qui se croisent, est très instructive (fig. 85); excellente est l'idée de descendre le niveau du siège, qui n'est plus à la hauteur de l'extrémité des supports en S, mais un peu au-dessus de l'axe de jonction de manière que la partie supérieure des S enveloppe le corps et soit couronnée par des accoudoirs découpés dans une forme souple adaptée au contour des bras.

Ainsi, de la disposition élémentaire du pliant les artistes du XVIe siècle avaient su tirer des modèles gracieux, légers et majestueux tout à la fois et l'on s'en souvenait encore lorsque, sous Charles X, on faisait les X en bois doré qui subsistent dans les Grands appartements de Versailles. Ce ne sont plus des sièges articulés comme les pliants primitifs, ce sont au contraire des objets massifs, mais le principe n'en est pas changé.

Beaucoup plus légère est la solution nouvelle apportée par un décorateur moderne, Dufrêne, à cette disposition traditionnelle (fig. 86). Dans un X qui, lui aussi, est rigide, le siège se développe à hauteur de la jonction des deux branches en S qui se recourbent en volutes, pour former les plus moelleux des accoudoirs. L'inflexion des branches à la base, la finesse des entretoises tournées, le goût des bandes de broderie qui enrichissent l'étoffe unie, concourent à faire de ce siège une œuvre originale, digne d'être comparée aux meilleurs exemples anciens.

V

ESCABEAU ET TABOURET

A côté du pliant, dont l'idée première est la jonction en croix de deux morceaux de bois que n'importe quel arbuste pouvait fournir, le tabouret est l'idée première de la constitution d'un siège rigide au moyen de montants et de traverses.

C'est encore en Égypte que nous trouvons, traité par l'ébène et l'ivoire, un tabouret garni de cuir qui montre un haut degré de raffinement (fig. 68). Plus lourd apparaît un autre tabouret dans lequel deux lionceaux forment les pieds, leurs corps constituant des traverses de côté arrondies que relient des traverses transversales également arrondies.

Les escabeaux du Moyen-Age sont une expression différente du même programme, réalisé au moyen de planches.

Le Musée des Arts Décoratifs en conserve un exemple charmant, datant de la fin du xve siècle (fig. 87) : c'est un ouvrage de menuiserie composé de montants latéraux pleins, inclinés pour donner plus de stabilité à l'objet ; l'inclinaison est assurée par les tenons qui prennent toute l'épaisseur de la planche formant siège et par les assemblages à enfourchement des traverses avec les montants. Les profils découpés à l'extrémité des planches, la sculpture d'un motif de serviette sur les montants, d'une frise de raisins prise en défoncement dans les traverses, les rehauts de peinture rouge sur le bois de chêne, font de cet escabeau un objet d'un goût parfait et l'on y voit, dans le découpage de la traverse à la partie inférieure, en vue d'éviter une arête droite au contact des mollets, une idée qui sera reprise, deux siècles plus tard, d'une manière générale, par les menuisiers en sièges.

Au XVIIe siècle, le tabouret constitué par des pieds entretoisés et des ceintures présente parfois une grande richesse : tel est le modèle conservé encore à Versailles, dans l'Antichambre de la Reine ou Salon du Grand Couvert (fig. 69).

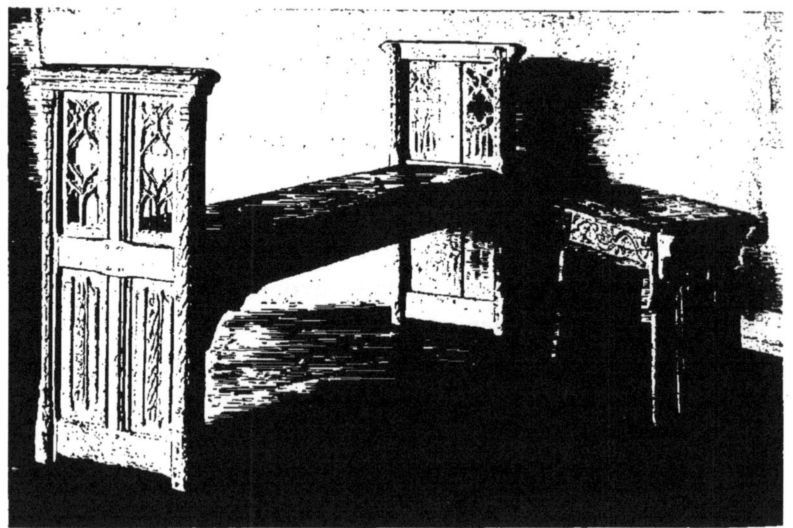

Photo Chevojon.

Fig. 87. — Banc et escabeau du XVe siècle, chêne sculpté (Musée des Arts Décoratifs).

En hêtre sculpté et doré, recouverts de Savonnerie à rinceaux jaunes sur fond bleu ou rouge, ces tabourets offrent des contrastes hardis et pleins de goût entre l'ampleur des formes et la finesse du décor des pieds, la rigidité nue des traverses et les courbes délicates des croisillons, et aussi dans les effets variés que donnent aux ors les surfaces lisses des ceintures, des moulures, des cuirs et des médaillons, par opposition avec les fonds striés, losangés ou mouchetés.

De nos jours, des artistes comme Bigaux ont cherché des solutions légères et rigides du tabouret, en compensant la réduction de la hauteur des ceintures par des liens inclinés qui forment avec les pieds des triangles indéformables : la finesse des sections, des lignes de moulures et des sculptures en font un des meilleurs exemples des créations du début du XXe siècle (fig. 88).

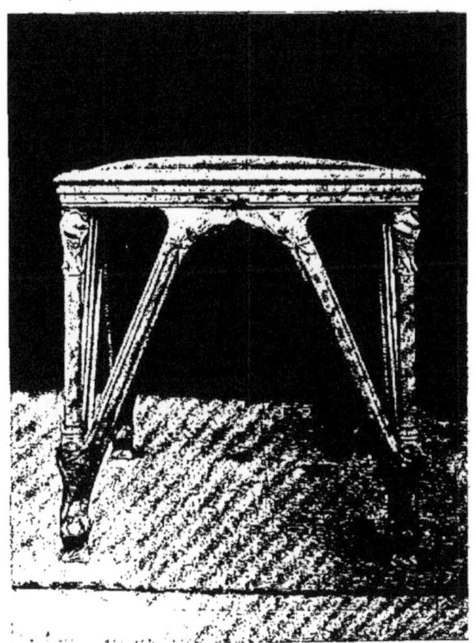

Fig. 88. — Tabouret (1900), chêne sculpté, par Bigaux.

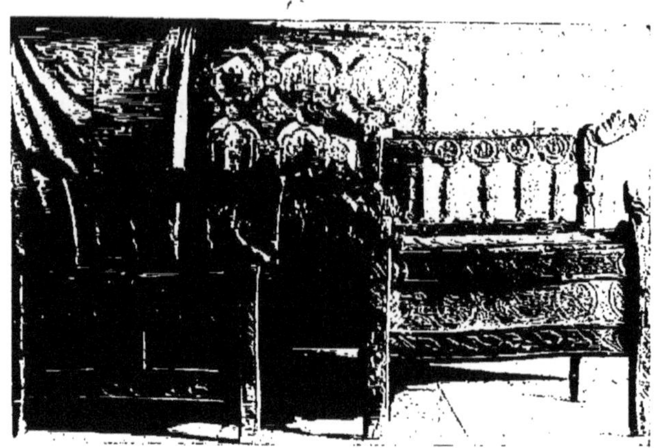

Fig. 89. — Sièges à dossier du XIIe siècle, bois sculpté (Musée de Copenhague).

VI

CHAISE

Il est curieux de ne trouver, au Moyen-Age, aucune trace de la chaise, alors que les Égyptiens en avaient donné des types très complets et relativement légers (fig. 2). Si des maladresses s'y rencontraient dans l'ajustement du dossier, la forme concave de ce dossier, constitué par des barres verticales assemblées dans une traverse basse, le relèvement des entretoises inférieures pour permettre d'y poser le pied, l'usage de sangles formant garniture élastique, tout cela décelait un raffinement qui n'est pas le fait de sièges mobiles comme l'escabeau du Musée des Arts Décoratifs, objet aussi charmant qu'inconfortable.

Au Moyen-Age, le siège à dossier confortable, c'est la stalle d'église et le siège mobile à dossier, c'est la lourde chaire à dossier vertical, à accotoirs horizontaux, à coffre formant lambris. La chaire subsiste jusqu'au XVIe siècle et il faudra un siècle pour que la chaise prenne la forme définitive qui est la suite directe du prototype égyptien.

Si l'on veut trouver au Moyen-Age des exemples intéressants de sièges plus légers, il faut les chercher en Scandinavie, et c'est d'ailleurs dans ces arts du Nord que paraît être passée, le plus directement, l'influence orientale (fig. 89).

Le décor des sièges scandinaves est fait principalement des rosaces et des méandres qui faisaient le fond de l'art asiatique, passèrent dans l'art grec, sous la forme de l'art ionien, et inspirèrent à la fois les Byzantins et les Persans. A ce décor se mêlent de curieuses sculptures figurant des gueules d'animaux et rappelant certains motifs de nos chapiteaux du XIIe siècle.

En France, c'est par les transformations successives du XVIe siècle qu'il faut passer.

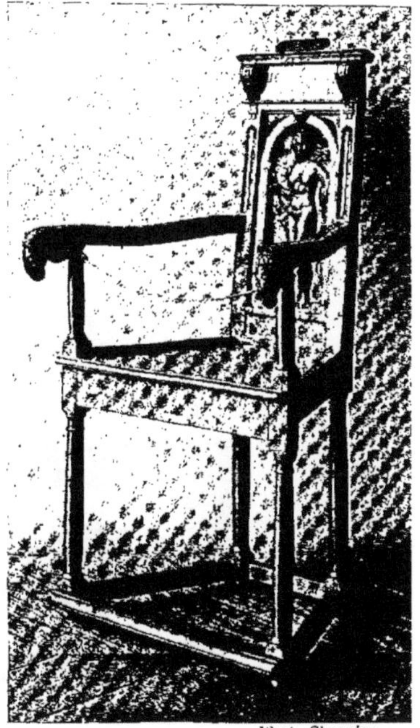

Phot. Chevojon.

Fig. 90. — Chaise à bras du XVIe siècle, noyer sculpté, incrustations de bois de couleur (Musée du Louvre).

Une chaise à bras, entrée au Louvre en 1883 avec la Collection Davillier, montre l'évolution du siège vers une recherche de dispositions mieux adaptées au repos du corps et de légèreté facilitant le déplacement de l'objet (fig. 90). Dans ce double but, on abandonne le plan carré pour le remplacer par le plan trapézoïdal, les faces et les accotoirs pleins pour constituer un bâti de montants et de traverses complètement à jour, les couronnements droits des accotoirs pour incurver les bras, le dossier vertical pour y substituer le dossier incliné, plus propice au repos, dossier qui n'est d'ailleurs pas exempt de critique en raison de la sculpture mise au contact du dos de la personne assise.

Construite suivant les règles et l'art français avec assemblages à tenons et mortaises et chevilles, elle est toutefois un frappant exemple de l'influence que l'Italie exerçait sur la France à la Renaissance, par l'emploi des incrustations d'acajou et de bois

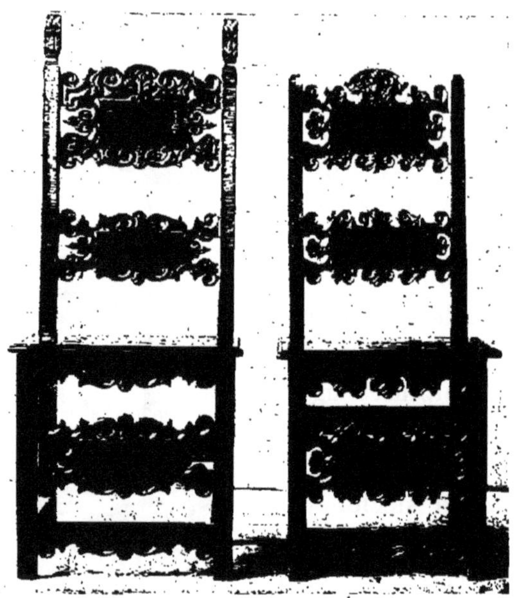

Fig. 91. — Chaises italiennes de la fin du XVIe siècle.

clairs résineux dans le noyer et de moulures rapportées passant devant les bâtis de construction.

Elle offre d'autres nouveautés, comme le tournage des colonnes et leur ceinture à tourillon, comme la disposition originale du dessus du siège embrévé dans les ceintures latérales; la traverse basse forme un véritable marchepied nécessité par la hauteur du siège, qui atteint 0^{m},52.

C'est là une œuvre d'un haut intérêt, précisément parce que le programme n'en est pas encore nettement dégagé. Par son plan très évasé, par la faible largeur du dossier, 0m,29, par la légèreté des pieds et de leurs entretoises, c'est déjà une chaise. Par ses bras, c'est aussi un fauteuil, tant il y a que la chaire est le type dont sont sortis tout à la fois, chez nous, le fauteuil et la chaise.

Il faut arriver à la fin du XVIe siècle pour trouver les expressions exactes d'un type spécial de siège, qui est véritablement la chaise. Des chaises italiennes présentent des montants d'une grande simplicité, tandis que les traverses sont des planches finement découpées et sculptées (fig. 91). Des chaises flamandes de même époque répondent encore mieux au programme par la finesse des petits balustres (fig. 92).

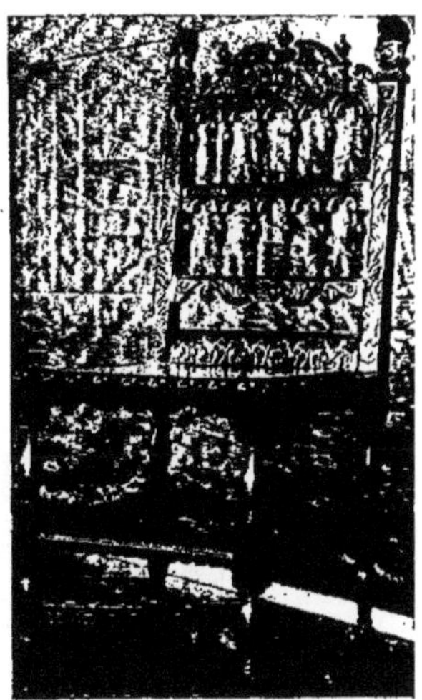

Fig. 92. — Chaise flamande de la fin du XVIe siècle.

De dimension restreinte, de composition aussi peu compliquée que possible nous apparaît une petite chaise Louis XIII conservée au Musée des Arts Décoratifs. Avec son plan carré à assemblages perpendiculaires, avec son entretoise en double T, elle offre cependant un réel confortable, grâce au rembourrage du siège et à la disposition du dossier dont la partie supérieure forme panneau garni, l'espace inférieur laissé vide entre les montants étant coupé par une barre pour le soutien des reins.

Une chaise d'enfant de même époque, délicate par ses proportions, par le caractère des profils tournés et de la feuille sculptée qui couronne les montants du dossier, présente des dispositions judicieuses, comme l'assiette de la base obtenue par l'inclinaison des pieds, comme la pente de tout le siège en arrière pour éviter que l'enfant ne glisse en avant, et aussi des particularités d'exécution, comme l'assemblage à mi-bois et à queues d'aronde chevillées du panneau de dossier avec les montants.

L'époque Louis XIV allait assouplir singulièrement les formes

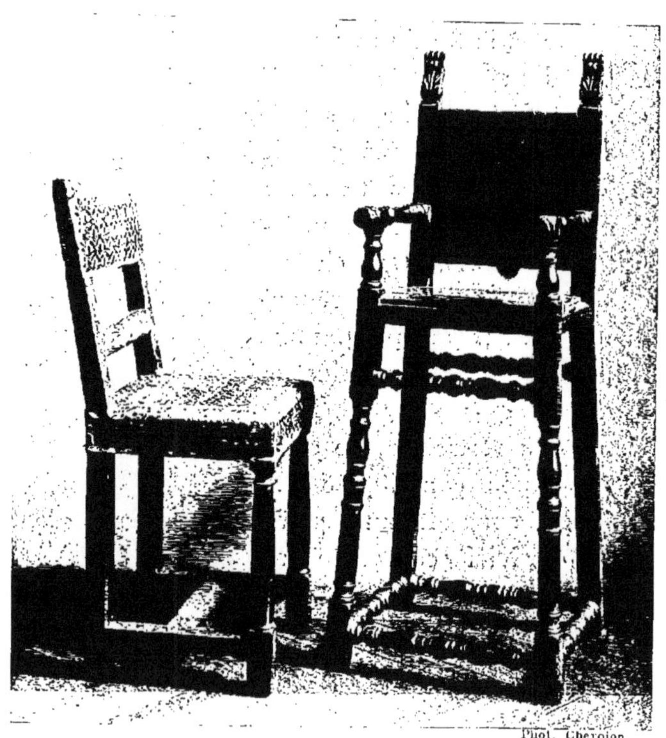

Phot. Chevojon.

Fig. 93. — Petite chaise et chaise d'enfant Louis XIII, noyer sculpté et tourné (Musée des Arts Décoratifs).

Louis XIII, en abandonnant le tournage pour des formes galbées que la sculpture enrichissait (fig. 76).

Si les chaises françaises de la fin du XVIIe siècle semblent encore un peu lourdes par leurs grandes dimensions, par les entretoises de leurs pieds, elles présentent une simplicité et une harmonie de lignes qu'on chercherait en vain dans les arts voisins. On voit au Musée de Cluny des chaises espagnoles dont les formes sont alourdies par des développements excessifs aussi irrationnels pour l'emploi du bois, aussi désagréables pour le contact du corps que déplaisants d'aspect.

Au XVIIIe siècle, l'art français a atteint la perfection dans les

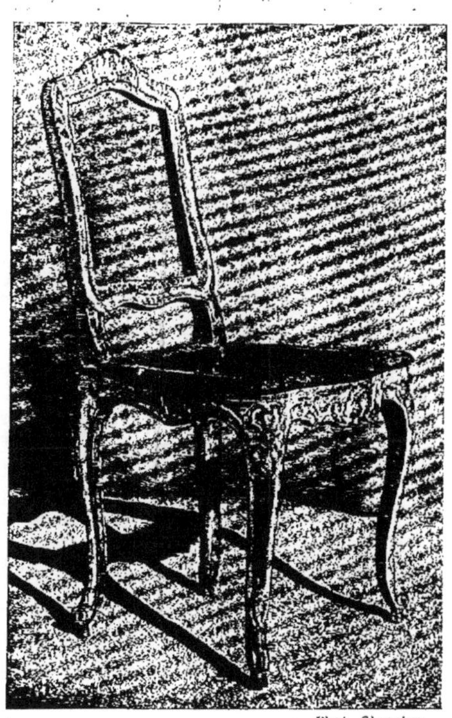

Phot. Chevojon.

Fig. 94. — Chaise Régence, hêtre sculpté et peint (Mobilier National).

chaises d'époque Régence qui marquent une évolution vers un art plus léger, plus intime, par la suppression des entretoises inférieures, par la finesse des bois, par la grâce incomparable du galbe des pieds et des traverses, celles des côtés étant traitées dissymétriquement par rapport aux faces antérieure et postérieure, par la discrétion du décor et son adaptation à la construction, les changements de motifs coïncidant avec les joints d'assemblage (fig. 94).

Toutes ces qualités subsistent dans les chaises Louis XV : ce qui peut les distinguer, c'est encore plus de souplesse dans les contours extérieurs des traverses et du dossier en même temps qu'une orientation du décor vers une inspiration plus directe de la nature, par le choix de motifs

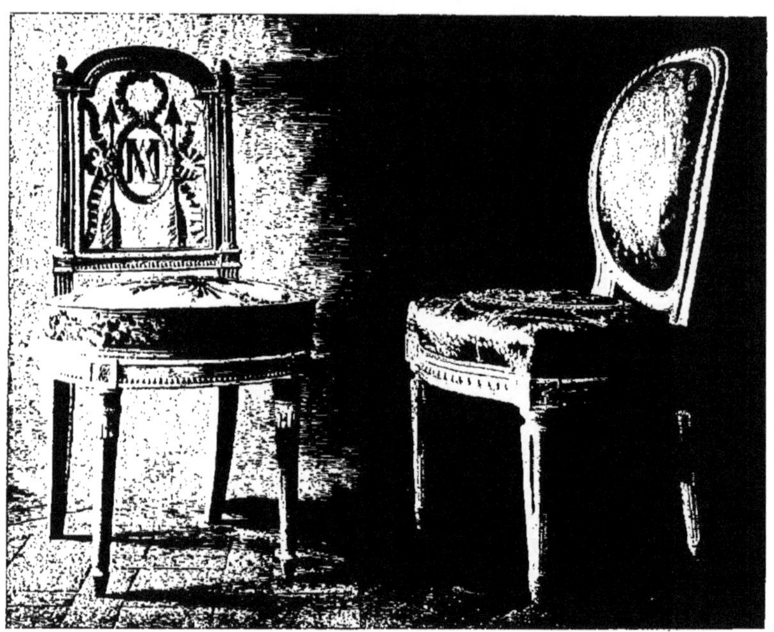

Phot. Chevojon.

Fig. 95. — Chaises Louis XVI, bois sculpté et peint, par J.-B.-B. Demay et G. Jacob (Petit Trianon).

de fleurs remplaçant les coquilles et les rinceaux (fig. 84).

Les maîtres ébénistes de l'époque Louis XVI, tels que G. Jacob, J.-B.-B. Demay, apportèrent des modifications profondes à l'aspect des chaises : ils allièrent à des formes rigides qui, dans les pieds, se substituaient aux formes galbées de l'époque précédente, une souplesse beaucoup plus grande du plan, due à l'application des tracés à double courbure (fig. 95).

Les solutions sont très variées : dans le modèle du Petit

salon, au Petit Trianon, la devanture, cintrée et contournée, s'assemble normalement dans les pieds de devant, orientés parallèlement à l'axe du siège; les ceintures latérales forment une courbe continue avec la traverse postérieure et s'assemblent normalement dans les pieds postérieurs qui sont orientés obli-

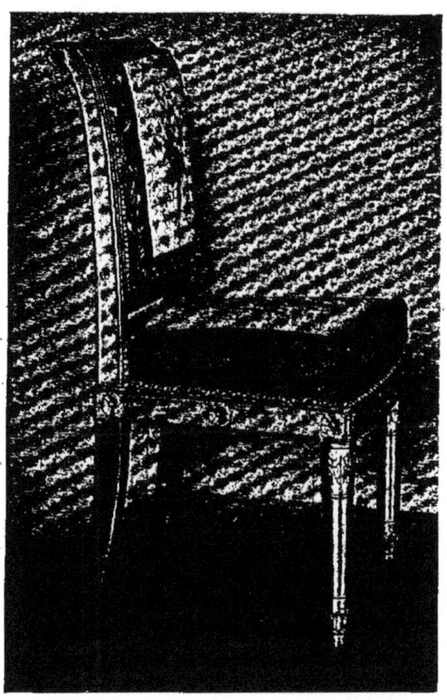

Phot. Chevojon.

Fig. 96. — Chaise Empire, hêtre sculpté et doré par Jacob Desmalter, tapisserie de Beauvais (Palais de la Malmaison).

quement et se continuent par des montants chantournés pour former, dans la surface conique, un médaillon que complètent les traverses chantournées de même manière. L'aspect décoratif est dû à ces dispositions, à la section des bois et à la délicatesse des moulures plus qu'à l'ornementation, réduite à un ruban courant dans les moulures, aux cannelures des pieds tournés et aux rosaces qui surmontent les pieds.

Dans le modèle du Grand Salon, la devanture cintrée forme au contraire une courbe continue avec les ceintures latérales, de manière à s'assembler normalement avec les pieds antérieurs orientés diagonalement et les ceintures latérales, grâce à leur chantournement en S, s'assemblent normalement dans les pieds de derrière, placés dans le plan de la traverse postérieure, qui est droite.

Si les formes de chaises Empire sont un peu plus lourdes, elles marquent une nouvelle originalité de style.

Jacob Desmalter, descendant de G. Jacob, montre la diversité de son génie créateur dans les chaises du Salon de musique du Palais de la Malmaison, chaises très simples à plan trapézoïdal, devanture cintrée, pieds antérieurs tournés, pieds postérieurs en sabre se continuant par des montants de dossier incurvés et terminés en crosse, ce qui écartait très judicieusement le corps du contact du bois de la traverse supérieure (fig. 96). Les chaises gondoles, savantes et délicates de tracé, qui faisaient partie de la petite chambre à coucher de l'Empereur, ci-devant boudoir turc, au Palais de Fontainebleau, réalisent le maximum du confortable par la disposition qui enveloppe le dos (fig. 97).

Jacob Desmalter, qui avait utilisé pour la chaise de la Malmaison, provenant d'ailleurs du mobilier de Fontainebleau, le hêtre sculpté et doré, introduisit dans la construction des sièges du boudoir turc une large application des méthodes d'ébénisterie qu'on commençait à employer dans les sièges à la fin du XVIIIe siècle : le bois est l'acajou massif verni, sauf dans les traverses de ceintures dont le placage sur bois de hêtre passe devant les pieds. Des rosaces, des rameaux d'olivier et des palmettes en bronze ciselé et doré décorent l'acajou ; la garniture en velours beige avec galons roses lamés d'argent est d'une rare élégance.

Une telle œuvre est encore dans la meilleure tradition de l'art français, par la recherche d'une disposition originale répondant le mieux possible à la destination, par la simplicité des formes, par la sobriété des moulures réduites aux champs de la traverse de ceinture et de la face intérieure du dossier et s'opposant à la richesse des bronzes ; elle représente en même temps l'évolution du maître ébéniste et établit un lien direct entre le style Empire et le style Restauration.

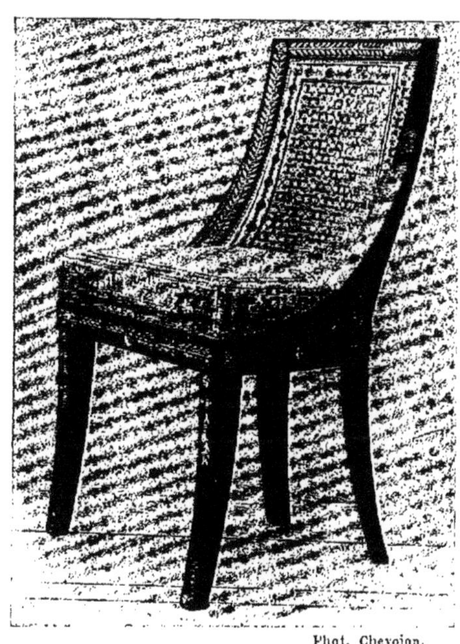

Phot. Chevojon.

Fig. 97. — Chaise Empire, acajou et bronze, velours, par Jacob Desmalter (Palais de Fontainebleau).

C'est avec le règne de Louis-Philippe que l'on trouve, avant la renaissance moderne, les derniers efforts de progrès.

Une chaise provenant du mobilier du Ministère de l'Instruction Publique est en bois d'orme massif sculpté et verni (fig. 98) : elle comporte sur le dossier des incrustations et sur la devanture plaquée une marqueterie de palissandre sur loupe d'orme ; la garniture est en toile de Jouy, décorée d'épis bruns et de fleurs bleues, roses et violettes sur fond blanc. Si la souplesse confinait à la mollesse dans les montants de dossiers et les pieds, c'était une réelle évolution que d'abandonner le décor des bronzes d'applique qui avait alourdi les sièges Restauration pour agrémenter la simplicité des surfaces droites ou courbes par un emploi de la marqueterie plus large qu'on ne l'avait fait depuis l'introduction du goût italien dans les sièges, à la Renaissance. Sans doute le dessin en est assez banal, mais il présente une notion juste de l'échelle délicate des ornements qui conviennent à un siège.

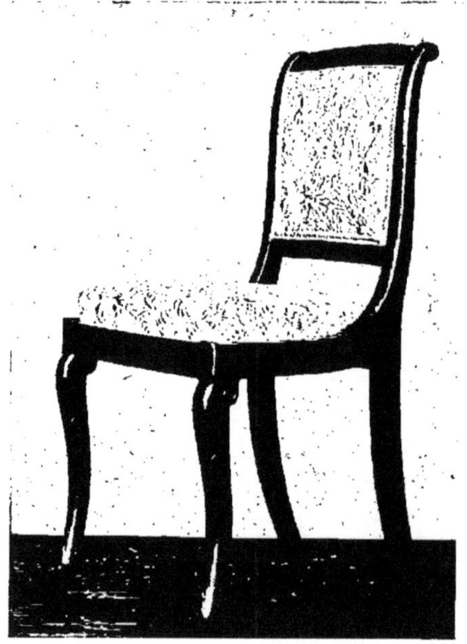

Phot. Chevojon.

Fig. 98. — Chaise Louis-Philippe, orme incrusté de palissandre (Mobilier National).

C'est une création d'autant plus intéressante qu'elle est d'une époque où le bon goût et la science de la technique devenaient rares et qui précède immédiatement la décadence, telle qu'on la voit, sous le Second Empire, dans les pastiches lourds et maladroits des styles précédents.

L'effort de Viollet-le-Duc pour la reconstitution du mobilier de Pierrefonds était méritoire, au point de vue de la recherche de la construction, mais était entaché de la même erreur archéologique que les copies de chaises Renaissance ou de fauteuils Louis XIV.

Le plus grand mérite de Viollet-le-Duc est d'avoir, par l'analyse des œuvres anciennes, ouvert la voie au rationalisme moderne.

Avec la fin du XIXe siècle apparaissaient des recherches originales mais qui aboutirent soit à une reproduction irraisonnée des formes de la nature, soit à des constructions inutilement compliquées. Il semblait qu'on eût perdu de vue les principes immuables, respectés pendant des siècles par des artisans qui avaient su en tirer les applications les plus variées : faire entrer le moins de bois possible dans un siège qui doit être aisément transportable, rechercher la forme la plus confortable, trouver la construction la plus simple et la plus rigide, adapter le décor à cette construction (fig. **111**).

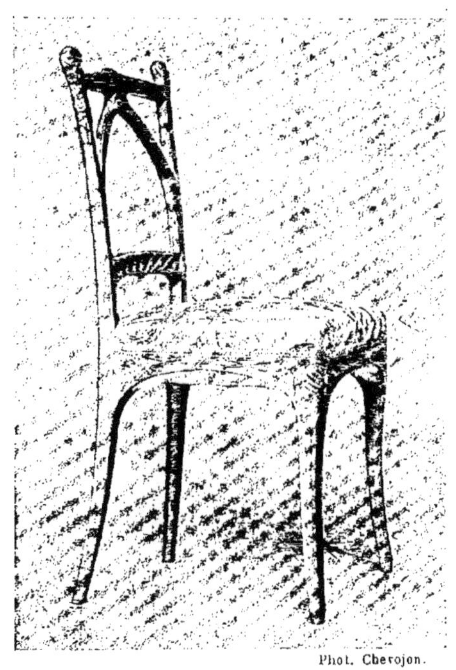

Phot. Chevojon.

Fig. 99. — Chaise (1903), sycomore, composée par L. Magne, exécutée par Raguel et Séguin (Musée du Conservatoire National des Arts et Métiers).

Avec le début du xxe siècle paraissent les premières réalisations traditionnelles par les principes et modernes par leurs applications. Une chaise de L. Magne, conservée au Musée du Conservatoire National des Arts et Métiers, marque ainsi le retour à des principes sains de construction aussi bien dans la force des sections au droit des assemblages et dans leur légèreté, en dehors de ces points de résistance, que dans la disposition du dossier, dont les pièces inclinées contribuent à former un ensemble rigide indéformable et que dans la finesse d'exécution des joints des ceintures, normaux à la courbe de celles-ci (fig. 99). Un décor délicat est pris dans l'équarrissage du bois et composé de manière à faire valoir la construction en évitant que les motifs chevauchent sur les assemblages : décor de jasmin naissant sur les moulures des pièces, peut-être insuffisamment interprété dans le couronnement des montants de dossier qui présentent, de ce fait, un peu de lourdeur et d'indécision.

Les réalisations actuelles se sont affranchies d'un décor inutilement naturaliste, elles s'imposent des mêmes idées directrices que suivaient les artisans de jadis dans l'amélioration des formes, et la diversité des solutions originales qu'ont su trouver les décorateurs modernes montre que le sujet n'est pas près d'être épuisé (fig. 79).

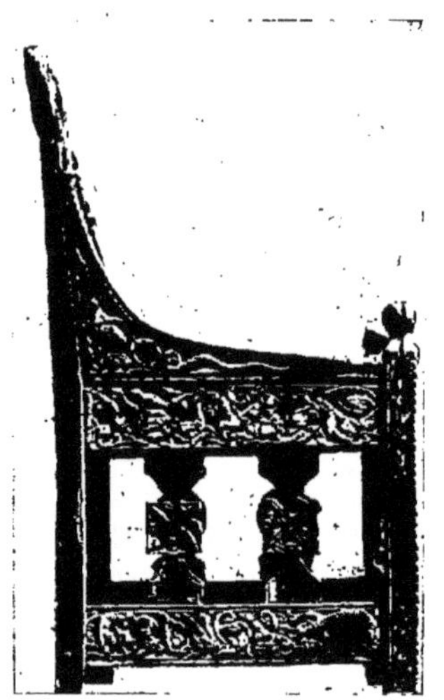

Fig. 100. — Siège à bras, bois sculpté (Musée de Christiania).

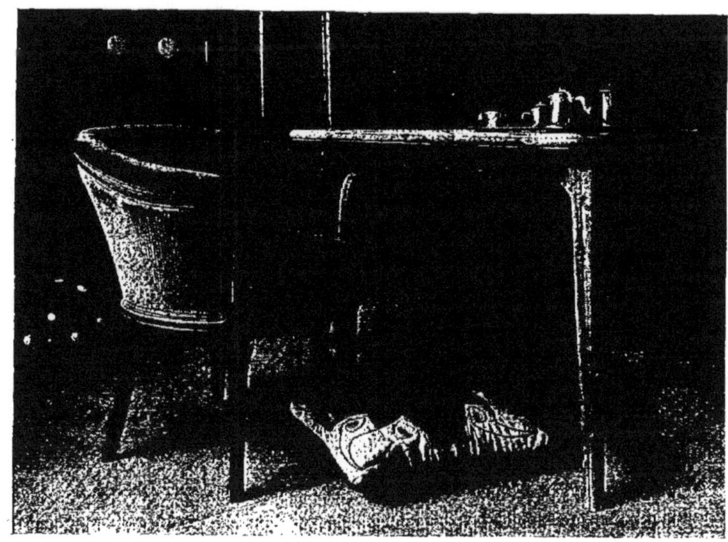

Fig. 101. — Fauteuil (1921), noyer sculpté, par H.-M. Magne.

VII

FAUTEUIL

Si la forme de fauteuil utilisée au Moyen-Age est celle du pliant à dossier que réalisent le trône métallique de Dagobert, puis les sièges en bois de forme analogue en usage jusqu'au XVIe siècle, il serait vain d'y chercher l'origine du fauteuil avec la forme traditionnelle qui subsiste depuis le XVIIe siècle, et c'est vers l'Orient qu'il faut d'abord se tourner pour trouver, dans un siège comme le trône épiscopal en ivoire, datant du VIe siècle et conservé à la cathédrale de Ravenne, le type du siège mobile constitué par des montants verticaux s'élevant au-dessus du siège pour former accoudoirs et envelopper confortablement le corps (fig. 58).

Puis c'est l'art scandinave qui montre des types de fauteuils dont les panneaux sont traités à jour : les bras très bas sont faits de planches découpées en arrondi qui forment comme des équerres entre le dossier incliné et les ceintures, et se raccordent avec les montants de face dont la partie supérieure, en boule, termine les bras (fig. 100) ; en France, c'est plutôt dans les stalles fixes des églises qu'on peut trouver des dispositions comparables à celles qui seront adoptées plus tard pour les fauteuils.

A partir du XIIIe siècle, la stalle, avec le dévers de son dossier, avec le retrait, l'inclinaison vers l'arrière et la forme courbe des accoudoirs, comporte des recherches savantes qu'on ne retrouve auparavant que dans l'antiquité égyptienne.

Elle marque un raffinement beaucoup plus avancé que la chaire, telle qu'elle nous apparaît du XVe au XVIe siècles : si la chaire est mobile, tandis que la stalle est fixe, elle n'est pourtant qu'un ouvrage de menuiserie exécuté en chêne et dans lequel toutes les dispositions du plan, du dossier, du coffre inférieur, des accotoirs aboutissent à des assemblages perpendiculaires à tenons et mortaises, rainures et languettes. Conçues selon deux types, à dais ou sans dais, les chaires caractérisent les sièges d'apparat au Moyen-Age et persisteront pendant la première partie de la Renaissance (fig. 75).

Peu mobiles en raison de leur poids, qu'augmentait l'utilisation de la partie basse comme coffre, peu confortables en raison de leurs formes droites et de la hauteur du siège, elles nécessitaient l'adjonction de coussins sur le siège et sous les pieds.

Mais elles présentent les qualités de noblesse et de logique du décor des boiseries françaises par les proportions, les profils des accotoirs, les saillies ou les chanfreins des bâtis, les reliefs et les ajours fragiles réservés aux couronnements qui sont hors de contact du corps et du risque des heurts.

Le décor s'inspire des éléments architecturaux tels que les arcatures qui furent le thème commun de la pierre, du métal et du bois, au XVe siècle ; il s'inspire aussi du motif de « serviettes » caractéristique des panneaux de meubles à cette époque.

Par l'effet de l'influence italienne au XVIe siècle, une chaire de ce temps, conservée au Musée du Louvre, présente, à côté des assemblages de menuiserie à tenons, mortaises et chevilles, rainures, languettes et coupes d'onglet, l'introduction des pratiques d'ébénisterie applicables aux meubles, mais parfois préjudiciables à la robustesse de construction nécessaire dans les sièges (fig. 102).

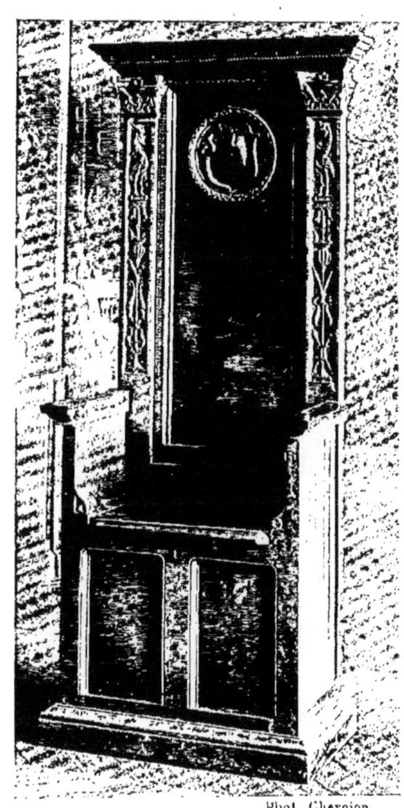

Phot. Chevojon.

Fig. 102. — Chaire du XVIe siècle, chêne sculpté (Musée du Louvre).

C'est d'ailleurs, pour une époque où le goût italien se faisait sentir par l'apparition du décor à l'antique, un exemple typique de la mesure et de la finesse du goût français, tant par la délicatesse des pilastres accusant les organes verticaux de structure que par l'absence de tout décor sur le grand panneau de dossier dans la hauteur où s'appuie le corps, en opposition avec la richesse du médaillon sculpté en relief à la partie supérieure de ce panneau. Le décor offre un curieux mélange, fréquent dans les œuvres de la Renaissance française, de la juxtaposition des thèmes à l'antique sur le dossier, les moulures des accoudoirs et du socle, avec les motifs de serviettes des faces latérales et les profils des moulures de la face du coffre, qui restent dans la tradition du Moyen-Age.

Dans la seconde moitié du XVIᵉ siècle, un progrès considérable est accompli. Un fauteuil, comme celui entré au Louvre avec la Collection Davillier, caractérise les changements apportés dans la forme traditionnelle de la chaire (fig. 103). En bois de noyer sculpté et ciré, il est construit exclusivement selon les règles de l'emploi du bois massif, telles qu'elles étaient pratiquées au Moyen-Age ; on conserve encore le plan carré, l'élévation du siège rappelant, par le tiroir placé sous le siège, le coffre qui formait la partie basse des chaires ; mais l'œuvre devient un modèle de légèreté par la suppression de tous les panneaux qui, dans le soubassement des accotoirs ou dans le dossier, alourdissaient les chaires et les rendaient peu maniables.

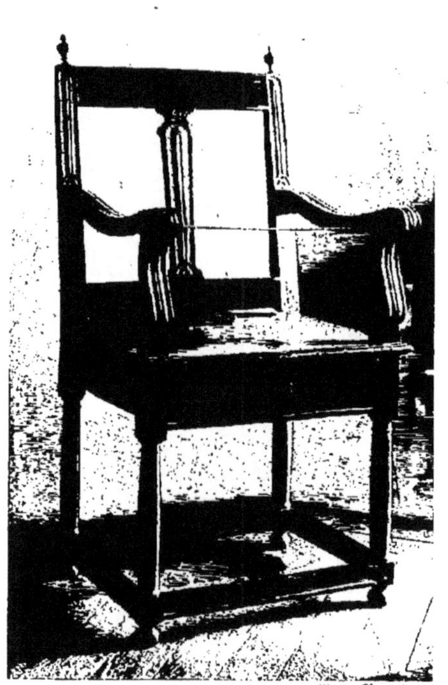

Phot. Chevojon.

Fig. 103. — Fauteuil du XVIᵉ siècle, noyer sculpté (Musée du Louvre).

Par le renversement du dossier, par la courbe des bras et de leurs supports, par le tournage des pieds entretoisés au moyen de quatre barres, il est l'expression du programme nouveau où la recherche du confortable remplace la tradition architecturale des sièges précédents.

Sous Louis XIII on peut dire qu'une solution type est trouvée. Le Musée de Cluny possède des fauteuils, provenant de la chambre du maréchal d'Effiat, à l'ancien château d'Effiat (Puy-de-Dôme), qui sont parmi les premiers et les plus authentiques exemples de ces sièges caractéristiques (fig. 104).

Ce sont des fauteuils garnis, sur plan trapézoïdal, à pieds et entretoises tournés, à bras incurvés terminés en volutes et à dossier incliné.

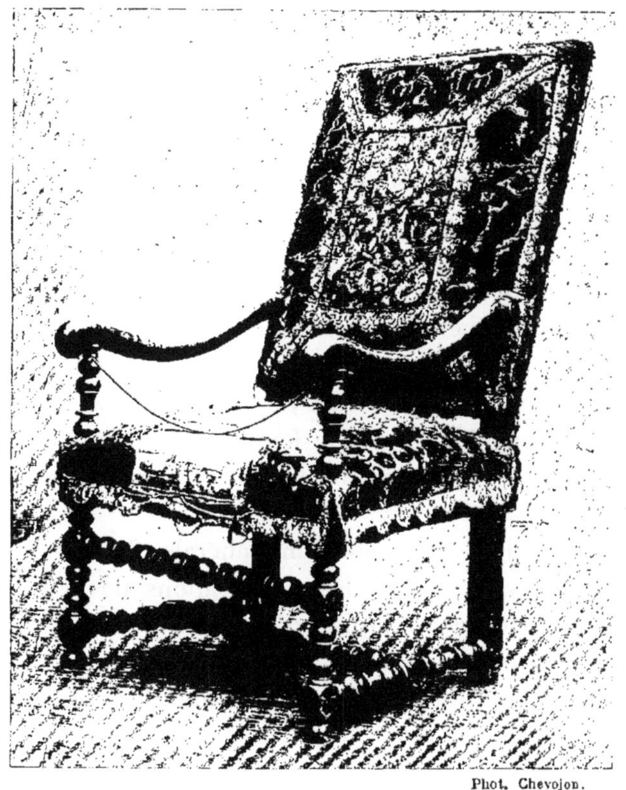

Phot. Chevojon.

Fig. 104. — Fauteuil Louis XIII, noyer tourné, velours de Gênes (Musée de Cluny).

Tout est en progrès dans l'ensemble de ces dispositions, notamment l'abaissement de la hauteur du siège, les entretoises basses en double T et le relèvement de l'entretoise antérieure le plus près possible de la ceinture pour donner de l'aisance au mouvement des jambes, l'idée de recouvrir par les garnitures les traverses du siège, les montants et les traverses du dossier.

Certes il y a des exagérations, d'abord dans le volume énorme du siège, puis dans l'inclinaison du dossier. Mais, tel quel, il offre de nouvelles proportions résultant des dispositions mêmes; le dossier prend un vaste développement en raison de l'abaissement du siège et l'ensemble est empreint d'une grande noblesse grâce à l'opposition entre la simplicité du bois de noyer tourné et ciré et la richesse de la garniture en velours de Gênes ciselé à décor rouge sur fond crème, encadrant, sur le siège et le dossier, un médaillon en broderie d'application; les médaillons et les galons sont brodés blanc et or.

C'est la solution type qu'on se contentera d'améliorer pendant un siècle.

Cette amélioration, nous la trouvons d'abord dans des fauteuils Louis XIV comme celui qui est conservé au Musée des Arts Décoratifs et qui, avec son bois de noyer sculpté et doré, jamais restauré, avec sa garniture de brocart crème, lamé d'or, à décor de fleurs bleues et de feuillages jaunes, est un des exemples les plus évocateurs des mobiliers somptueux de cette époque (fig. 105).

Il reproduit bien la disposition générale fixée à l'époque Louis XIII, mais on y voit des modifications de détail telles que l'arrangement des entretoises diagonales formées de quatre consoles contournées, assemblées sur un noyau central carré, telles encore que la forme des supports des bras en consoles prolongeant les pieds antérieurs. Ce sont des modifications techniques et surtout esthétiques : on y trouve la transformation du style Louis XIV par l'abandon des formes rigides et de la technique du tournage pour les pieds et les entretoises largement sculptés, par le caractère architectural des pieds, par la souplesse de la forme des bras et de leurs supports : il y a une rare distinction dans l'opposition entre la richesse des têtes et attaches des bras et la sobriété des lignes de la manchette ainsi que dans l'alliance délicate de la garniture claire avec l'or des bois.

A l'époque de la Régence, on constate un progrès nouveau dans la recherche de proportions et de dimensions répondant, le plus exactement possible, au repos du corps. C'est en même

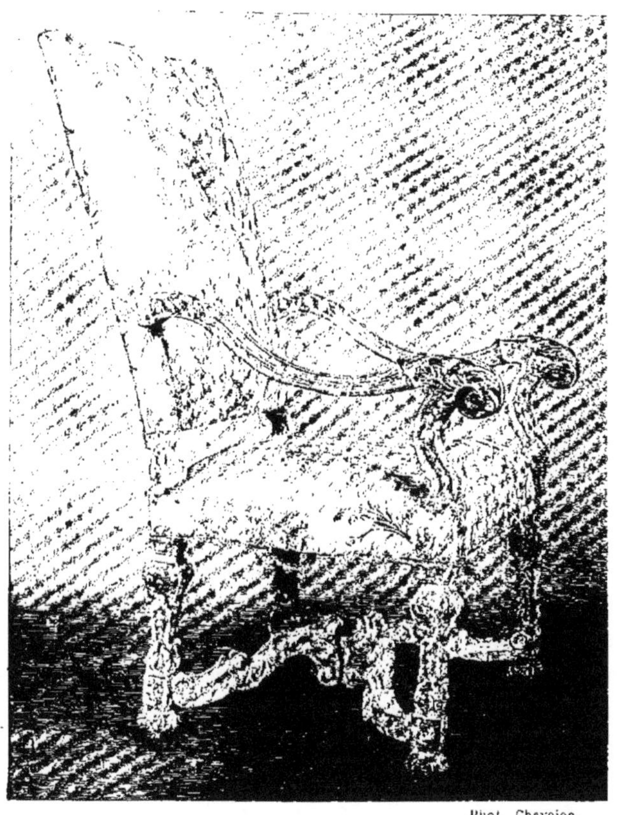

Phot. Chevojon.

Fig. 105. — Fauteuil Louis XIV, noyer sculpté et doré, brocart d'or (Musée des Arts Décoratifs).

temps la manifestation de la tendance selon laquelle le décor, suivant l'évolution des mœurs, s'écartait des formes pompeuses, des motifs conventionnels et architecturaux, pour devenir plus léger et intime, plus sobre dans la composition, plus varié dans l'exécution.

Un fauteuil en bois de noyer sculpté et ciré, garni de cannage, avec manchettes recouvertes de cuir, conservé au Musée des Arts Décoratifs, caractérise cette nouvelle transformation (fig. 106).

La découpure inférieure des traverses, le galbe des pieds et des entretoises en S laissent toute liberté au mouvement des jambes; l'angle du siège présente un adoucissement circulaire; une grande innovation est le recul du support du bras, qui ne prolonge plus le pied antérieur, afin de laisser libre l'entrée du siège; le support est chantourné ainsi que la tête pour élargir davantage cette entrée; le relèvement du décor du dossier redresse l'inclinaison exagérée des sièges précédents et soutient mieux le corps; l'abaissement de la hauteur du siège à 0^{m},36 est presque excessif.

Dans la forme arrondie des profils dont les parties droites sont réduites à de minces filets, dans la faible saillie des sculptures apparaît le double souci qu'aucun angle, qu'aucun relief ne puissent blesser et que la sculpture soit prise dans la pièce de bois sans chevaucher aucun assemblage; les thèmes de la sculpture reviennent insensiblement vers la nature et, s'ils n'en interprètent pas encore directement les éléments, ils s'en inspirent déjà, par exemple dans la manière dont les rinceaux de feuillages s'assouplissent et naissent sur les fines moulures des bords des pièces comme sur des tiges.

Ainsi a été réalisé l'un des chefs-d'œuvre de l'art français par la parfaite concordance des proportions les plus harmonieuses, des courbes les plus souples, du décor le plus délicieux avec la construction et le confort.

Les modèles exécutés sous Louis XV s'inspirent des mêmes dispositions, mais on voit apparaître des variantes nombreuses qui correspondent à des destinations plus précises adaptées à des programmes également plus précis; c'est ainsi que l'on fait des types de fauteuils beaucoup plus maniables, fauteuils de bureau établis parfois sur plan en losange, à dossier bas, à garniture de cuir.

On crée, d'autre part, des types plus confortables, qui sont les bergères.

Alors interviennent, dans toute leur plénitude et avec leur complication technique, les tracés à double courbure, imaginés pour réaliser un siège dont la disposition tronconique s'adapte complètement à la forme du corps.

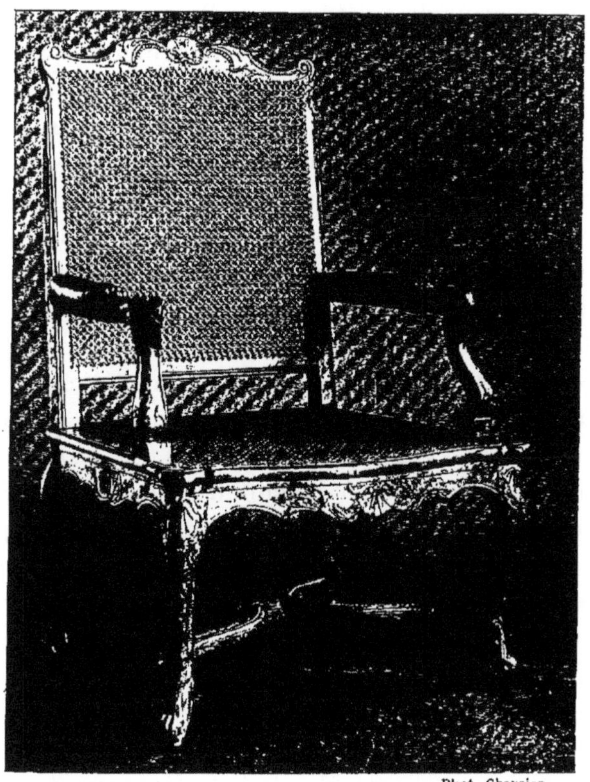

Phot. Chevojon

Fig. 106. — Fauteuil Régence, noyer sculpté (Musée des Arts Décoratifs).

Une bergère Louis XV, conservée au Musée des Arts Décoratifs, en est un type complet (fig. 71) : exécutée en noyer sculpté et ciré, elle est de forme gondole, à joues, traverses cintrées et pieds galbés. La ligne extérieure est continue, depuis les accotoirs, les bras qui se relèvent pour former les joues, jusqu'à la partie supérieure du dossier ; malgré les sections de bois exigées par les débillardements que nécessitent les dispositions de ce genre, l'ébéniste a su obtenir une économie relative de matière, n'alourdissant pas à l'excès le poids du siège. De même, malgré l'ampleur du programme, l'œuvre est admirable de souplesse et de grâce, par la science des moulures qui allègent les sections. Encore dans le goût de la Régence, elle s'achemine vers des lignes plus libres et un décor plus directement inspiré de la nature, qui caractérisent le style du milieu du XVIIIe siècle.

C'est à la fin du règne de Louis XV que des ébénistes parisiens créèrent les formes nouvelles, aussi souples mais plus pures, qui remplacèrent la grâce parfois maniérée des sièges précédents.

Le Louvre possède le plus beau et le plus complet mobilier de ce genre : ce mobilier, qui provenait de la collection Double, lui fut donné par Mme Boursin : il comprend dix fauteuils et deux canapés. Les bois en noyer sculptés et dorés sont de Philippe Poirié ; les tapisseries à sujets champêtres ont été exécutées par la Manufacture de Beauvais, d'après les cartons de Boucher pour les dossiers et d'Oudry pour les sièges (fig. 107).

La forme des dossiers est à médaillon ovale, surmonté d'une couronne de fleurs avec rubans et instruments de musique. La devanture cintrée et les ceintures latérales en S sont assemblées perpendiculairement dans les pieds antérieurs, orientés à 45° et dans ceux de derrière, placés dans le plan de la traverse droite postérieure. Les pieds, tournés et cannelés, sont légèrement inclinés vers l'extérieur. Les supports des bras prolongent les pieds de devant et suivent un tracé à double courbure pour soutenir les bras qui, infléchis en S et légèrement incurvés, s'assemblent normalement dans le cadre du médaillon. Cette modification est un des caractères les plus typiques de cette évolution continue de l'art des sièges, grâce à quoi chaque génération d'artisans ajoutait un nouveau progrès à l'œuvre de la génération précédente. La disposition traditionnelle de la continuité des pieds antérieurs et des supports des bras, pratiquée jusqu'à la fin du règne de Louis XIV, était la plus simple et la plus solide, mais les bras venant jusque sur le devant du fauteuil, en encombraient l'entrée. Sous la Régence, on avait amélioré la disposition en reculant les bras ; mais, pour cela, on avait fait du pied et du support de bras deux pièces indépendantes, et

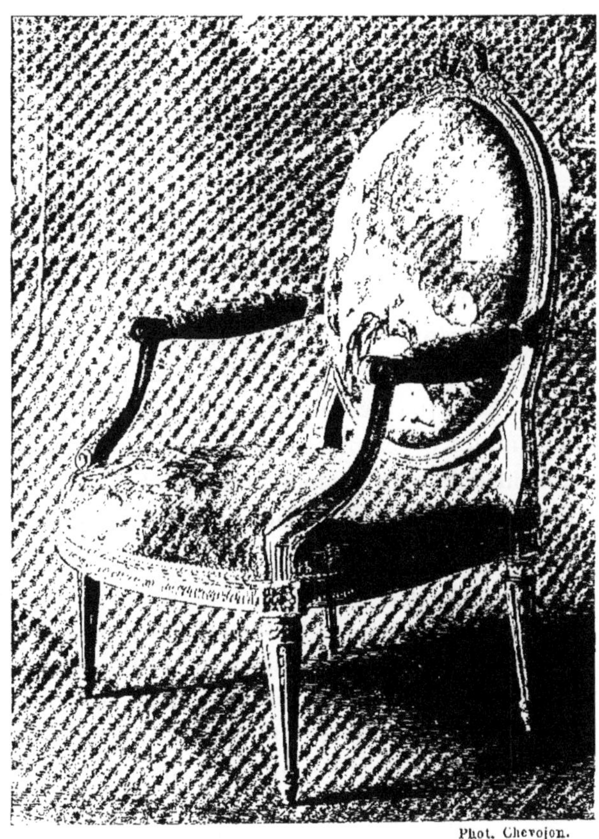

Phot. Chevojon.

Fig. 107. — Fauteuil Louis XVI, noyer sculpté et doré, par Philippe Poirié, tapisserie de Beauvais (Musée du Louvre).

c'était au détriment de la rigidité de l'une et de l'autre. La solution nouvelle évitait les deux inconvénients différents qu'offraient ces deux dispositions précédentes.

L'œuvre est remarquable par son ampleur, la finesse des sections de bois, la souplesse des lignes et la sobriété de la décoration; grâce à la disposition des pieds de devant, qui permet la continuité des courbes des ceintures, elle n'a pas la sécheresse que présente parfois la formule du style Louis XVI, tel qu'il se développa par la suite. Elle est d'autant plus précieuse qu'à une époque où les ébénistes d'origine étrangère, en faveur à la Cour de Louis XV, importaient, quelle que fut leur inclination, un esprit différent du goût français, elle est l'œuvre d'un artiste essentiellement français.

Le style Louis XVI présente d'ailleurs des aspects très variés, depuis les modèles à médaillons ovales incurvés dans le tracé à double courbure, jusqu'aux modèles à médaillons carrés pris dans un même plan.

Il semble que ce soient ceux-ci qui aient exercé leur influence sur les œuvres de la fin du XVIIIe siècle, dont la sécheresse s'accentuait. On fabriqua néanmoins, à l'époque du Directoire, des œuvres originales et exquises comme les fauteuils des frères Jacob, qui furent faits pour le château de Saint-Cloud (fig. 108).

Ce sont des fauteuils en bois d'acajou massif sculpté et ciré, sauf dans les traverses de ceinture qui sont en hêtre plaqué d'acajou. Le plan du siège est plus sec, le support des bras redevient une colonnette verticale tournée, comme à la Renaissance, mais d'autre part tout est nouveau et gracieux dans le renversement du dossier dont la crosse donne l'agrément et le confort à la partie supérieure; dans la traverse découpée à jour et sculptée qui soutient le panneau carré, dans la matière même du bois, dans la garniture en étoffe de soie brochée, lamée d'argent, et brodée : les médaillons sont à fond blanc encadré d'argent, se détachant sur un fond bleu clair, à dessin de vignes et de raisins, lamés d'argent; un grand papillon multicolore est brodé au passé sur le dossier.

Ainsi se marque la transition entre les formes Louis XVI et les formes Empire dans des œuvres qui conservent toutes les qualités de légèreté des premières sans avoir aucun des défauts de lourdeur qui seront fréquents dans les sièges Empire.

Ces défauts de lourdeur apparaissent dans une œuvre comme le fauteuil de bureau qui a fait partie du mobilier du Grand Trianon (fig. 109). Quoique de disposition confortable, il n'est pas exempt de critique par la saillie des pieds qui encombre le

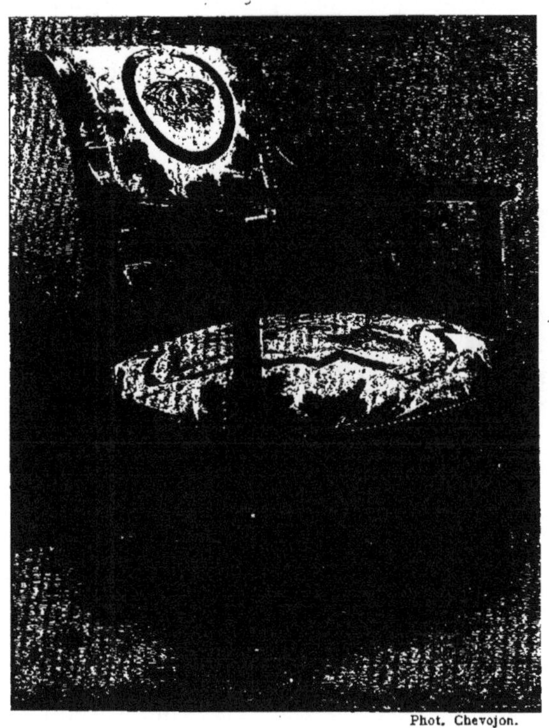

Phot. Chevojon.

Fig. 108. — Fauteuil Directoire, acajou et soie brochée, par Jacob frères (Mobilier National).

devant du siège, par l'emploi de sections droites qui créent des angles durs, par le poids résultant des volumes de bois mis en œuvre. Ce siège, fait par J.-B. Sené, s'écarte d'ailleurs des bonnes traditions de construction : l'ampleur des pieds a nécessité la réunion de deux morceaux juxtaposés; le placage de la ceinture passe devant les pieds postérieurs. La perfection d'exécution de ces collages et de ces placages ne suffit pas à justifier ces dispositions illogiques.

C'est là le résultat d'une tendance qui, par le culte de l'antiquité, conduit à un abus du décor inspiré des animaux ou des figures, abus jadis caractéristique de l'art romain, aux dépens d'une composition bien appropriée à sa destination.

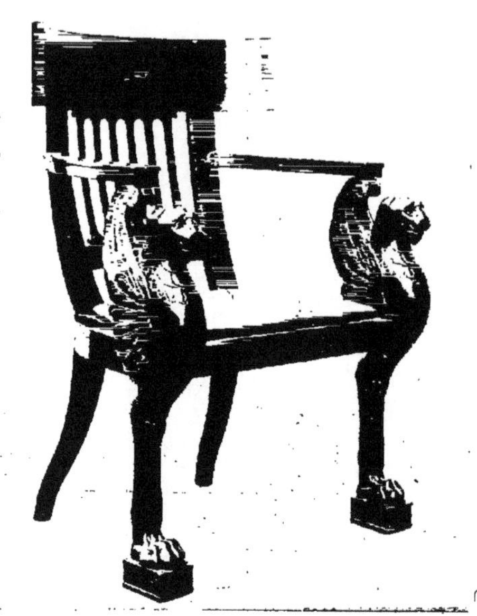

Phot. Chevojon.

Fig. 109. — Fauteuil Empire, acajou sculpté, par J.-B. Sené (Mobilier National).

La lourdeur des sièges à l'époque impériale subsiste sous la Restauration, comme le goût pour le bois d'acajou et même pour les appliques de bronze ciselé et doré.

Jacob Desmalter fit ainsi des sièges à dossier carré, à pieds galbés et à bras courbés avec accotoirs rembourrés dont la disposition est bonne pour l'usage, mais qui accentuent les défauts de certains sièges de l'Empire, en ce qui concerne l'abus des fortes sections.

La précision magistrale de la construction est le signe des traditions de la lignée d'ébénistes qui, depuis Louis XV, tint un des premiers rangs dans la fabrication des sièges; on le retrouve aussi dans la courbe élégante des bras, dans les cannelures détaillant la masse, dans les amortissements délicats, dans les changements des moulures et du décor aux joints des différentes pièces (fig. 110).

Si les ébénistes du temps de Louis-Philippe s'inspirèrent des sièges Restauration, il serait injuste de ne pas rendre hommage à leur effort de recherche originale dans le choix des formes, plus légères et plus souples.

C'est à l'art français que revient, sans conteste, l'honneur d'avoir cherché, vers 1900, à rénover l'art des sièges qui était enlisé dans le pastiche des formes des époques passées.

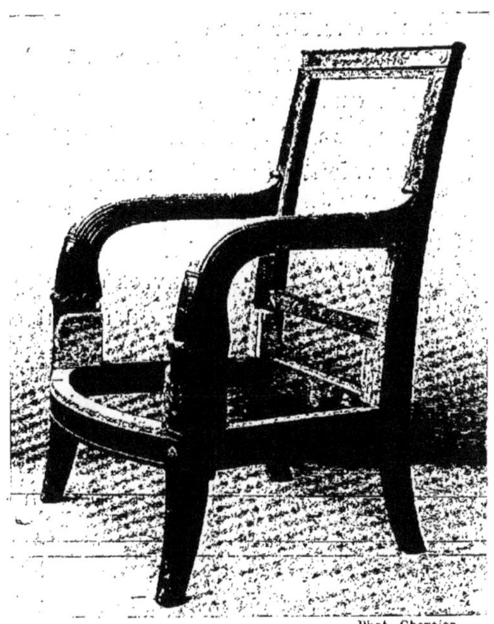

Phot. Chevojon.

Fig. 110. — Fauteuil Restauration, acajou et bronzes, par Jacob Desmalter (Mobilier National).

Il suffit de comparer les œuvres françaises et les œuvres allemandes de même époque pour constater qu'en Allemagne les œuvres les plus intéressantes sont une transposition des sièges scandinaves du Moyen-Age.

L'œuvre d'Hœntschel, au contraire, est toute nouvelle. Certes, elle n'est pas parfaite : si l'Empire avait inutilement compliqué et alourdi les sièges par des formes de figures et d'animaux, les artistes français de la fin du XIXe siècle les compliquaient et les alourdissaient par l'abus de la flore. Il n'y a rien de plus illogique que de chercher à faire passer sans arrêt les formes et le décor d'un pied vertical sur une traverse horizontale, aucun des artisans du passé ne s'y était trompé ; à voir le fauteuil d'Hœntschel, on penserait plutôt à une réalisation par une matière plastique, telle que le bronze, qu'à une exécution au moyen de morceaux de bois assemblés ; si l'artiste affirme son esprit rationnel dans l'inclinaison des pieds destinée à donner plus de stabilité au siège, il tombe dans l'excès : la saillie des pieds de devant est désagréable et presque dangereuse.

La recherche linéaire de Majorelle est à coup sûr mieux raisonnée (fig. 111); Majorelle ne sacrifie pas aux pampres végétaux : il cherche une construction de bois pour sa destination, mais c'est une construction bien compliquée qui réunit l'assemblage de quatre pièces, pied postérieur, traverses latérale et postérieure, lien rejoignant le pied antérieur, là où tous les ébénistes passés avaient su ne faire converger que trois pièces afin de ne pas affaiblir exagérément un des points les plus fragiles de la structure.

Dans la plupart des œuvres de cette époque, auxquelles il faut rendre le juste hommage dû à tout effort original, une erreur fut ainsi commise, du point de vue artistique et du point de vue technique. Elle ne fut pas moindre du point de vue utilitaire : là, trop d'artistes péchèrent par ignorance et, à vouloir faire table rase du passé, à affecter de méconnaître toutes les raisons qui avaient modifié, de siècle en siècle, les rapports de dimensions des différents éléments d'un meuble ou d'un siège, ils firent souvent des œuvres qui allaient précisément à l'encontre de ce qu'il s'agissait de faire, à savoir des œuvres adaptées aux besoins de la vie.

« Du point de vue artistique comme du point de vue utilitaire, l'erreur de 1900 se résume en une seule cause : l'oubli, involontaire ou non, de la tradition : la tradition, c'est, pour l'esthétique comme pour l'utilité, ce qui nous donne l'expérience, ce qui nous permet de faire un progrès : la tradition est la base sur laquelle nous devons nous appuyer pour avoir les moyens de réaliser notre idéal[1]. »

C'est ce que comprirent parfaitement des créateurs comme

1. *Les enseignements de l'Exposition internationale des arts décoratifs et industriels modernes*, par H. M. Magne. L. Eyrolles, éditeur, 1926.

Jallot qui, dès 1904, composait et exécutait un fauteuil offrant l'expression parfaite de l'accord de la forme et du décor avec la structure et la destination (fig. 112).

Le fauteuil est en bois de hêtre sculpté, teinté et ciré. Le modèle est en gondole, à dossier bas continuant les accotoirs. Il montre une science de construction égale à celle des sièges des plus belles époques, par la légèreté des bois employés, par la

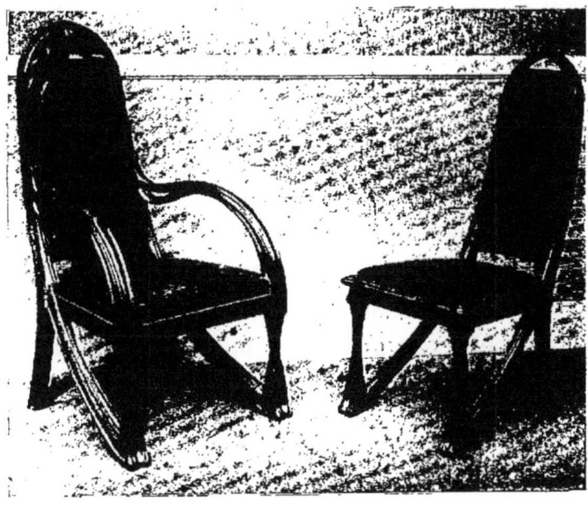

Fig. 111. — Fauteuil et chaise de salle à manger (1900), par Majorelle.

simplicité du tracé, donnant des assemblages rectangulaires entre les pieds, la ceinture et le dossier, des sections qui comportent le minimum de chantournement dans les pieds antérieurs ou même aucun chantournement dans les pieds postérieurs, galbés dans un seul plan et parvenant néanmoins à une disposition réellement confortable. Les profils des moulures sont prévus pour une exécution à la toupie.

Aussi savant et original est un fauteuil de Paul Follot en bois de chêne verni, incrusté de filets d'ébène et de marqueteries représentant des fruits en poirier avec tiges en amarante et feuilles en olivier sur fond d'ébène (fig. 79).

D'une grande sobriété de formes, presque sans aucune moulure, l'œuvre tire son caractère précieux de l'emploi des incrustations et des marqueteries délicates de dessin et franches de coloration, ainsi que de la finesse de la garniture en soie jaune avec jeu de fond de feuilles et de motifs linéaires bruns, vert et crème, sur lequel broche une coupe brun orangé contenant des fruits verts, bruns et violets.

On peut concevoir des fauteuils de même destination rendus encore plus confortables par une forme enveloppant davantage le corps, par une garniture recouvrant les traverses de dossier formant accotoirs ; on peut réaliser la structure par des moyens encore plus simples que ceux utilisés pour les deux sièges précédents, tous les pieds rayonnant de manière à être perpendiculaires aux ceintures courbes et à pouvoir présenter des formes très souples sans aucun chantournement (fig. 101).

Dans le même ordre d'idées, un fauteuil sur plan rigoureusement circulaire, avec dossier à médaillon limité par quatre courbes prises dans la surface tronconique, peut donner une solution originale aussi riche que celle fournie par les fauteuils du XVIIIe siècle, et la tapisserie, qui offre la garniture la plus résistante, suggère des interprétations nouvelles du vieux thème des mois et des saisons (fig. 113).

La plupart des artistes et des ébénistes ont su trouver des expressions nouvelles et élégantes du programme traditionnel des fauteuils.

Il serait toutefois dangereux que la recherche d'originalité fût aux dépens du confortable, ce qui ferait retomber l'art moderne dans les erreurs de 1900.

La forme des sièges a suivi la transformation des mœurs : une dame du XVIIIe siècle n'aurait pas consenti à s'asseoir dans une chaise du XVe et si, au XVIIIe siècle, on en était venu, par changements insensibles, à abandonner les plans carrés, les dossiers verticaux, les accotoirs rectangulaires, les panneaux pleins, les coussins mobiles pour des plans aux courbes savantes, des dossiers inclinés et même concaves, des bras incurvés, des pieds isolés, des garnitures fixes, c'était pour correspondre au raffinement plus grand de la société contemporaine.

Mais la dame du XVIIIe siècle avait un corset et des paniers ;

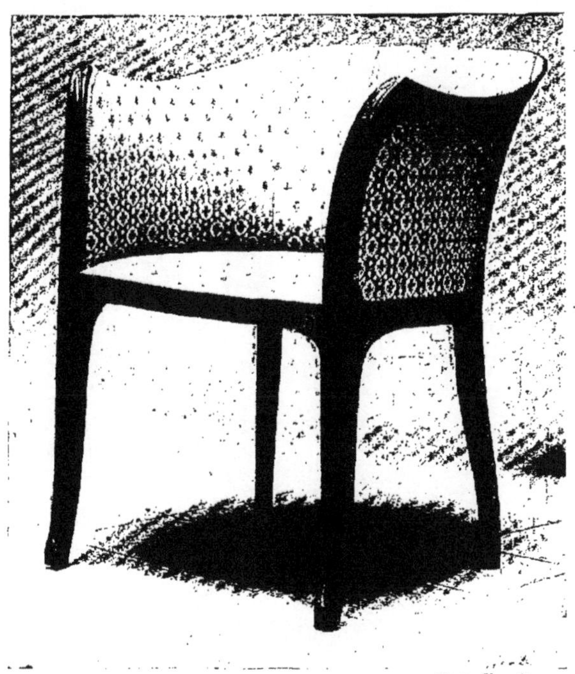

Phot. Chevojon.

Fig. 112. — Fauteuil de salle à manger (1904), hêtre sculpté, par Jallot (Musée des Arts Décoratifs).

elle se tenait encore droite sur son fauteuil dans une pose d'apparat, que n'affectent plus les dames d'aujourd'hui avec leurs robes souples. Il n'y a guère de fauteuils du XVIIIe siècle dont le siège soit assez profond, dont les bras soient assez longs pour répondre aux poses flexibles et gracieuses ou au désir de repos confortable des dames de nos jours. Aussi est-il nécessaire que la forme du siège s'adapte à ces mœurs nouvelles.

Or, tandis que, jusqu'à l'époque de Louis-Philippe, la recherche d'art et la recherche de confortable allaient de pair, comme il en avait toujours été auparavant, à partir de cette

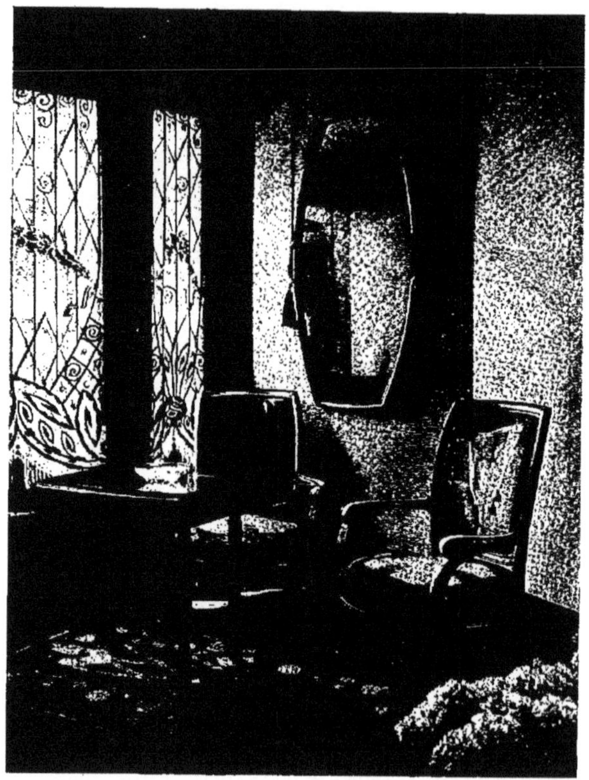

Fig. 113. — Fauteuil de salon « Les Mois » (1925), hêtre sculpté et doré, tapisserie, composé par H.-M. Magne, exécuté par Roumy, et « Aux fabriques d'Aubusson ».

époque et jusqu'au début du xxe siècle, une scission s'est produite. D'une part, on a cherché à faire des sièges confortables, et on en a fait : les amples fauteuils entièrement rembourrés des fumoirs à la mode anglaise étaient confortables, mais étaient-ce des sièges, avec le caractère mobile qui s'attache à tout ce qui est mobilier? Ils étaient si lourds qu'on a dû leur mettre des roulettes; toute recherche de ligne en était absente. D'autre part, des artistes ont eu le souci d'une recherche esthétique nouvelle, mais ont perdu de vue l'adaptation utilitaire.

C'est parce que, de nouveau, l'art et l'utilité ont marché de pair depuis le début du xxe siècle que l'art moderne a pu prendre son essor : on a pu voir deux solutions également esthétiques soit des sièges à bois apparent dont les éléments durs de construction s'adaptent à la forme du corps, soit des sièges souples dont les proportions demeurent agréables, dont la garniture d'étoffe ou de cuir est harmonieusement agencée.

Ce serait donc une régression que de faire, sous prétexte de lignes *a priori* soi-disant nécessaires dans le caractère de l'ensemble décoratif d'une pièce, des sièges dont les éléments durs fussent aussi sommaires que ceux des chaires du xve siècle, et de croire que les garnitures pussent suffire à adoucir les angles.

On ne saurait, à cet égard, prendre modèle sur les œuvres modernes étrangères : nulle part il n'y a une tradition comparable à la nôtre et ce serait aller à l'encontre des intérêts moraux et économiques dont l'art français a la charge que de se contenter chez nous de solutions sommaires qui peuvent être un progrès ailleurs, mais seraient, chez nous, un retour à la barbarie.

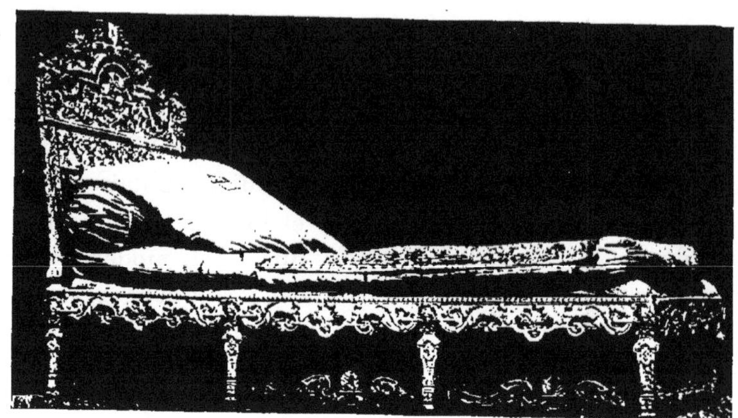

Fig. 114. — Chaise-longue Louis XIV, bois sculpté et doré (Château de Chenonceaux).

VIII

CHAISE-LONGUE

Rien n'est plus significatif de l'évolution parallèle des sièges et des meubles que la date à laquelle la chaise-longue apparaît dans le mobilier : ce n'est, en effet, qu'au milieu du règne de Louis XIV que nous voyons, pour la première fois, un siège correspondant à cette utilisation nouvelle.

Sans doute jusque-là on avait su allonger les jambes d'une personne assise sur un coussin ou même sur un tabouret bas, et l'usage de juxtaposer ainsi des sièges a subsisté encore aujourd'hui ; mais l'idée de faire, pour le repos du corps, un siège aussi encombrant que la chaise-longue et en même temps de lui donner la forme décorative d'un siège de réception, dont la la place est dans le salon, était tout à fait neuve.

Le Musée des Arts Décoratifs possède un siège incomplet de ce type car il y manque le dossier : au château de Chenonceaux se trouvait un siège analogue, dans un parfait état de conservation (fig. 114).

La chaise-longue de Chenonceaux montre la transition entre le lit et le siège, comme le lit est lui-même intermédiaire entre le meuble et le siège : c'est bien un lit avec son cadre horizontal, mais ce cadre a la hauteur d'un siège et est porté sur huit

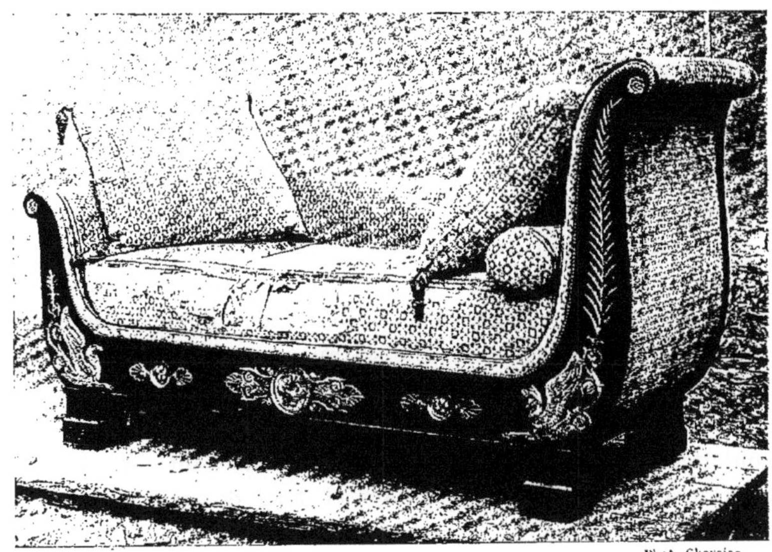

Phot. Chevojon.

Fig. 115. — Lit de repos Empire, acajou plaqué et bronzes, par Jacob Desmalter (Palais de Fontainebleau).

pieds réunis par des entretoises; avec son sommier, mais ce sommier est une garniture fixe sur les ceintures; avec son dossier, mais ce dossier est incliné comme celui d'un fauteuil.

Du point de vue esthétique, la chaise-longue, avec ses pieds en gaines, avec ses entretoises en consoles, s'apparente aux fauteuils, aux tabourets, aux banquettes de la même époque; son dossier à la silhouette finement découpée rappelle les cadres de glace et les panneaux de menuiserie. La sculpture ajourée et dorée est merveilleusement traitée.

Sous Louis XV, la chaise-longue, dont le Musée des Arts Décoratifs possède un bel exemplaire, se rapproche davantage du siège (fig. 72). Il n'y a plus de dossier plein ni de sommier; c'est un cannage qui garnit le siège, les dossiers et les joues; le dossier et les joues de tête affectent la forme d'une bergère; au pied, un dossier plus petit forme une pièce indépendante, entrant par des tourillons dans la ceinture. La ceinture est assez haute pour que les pieds soient suffisamment rigides et les entretoises, par suite, supprimées.

En même temps que la chaise-longue avait pris naissance, le banc à dossier était devenu sous Louis XIV le canapé et il ne paraît pas que la chaise-longue ait eu, sous Louis XVI, la même vogue que le canapé.

La chaise-longue reparaît sous l'Empire, et le mobilier du boudoir turc, au Palais de Fontainebleau, comprend un lit de repos qui est une expression combinée des dispositions classiques du canapé et de la chaise-longue par l'adaptation des formes du lit à un siège (fig. 115).

Comme un lit, il est porté sur des pieds très bas, avec des roulettes bien agencées pour le déplacement d'un siège lourd; comme un lit, il a des longs pans et deux dossiers de hauteur inégale; comme un lit, il porte des matelas; mais aussi, comme un canapé, il a un dossier de fond qui se relie avec les dossiers extrêmes, et ainsi il se prête admirablement à l'une et l'autre utilisation, chaise-longue ou canapé.

La construction massive en hêtre est complètement dissimulée sous le placage d'acajou verni; elle exprime une orientation nouvelle du goût vers un art dans lequel le bois est une belle matière formant le fond uni d'un décor très fin de bronze doré et d'étoffes.

Cette forme de divan a prévalu pendant la première moitié du XIXe siècle; puis la chaise-longue, en une ou deux parties, est devenue le type des sièges confortables entièrement garnis, dans lesquels la recherche de la forme ne jouait plus aucun rôle.

Ce n'est que récemment que les artistes se sont essayés à des formes nouvelles pour la chaise-longue qui redevient le siège d'apparat sur lequel une jolie femme peut se reposer dans une pose nonchalante, en recevant ses amies.

Une chaise-longue de Maurice Dufrène montre la recherche originale d'une construction simple, légère et suffisamment robuste, réalisant une forme confortable à laquelle concourent l'abaissement de la hauteur du siège et l'asymétrie des accoudoirs, facilitant la position assise ou étendue.

Par là, l'œuvre se tient dans les meilleurs principes des sièges français ; sans imiter les formes ni le décor de telle ou telle époque, elle est logique et moderne, s'adaptant à l'élégance de la mode féminine actuelle comme sous la Régence, sous Louis XV, sous Louis XVI ou sous l'Empire, les sièges avaient reçu des formes nouvelles adéquates à leur époque.

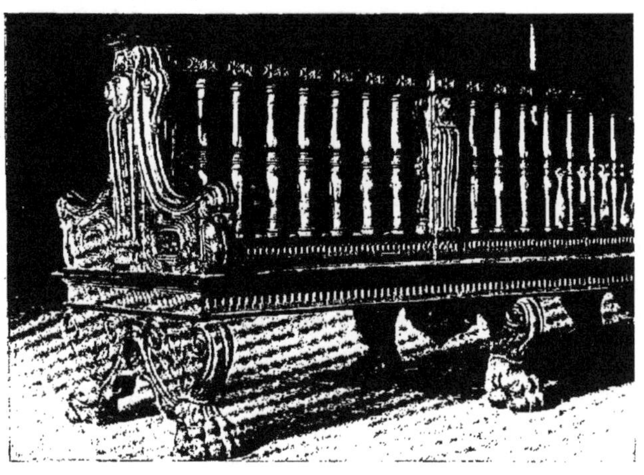

Fig. 116. — Banc double italien du XVIe siècle.

IX

BANC ET BANQUETTE

Tous les sièges étudiés précédemment sont des sièges individuels : le type du siège à plusieurs places est le banc qui, encore aujourd'hui, est la forme la plus usuelle du siège fixe.

Mais il a toujours existé également comme siège mobile et l'on trouve au British Museum des bancs de bois, à dossiers incrustés d'ivoire, qui sont assortis aux chaises à pieds d'animaux (fig. 2).

Si les bancs égyptiens à dossiers n'ont pas d'accotoirs, les bancs du Moyen-Age ont des accotoirs, mais n'ont pas de dossiers.

Il en subsiste de remarquables, comme l'exemple du xve siècle conservé au Musée des Arts Décoratifs (fig. 87).

C'est un ouvrage de menuiserie qui présente une construction particulière, bien comprise pour un siège mobile, telle que la robustesse des traverses du siège, les goussets assurant la rigidité des angles droits formés par le siège et les côtés, telle aussi que la légèreté donnée aux accotoirs par les ajours des panneaux. Ces ajours à forme de fines arcatures s'opposent aux serviettes des panneaux pleins inférieurs et l'œuvre est à la fois toute de saveur et de logique, grâce au décor qui évite les angles en décomposant les montants par un plan polygonal, en donnant un profil arrondi à la traverse supérieure de ces montants ornés de feuilles alternées les unes au-dessus des autres.

La disposition des bancs à plusieurs places, comportant accotoirs et dossiers surmontés parfois de dais, a dû exister dès le XIe siècle, comme on le voit, par exemple, sur les miniatures des manuscrits. Ceux qui subsistent dans les édifices ou les collections ne sont pas antérieurs au XVe siècle. Il y en a un très beau spécimen au Musée des Arts Décoratifs ; c'est un banc droit, en chêne sculpté : il comporte des accoudoirs et un dossier ; le dessus du siège, à charnières, forme un coffre fermé par une serrure à auberonnière. Il offre un curieux mélange d'assemblages plus savants que n'en présentent les ouvrages antérieurs, par exemple dans les coupes d'onglet des moulures des bâtis formant cadres des panneaux du dossier, et de combinaisons assez rudimentaires comme celle de la grande planche formant devant de coffre, à l'instar de la construction des coffres du XIVe siècle.

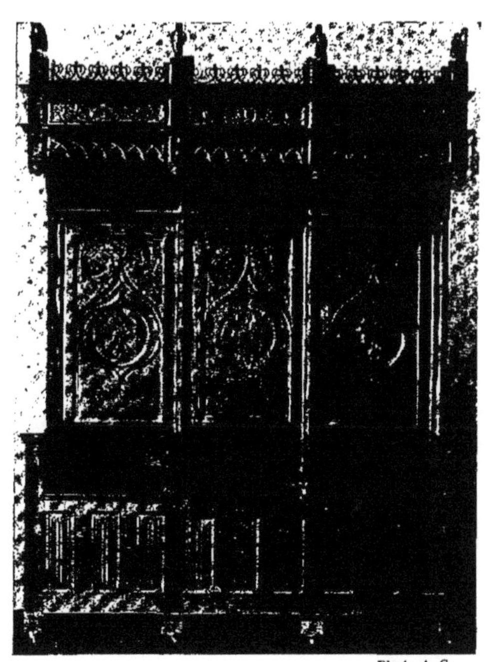

Phot. A. G.

Fig. 117. — Banc à trois places du XVIe siècle, chêne sculpté (Collection Foulc).

Un banc d'église du début du XVIe siècle, conservé dans la collection Foulc, comporte la juxtaposition de trois sièges séparés par des accoudoirs intermédiaires et élevés à des hauteurs différentes suivant la hiérarchie à observer entre les personnages (fig. 117). Le banc d'œuvre de l'église de Saint-Leu d'Esserent, dont le dossier est admirable mais dont la partie inférieure a été malheureusement mutilée, devait offrir la même disposition.

L'art italien, qui a produit des bancs fixes d'une magnifique ordonnance, comme celui du Collegio del Cambio, à Pérouse, a créé également des types curieux de bancs mobiles à double face.

Un banc du XVIe siècle offre des accotoirs massifs d'une forme très souple se développant de part et d'autre d'une légère rangée de balustres à jour constituant dossier ; le banc repose sur des consoles terminées par des griffes de lions (fig. 116).

A partir du XVIIe siècle, le banc à dossier se transformait en un siège nouveau, beaucoup plus confortable, le canapé, et c'est la forme de la banquette qui subsistait pour des sièges de moindre importance, comme ceux qui, à Versailles, dans le Salon du Grand Couvert, sont appareillés à des tabourets (fig. 69).

Les banquettes ont 1m,80 de longueur et présentent une construction très robuste de ceintures assemblées à tenons et mortaises dans les pieds extrêmes et passant à mi-bois dans l'enfourchement des pieds intermédiaires. Pour simple que soit le programme, l'œuvre a les qualités somptueuses et architecturales des plus beaux mobiliers de l'époque Louis XIV.

Au XIXe siècle, Viollet-le-Duc remettait en honneur le double banc à dossier dans le mobilier du château de Pierrefonds : il imaginait une disposition curieuse de dossier mobile dans une entaille angulaire pratiquée dans les joues extrêmes.

De nos jours, c'est dans l'art des rues et des jardins qu'on retrouve la disposition des bancs doubles à dossier, et Théodore Lambert a fourni au fondeur Durenne des modèles modernes pour des bancs publics en fonte qui répondent mieux à leur destination et aux nécessités de l'hygiène que les bancs en bois à supports en fonte encore en usage sur les trottoirs des grandes voies de Paris.

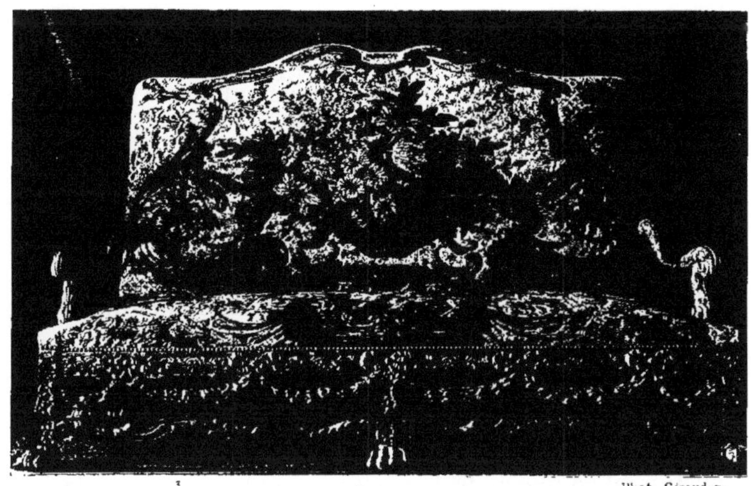

Phot. Giraudon.

Fig. 118. — Canapé Louis XIV, bois doré et tapisserie au point (Musée des Arts Décoratifs).

X

CANAPÉ

Le canapé est l'expression légère, élégante et confortable du banc à dossier, telle qu'elle fut réalisée à partir du XVIIe siècle.

D'abord entièrement garni sur le dossier, suivant la disposition d'ailleurs adoptée pour les fauteuils sous Louis XIII et sous Louis XIV, il a donné au décor de tapisserie un développement dont les artistes ont su merveilleusement tirer parti : à une époque où la tapisserie murale s'écartait de ses traditions de décor de surface pour des œuvres d'une composition souvent trop picturale, on ne saurait assez admirer l'ampleur de motifs décoratifs comme ceux que la tapisserie au point a réalisés sur le siège et sur le dossier du grand canapé Louis XIV conservé au Musée des Arts Décoratifs (fig. 118). Les bois en sont d'une authenticité douteuse, mais ils donnent une idée exacte de ces sièges majestueux.

A partir de la Régence, le canapé a présenté le même degré de perfection, de souplesse et de légèreté que les autres sièges.

Le legs Camondo a fait entrer au Louvre un canapé qui avait fait partie de la collection Double avec quatre fauteuils et quatre chaises, et qui provenait probablement du mobilier dit « Meuble des Dieux » au Palais de Versailles (fig. 74).

Ce canapé est vraisemblablement l'œuvre de N.-Q. Foliot, dont l'estampille est marquée sur l'un des fauteuils.

En bois de noyer sculpté et doré, recouvert en tapisserie des Gobelins, il comporte trois places, accusées par le triple feston de la ceinture supportée au moyen de quatre pieds antérieurs et de trois pieds postérieurs. Le dossier est couronné en ovale, les bras se raccordent par des volutes avec leurs supports.

Par ses formes continues, amples et nerveuses, c'est un modèle de souplesse et de goût, quoique le décor du bois et de la garniture soit d'une richesse inouïe qu'explique la provenance probable de ce siège.

Les fines sculptures interprètent directement la nature dans les fleurs et les feuillages reliés par des rubans avec l'ornementation des cannelures, des rais de cœur et des volutes. Elles encadrent parfaitement les grandes compositions des tapisseries : sur le dossier à fond crème, des rinceaux rouges couronnés par deux cygnes et deux bustes de femmes ailées soutiennent un baldaquin qui, orné de guirlandes de fleurs et des attributs de Mercure, abrite Vénus et l'Amour. Sur le siège, dans un décor analogue de sphinx à bustes de femmes et de grotesques ailés à têtes de singes, un singe, habillé de vert et de rouge, est assis dans une vasque supportée par trois dauphins verts et sonne du cor.

Avec le règne de Louis XV, les formes galbées prirent souvent une certaine lourdeur, contre laquelle le style Louis XVI réagit par ses formes plus simples et plus fines : le canapé s'y assortit aux fauteuils, et aux chaises à médaillons carrés ou ovales.

Dans les petits appartements de la Reine, au Palais de Versailles, figure un mobilier de salon qui a été préalablement placé au Palais de Fontainebleau. Le bois de noyer sculpté et doré est de J.-B. Sené ; il encadre des tapisseries de Beauvais

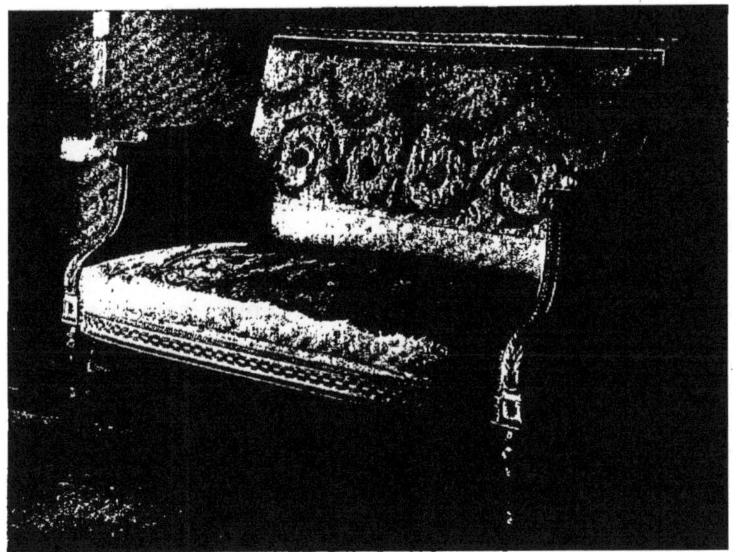

Phot. Chevojon.

Fig. 119. — Canapé Louis XVI, noyer sculpté et doré, tapisseries de Beauvais, par J.-B. Sené (Palais de Versailles).

décorées de rinceaux roses et jaunes, de guirlandes de fleurs bleues et roses et feuilles vertes sur fond bis.

Sur fond trapézoïdal, à dossier rectangulaire et à accotoirs tapissés, le canapé joint à la simplicité des formes la légèreté de l'aspec, gtrâce à l'absence de pied intermédiaire ; il présente un décor continu de sculptures très délicates, appliquées à des profils d'une recherche et d'une finesse incomparables (fig. 119). On y note des subtilités d'exécution exceptionnelles : c'est ainsi que le plan supérieur des pieds antérieurs, dont la partie basse est tournée, cannelée et sculptée, est établi en losange selon les directions de la face et des côtés du siège et reçoit les parties droites qui terminent la devanture cintrée.

Par toutes ces qualités, c'est une des plus fines créations du style Louis XVI.

Les grands canapés de l'époque impériale paraissent de lourds bancs à dossiers, si on les compare à une œuvre aussi précieuse.

Aussi l'on conçoit qu'au XIXe siècle, tandis qu'on pastichait les grands canapés des styles anciens, on ait simultanément cherché à faire des sièges à plusieurs places de disposition moins imposante, prêtant à plus de laisser-aller : c'est le cas des sièges à deux ou trois places, en forme d'S, où les personnes assises se trouvent dans une position oblique l'une par rapport à l'autre.

Le divan oriental, adossé au mur et garni d'une multitude de moelleux coussins, la chaise-longue ont détrôné le canapé parce qu'ils correspondent mieux aux mœurs actuelles.

De nos jours, il n'y a guère qu'à la Manufacture de Beauvais qu'on ait cherché à renouer avec la tradition de ces grands sièges à plusieurs places qui ne conviennent plus à l'exiguïté des appartements modernes, sont solennels et ne fournissent aux femmes que des poses dépourvues de souplesse et de confort. Les cartons de Jean Veber, illustrant les contes de Perrault, ceux de Taquoy ont fourni l'occasion d'œuvres modernes intéressantes.

C'est pour redonner à ce siège son actualité par un caractère plus portatif et plus confortable qu'a été composé un canapé représentant les mois : les tracés à double courbure du dossier et des bras, la constitution du siège, à l'instar de celui des bergères, par un sommier fixe et un matelas mobile, visent à ce résultat (fig. 73)

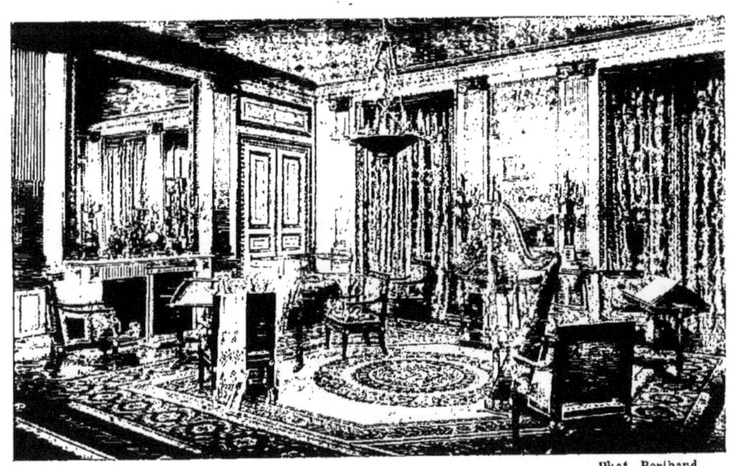

Phot. Berthaud.

Fig. 120. — Salon Empire.
(Extrait du « Musée Centennal, 1900 ».)

TROISIÈME PARTIE
ENSEMBLES MOBILIERS

I

RAPPORTS DU MOBILIER AVEC LA DÉCORATION FIXE

A toutes les époques, jusqu'au milieu du siècle dernier, les artistes, quels qu'il fussent, firent œuvre moderne ; les traditions des arts précédents leur fournissaient les bases sur lesquelles ils s'appuyaient pour profiter de l'expérience de leurs devanciers, mais elles ne leur fournissaient rien de plus; aucun d'eux n'aurait eu l'idée de faire œuvre archéologique et de se replonger dans un passé mort pour le faire renaître; aucun d'eux n'oubliait que le seul but de l'art est d'exprimer les mœurs et les idées des vivants.

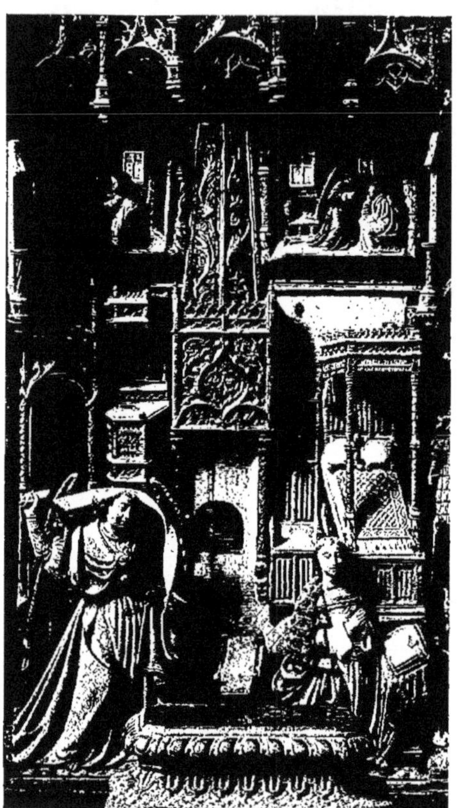

Phot. Lévy-Neurdein.

Fig. 121. — Ameublement d'une chambre du XVe siècle, d'après un rétable figurant l'Annonciation (Église Saint-Paul d'Abbeville).

Cette santé spirituelle que n'avait pas contaminée la « piqûre archéologique », suivant l'expression de Vitet, l'un des hommes qui, au siècle dernier, furent précisément les plus avertis sur les arts anciens, eut pour conséquence naturelle une harmonie complète entre l'architecture et le mobilier, entre le contenant et le contenu.

L'étude des meubles et des sièges à travers les âges montre une transformation incessante des formes et des techniques parallèle à la transformation incessante des formes et des techniques de l'architecture, l'une et l'autre étant l'expression vivante de la transformation incessante des sociétés humaines.

L'erreur, qui prit corps à l'époque du romantisme, fut la conséquence détestable d'une mentalité trop raffinée : le respect des œuvres antérieures, pas toujours pratiqué dans les siècles précédents, est certainement une haute preuve de goût du milieu du XIXe siècle, mais il ne fallait pas que ce respect aboutît à l'anachronisme des compositions faites dans les styles anciens et devînt stérilisant pour l'initiative artistique : à cet égard, le sans-gêne des hommes d'autrefois pour leurs devanciers apparaît comme une marque de puissance créatrice.

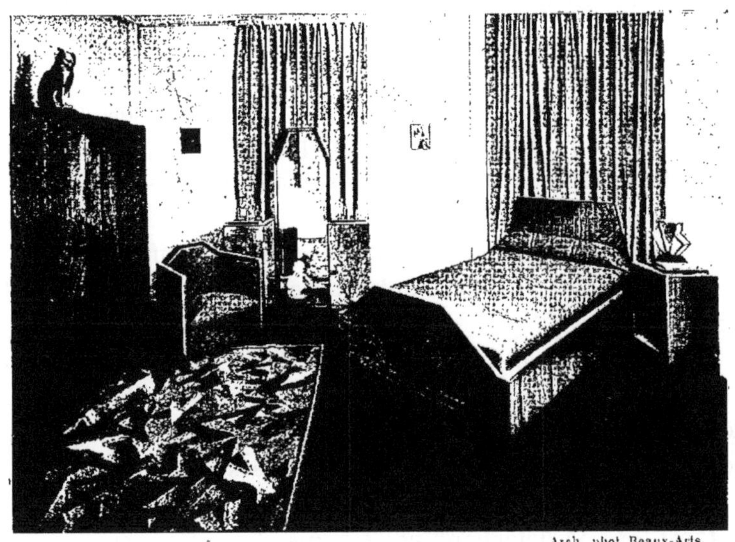

Arch. phot. Beaux-Arts.

Fig. 122. — Chambre de jeune fille, citronnier et palissandre, par René Gabriel. (Extrait du Rapport général de l'Exposition de 9125.)

L'erreur fut aussi grande qui consista à s'engouer de la forme d'un siège ou d'un meuble déterminé, à la détacher du cadre qui l'entourait, du milieu pour lequel elle était faite et à vouloir la transplanter dans l'art moderne.

En effet, dans les arts utilitaires que sont l'architecture et le mobilier, tout se tient : le plan d'un bâtiment est l'expression d'un programme ; les façades sont l'expression de ce plan qui y détermine les saillies et les retraits, les hauteurs d'étages, les emplacements et les dimensions des portes et des fenêtres. Ces saillies et ces retraits, ces hauteurs, ces emplacements et ces dimensions des baies extérieures se retrouvent à l'intérieur des pièces et sont, avec les modes de chauffage, avec les communications de pièce à pièce, le point de départ de la décoration fixe intérieure.

La décoration se trouvant liée ainsi à la construction même, celle-ci lui impose des nécessités qui l'enserrent, mais aussi des ressources qui lui donnent tout son essor, et ce sont les grands partis de l'architecture qui fournissent les grands partis de la décoration.

Ainsi s'explique l'évolution de l'art dans la maison, depuis la « casa » dont les fouilles de Pompéi ont fait apparaître à nos yeux de nombreux exemples, jusqu'aux grands appartements des hôtels du XVIIIe siècle.

Le mobilier est le complément nécessaire pour rendre l'intérieur habitable, il s'harmonise avec la décoration fixe et lui donne la vie.

Il évolue avec les besoins de l'existence, avec les applications des découvertes scientifiques soit à l'hygiène de l'habitation, à son chauffage, à son éclairage, ce qui influe sur le programme, soit à la technique des matières employées, ce qui influe sur sa réalisation.

C'est en ne détachant pas les uns des autres ces éléments qu'on peut évoquer la vie ancienne et y puiser des enseignements précieux ; c'est en les coordonnant, tels qu'ils sont à l'époque où nous sommes, qu'on peut trouver l'expression de la vie moderne.

II

PROGRAMMES ANCIENS

Antiquité.

La maison antique est caractérisée par son développement en surface, qu'explique la faible densité de population des premières agglomérations humaines et, par suite, le prix peu élevé du terrain. Elle ne comprend en général qu'un rez-de-chaussée et exceptionnellement un étage.

Le principe du plan, qui est encore celui de la maison arabe, est une succession de cours intérieures, entourées ou non de portiques sous lesquels s'éclairent et s'aèrent les pièces réparties à l'entour; celles-ci ne comportent en général aucun jour extérieur, que les murs soient mitoyens ou environnés de rues.

Si la distribution d'une maison orientale diffère de la distribution d'une maison romaine, c'est la diversité des mœurs, donnant à la femme une existence plus ou moins retirée, qui motive ces différences.

Dans la maison romaine, à la suite du vestibule, est la première cour ou atrium ; la seconde est le péristylium entouré de portiques, comme son nom l'indique. Dans chacune de ces cours, un bassin occupe la partie centrale, recueillant les eaux pluviales provenant des couvertures plates en tuiles.

La décoration fixe ne comprend pas seulement les sols en mosaïque de marbre, les peintures ou les stucs qui révêtent les murs, les piliers et les colonnes, mais souvent les tables et les trois lits de table (triclinium) qui correspondent à la manière de prendre les repas; les convives sont couchés sur ces lits à surface inclinée occupant trois des côtés de la table; le quatrième côté est libre pour le service.

Le parti décoratif est très net : le sol est de couleur claire et éclaire de ses reflets les murs, peints généralement de couleurs éclatantes avec un décor d'architecture et de figures à petite échelle; des rideaux servent à fermer les portiques et les portes, et le mobilier est le mobilier de bronze, fin et léger, comprenant lits, tables et sièges pliants, trépieds et réchauds, appareils d'éclairage à huile et à la cire.

Il est l'expression d'une vie agréable dans un pays où l'on recherchait l'ombre et la fraîcheur et où l'on ne craignait pas les courants d'air.

Moyen-Age.

La Maison du Moyen-Age, en France, est conçue selon un principe tout différent; même dans les petits villages, elle comporte des étages; les maisons se serrent les unes auprès des autres pour lutter contre le froid ; on s'efforce de surélever les chambres pour éviter l'humidité inhérente au contact du sol; la disposition très ingénieuse des escaliers circulaires placés aux angles des corps de logis de manière à pouvoir faire varier les hauteurs d'étage dans ces différents corps, permettait de réduire la hauteur des pièces d'habitation et de les rendre moins froides; qu'il s'agisse de châteaux ou de maisons, les murs sont épais, les baies ont de larges ébrasements occupés souvent par des bancs de pierre, des meneaux recoupent les fenêtres pour en faciliter la fermeture, d'abord par des volets, puis, à partir du XIVe siècle, par des fenêtres à vitraux; les pièces de réception sont grandes, souvent divisées par des tentures; les portes en bois donnent une clôture étanche et les cheminées en pierre permettent d'élever la température de la pièce.

Le carrelage en pièces de céramique assemblées ou en carreaux vernissés d'une chaude coloration, les portes, les plafonds aux poutres et solives apparentes, les lambris en chêne, les murs enduits de chaux et le motif de la grande cheminée sont les éléments de l'harmonie décorative.

Dans les riches demeures, les tapisseries recouvrent les murs

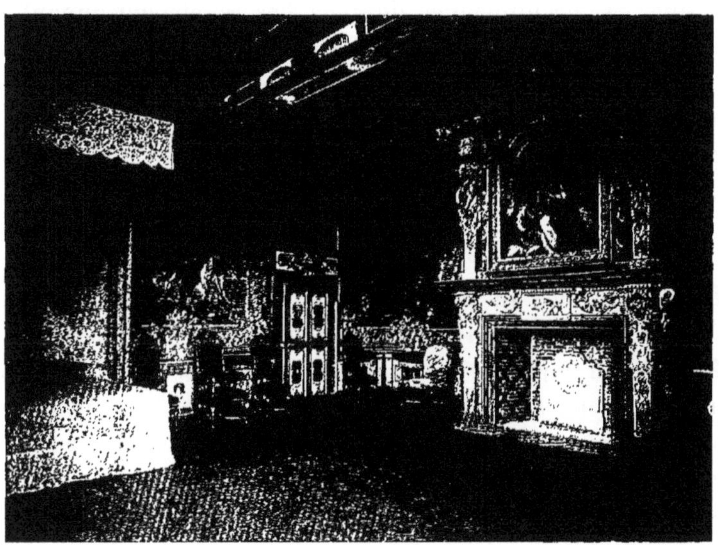

Phot. Lévy-Neurdein.

Fig. 123. — Chambre du Roi, XVIIe siècle (Château de Cheverny).

ou bien les murs sont peints à fresque, comme on le voit encore dans la Salle des chasses du Château de Rochechouart.

Aucun mobilier ne pouvait mieux s'encadrer dans ce décor que celui des coffres, des crédences, des lits, des chaires, des banquettes, des prie-Dieu et des escabeaux en bois de chêne clair qui se reliaient avec le soubassement des lambris, avec les portes et se détachaient, soit sur les murs de maçonnerie peints, soit sur les fonds de tapisserie.

Les coussins mobiles de velours donnaient les notes de couleur rompant la coloration du chêne mouluré et sculpté.

S'il ne reste naturellement aucun exemple authentique d'ensemble de cette époque, il suffit toutefois, pour en avoir une idée, de regarder les rétables sculptés de nos églises ou les miniatures de nos livres d'heure.

La partie centrale d'un rétable de bois, à l'église Saint-Paul d'Abbeville, situe l'Annonciation dans une chambre dont la cheminée est accompagnée de deux bas-reliefs couronnant les murs ; lisses une porte à encadrement de bois sculpté s'ouvre à l'angle et le mobilier se compose d'un lit à colonnes, d'une chaise, d'une crédence, d'un prie-Dieu et d'une banquette (fig. 121).

Renaissance.

La Renaissance fut caractérisée par le luxe de la sculpture, l'application des rehauts d'or aux lambris.

Le rôle du tapissier dans l'ameublement se développa non seulement pour la garniture des sièges, mais aussi pour le revêtement des murs. Jusque-là la tapisserie était accrochée au mur : bientôt on allait l'y fixer.

Le travail du cuir, gaufré, doré et peint, qui était originaire d'Afrique et avait pris en Espagne le nom de Cordouan ou or basané, était passé, dès le xve siècle, de la civilisation arabe dans les civilisations occidentales pour la tenture des murs et, dans l'inventaire des Ducs de Bourgogne, en 1427, on trouve du « cuir à estendre ès chambre en temps d'esté ».

En Espagne on fabriquait le cuir gaufré par estampage, à Venise on le feutrait à l'envers; on le travaillait au fer à gaufrer, on le ciselait à main levée avec les fers de relieur et on le peignait à la main. Les bronzes teintés imitaient les effets chatoyants des soieries et on obtenait avec le mica en poudre le blanc métallique.

Henri IV encouragea la création de deux manufactures à Paris et sous Louis XIII la tapisserie de cuir doré était particulièrement à la mode; sa vogue durait encore sous Louis XV où l'on argentait à la feuille les peaux de veau ou de chèvre qu'on relevait en bosse en les faisant passer sous une presse en taille-douce, sur une planche de bois gravée en creux; un vernis donnait au besoin un ton d'or.

De nos jours le travail du cuir a d'ailleurs subsisté, notamment pour la garniture des sièges, mais on a substitué au bois les matrices de cuivre ou d'acier, sous forme de plaques ou de cylindres.

Par le luxe de la sculpture des meubles comme par le luxe des lambris à grands cadres, des plafonds à compartiments et des tentures, la Renaissance créa des ensembles moins architecturaux, plus confortables que n'étaient ceux du Moyen-Age.

Elle restait toutefois, du moins en France, dans le même principe de décoration obtenue par la construction apparente et par l'harmonie des colorations des différentes matières mises en œuvre.

La Renaissance italienne introduisait deux éléments nouveaux : l'un s'appliquait à la décoration fixe; c'était le staff avec lequel on créait tout un décor d'architecture factice de pilastres, de voussures; l'emploi du staff, matière amorphe, n'était soumis à aucune nécessité de structure et c'était là un grand danger, car la fantaisie des formes, lorsqu'elle ne s'appuie pas sur les qualités des matériaux de construction, ouvre toute grande la porte au mauvais goût et les lourdes saillies des architectures intérieures en sont un exemple. Le staff, n'ayant pas de coloration par lui-même, il fallait le peindre, et l'abus des ors augmentait le dévergondage du décor de relief.

L'autre élément nouveau, c'était l'emploi des bois exotiques et autres matériaux précieux dans le décor des placages des meubles et des sièges : cet élément-là était d'un intérêt beaucoup moins contestable.

De l'un et de l'autre résultèrent des ensembles d'une polychromie beaucoup plus vive, beaucoup plus gaie que celle qui avait été obtenue chez nous par les méthodes de décoration résultant de la construction.

Ainsi s'explique, autant que par la Renaissance des lettres et par les unions princières, l'influence de l'art italien sur l'art français au XVIe siècle.

Dix-septième et dix-huitième siècle

Sous l'influence de la polychromie italienne, les intérieurs des palais et des châteaux reçurent un décor somptueux qui n'était pas à la portée des bourgeois et ce fut le point de départ de deux arts qui se développèrent parallèlement : l'un, de plus en plus luxueux, recherchant les effets de couleurs et de matières, dans le mobilier comme dans la décoration fixe, par les marbres, la peinture, les incrustations, les marqueteries, le métal et le bois doré, l'autre suivant de loin le goût du jour par des procédés plus économiques, qui maintenaient l'emploi du bois apparent dans le mobilier des grandes armoires et utilisaient pour le décor des murs le papier peint.

C'est à la fin du XVIe siècle que les « dominotiers enlumineurs », jusque-là cantonnés dans la fabrication des dominos destinés à la garniture des intérieurs de malles ou aux gardes des reliures, commencèrent à décorer au pochoir des feuilles de papier pour tentures, afin d'embellir les logis d'une manière plus économique que par les tapisseries des Flandres, les cuirs de Cordoue ou même les étoffes tissées. Au début du XVIIe siècle les manufactures de Normandie, telles que celle de Le François à Rouen, fabriquaient ainsi le papier peint au pochoir. En 1688, Papillon employait les planches pour le dessin et le pochoir pour la couleur; c'est la fabrication qui prévalut jusqu'à la Révolution ; il subsiste quelques exemples admirables des papiers peints du début du XVIIIe siècle, et l'on peut dire que les damas imprimés de Dufourcroy, par la plénitude de la composition, par la répartition des taches larges ou légères sur le fond, par le caractère du dessin simplifiant les lignes florales, sont restés tout modernes.

En 1760, Fournier assemblait les feuilles avant impression pour composer un lé de papier.

Avant la Révolution, la manufacture royale de Réveillon avait réalisé des progrès techniques, mais les dessins étaient moins décoratifs que ceux du début du XVIIIe siècle; en raison de la vogue croissante du papier peint et, conjointement, de la

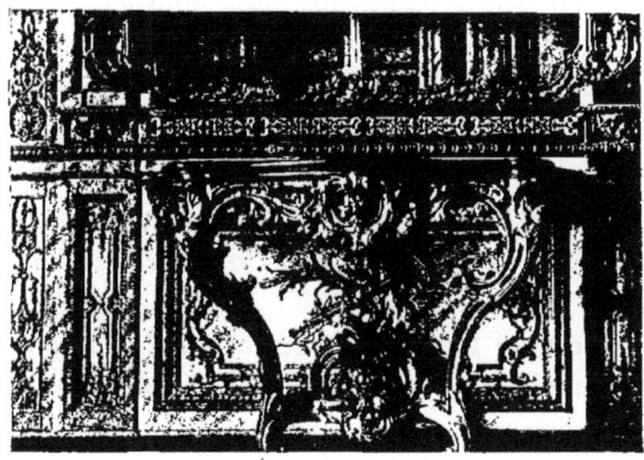

Fig. 124. — Lambris et console des Appartements Louis XV (Palais de Versailles).

toile imprimée; ces progrès techniques se continuèrent pendant tout le XIXe siècle, aussi bien dans le domaine des couleurs, des cylindres gravés et des machines à imprimer que dans celui de la fabrication même du papier en rouleau. Ainsi un matériel parfait se trouva à la disposition des décorateurs à la fin du XIXe siècle, quand ils réalisèrent des colorations et des dessins nouveaux, qui furent parmi les premiers et les plus réussis des essais de renaissance artistique.

En même temps que se différenciaient davantage, au XVIIe siècle, les installations de luxe et les installations usuelles, les programmes de l'habitation se compliquaient : les pièces se multipliaient et prenaient une destination précise. La grande salle ou galerie des demeures d'époque antérieure devenait le salon ou la salle à manger ou la bibliothèque ; le salon s'accompagnait du petit salon ou boudoir; au milieu du xviiie siècle, la chambre allait s'accompagner du cabinet de toilette et, pour la première fois, on voyait apparaître la salle de bain.

La décoration fixe et le mobilier de ces pièces se précisaient et variaient avec leurs programmes, et c'est l'évolution incessante de ces programmes entre l'époque d'apparat que fut le règne de Louis XIV et l'époque plus intime, plus bourgeoise, que représente le règne de Louis XVI, qui détermina, dans chacune d'elles, les transformations décoratives qui se succédèrent.

Aucun ensemble ne peut mieux donner une idée complète de la magnificence intérieure des châteaux, dans la première moitié du xviie siècle, que le Château de Cheverny, œuvre de deux artistes de Blois, l'architecte Boyer et le peintre Mosnier (fig. 123).

La chambre du roi fournit les indications les plus précieuses sur les tempéraments que le bon sens et l'originalité des artistes de France apportèrent au goût italien.

On y voit la fusion du décor de construction, tel qu'il avait été pratiqué en France au Moyen-Age et au xvie siècle, par les grandes cheminées aux hottes apparentes, par les lambris et les portes en bois naturel, par les poutres et les solives des planchers formant plafonds, et du décor d'applique qui, dans les Palais de Venise ou de Rome, unissait la polychromie des marbres, des peintures et des ors au décor de relief par le staff et à l'architecture classique édifiée d'après les ordonnances de l'architecture romaine antique.

Dans la seconde moitié du siècle, les qualités d'originalité se développeront pour arriver à l'expression essentiellement française qu'est le style Louis XIV.

Si l'on abandonnait les grandes cheminées à hotte apparente, on conservait néanmoins une dimension de foyer nécessaire au chauffage des grandes pièces et les murs étaient suffisamment épais pour comprendre d'amples coffres permettant la détente de la fumée : ces épaisseurs de murs servaient d'ailleurs à établir des doubles portes entre les pièces, pour mieux les isoler les unes des autres.

Si l'on abandonnait le décor de construction pour le décor de placage, on n'oubliait pas la belle tradition des lambris français et la menuiserie jouait un grand rôle dans les revêtements. Mais on peignait les lambris pour les harmoniser avec les marbres.

Si l'on abandonnait la polychromie compliquée du début du siècle pour les colorations blanches et or, c'était une nécessité pour améliorer l'éclairage des grandes pièces.

De là est né le grand parti décoratif qui mettait en valeur les meubles somptueux où le bronze doré se joignait aux bois précieux et à l'écaille, les sièges magnifiques où le bois doré encadrait la tapisserie.

C'est peut-être la Galerie d'Apollon, dont la décoration intérieure est l'œuvre de Le Brun, qui donne le mieux une idée d'ensemble de l'harmonie des meubles de l'époque avec le décor des plafonds et avec le décor des murs dans lequel on sut éviter l'abus des ordonnances architecturales qui pouvaient convenir à l'extérieur mais n'étaient pas à leur place à l'intérieur des pièces, même les plus vastes.

A Versailles, les grandes consoles placées à la base des panneaux dans les grands appartements, le tapis et les sièges du Salon du Grand Couvert sont également caractéristiques de l'accord du décor mobilier avec les lambris et les tapisseries.

L'évolution des ensembles mobiliers, pendant la première moitié du XVIIIe siècle, est marquée par une liberté et une finesse plus grandes des lignes qui s'écartent de la symétrie des motifs architecturaux; mais, pour plus fantaisiste que soit le décor, le parti de l'harmonie blanche et or, des rehauts de peinture dans les dessus de porte et les voussures des plafonds s'harmonisant avec la coloration du mobilier, ne change pas (fig. 124).

C'est au milieu du siècle qu'une transformation plus profonde s'accomplit dans la distribution des appartements, séparant plus nettement l'habitation de la réception.

Depuis le XVIIe siècle, si les pièces d'habitation étaient plus réduites en surface que les pièces d'apparat, elles avaient, en général, même hauteur, commandée par les ordonnances de l'architecture classique. Au XVIIIe siècle, au contraire, on prend le parti d'abaisser la hauteur des chambres et l'on revient en quelque sorte à la conception du logis du Moyen-Age où l'escalier d'angle permettait d'entrer à des hauteurs différentes, soit dans l'aile de réception, soit dans l'aile d'habitation, que subdivisaient des planchers plus nombreux. Mais on y revient d'une manière beaucoup plus grossière. Au Petit Trianon, construit par Gabriel sous Louis XV, on coupe simplement l'étage pour avoir moins de hauteur dans les chambres.

On trouve des exemples analogues dans les hôtels du Marais comme au Palais de Fontainebleau.

Ainsi s'explique le maintien des traditions décoratives du XVIIe siècle dans les grands appartements, comme la Bibliothèque de Louis XVI à Versailles, où les vitrines forment une sorte de vaste lambris entourant la salle, tandis que les grandes lignes architecturales sont abandonnées pour les pièces d'habitation : les raisons esthétiques motivaient cette orientation nouvelle, car ces lignes ne s'appliquaient plus à des murs de hauteur réduite, à des plafonds voisins de la tête; les raisons utilitaires aussi : dans ces espaces exigus, les saillies n'étaient plus de mise. Ces espaces présentaient aussi de plus grandes facilités d'éclairage. Ces transformations motivèrent un décor plus fin, la tonalité grise remplaça le blanc et l'or et, pour le bois des sièges, la même peinture discrète remplaça l'or. Lorsque les lambris n'entouraient pas les pièces, c'étaient les tentures en toile de Jouy qui en constituaient la décoration fixe, et la faible hauteur des pièces permettait de les entretenir en état de propreté.

Il semble que l'évolution sociale explique suffisamment cette orientation plus simple du goût qui fut d'ailleurs provoquée par des exagérations auxquelles avait abouti, sous Louis XV, l'assouplissement des formes du style Louis XIV. Il est probable que la découverte des ruines de Pompéi en 1755 précisa le sens de cette orientation vers une diminution de l'échelle de la décoration « aussi bien pour la dimension des figures des tapisseries,

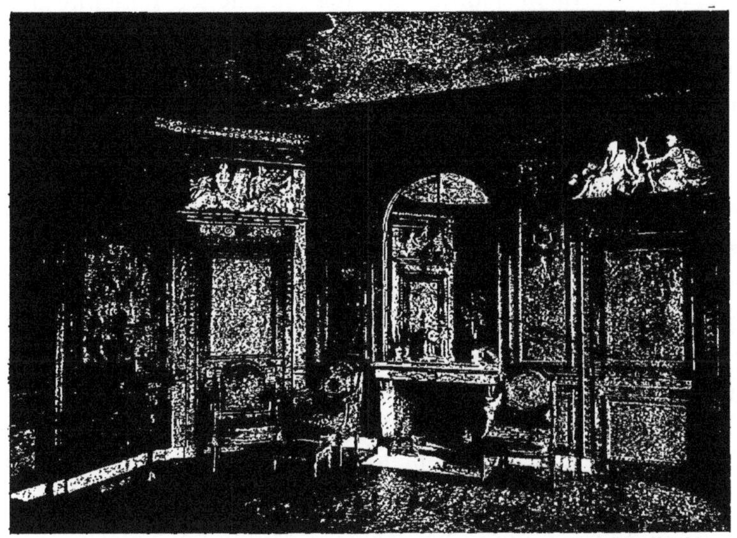

Phot. Lévy-Neurdein.

Fig. 125. — Boudoir de Marie-Antoinette, par Richard Mique (Palais de Fontainebleau).
(Extrait de « Les Chefs-d'œuvre du Style Louis XVI », Ducher, édit.)

pour la hauteur et la largeur des sièges, que pour la finesse des cadres ou les faibles saillies des moulures.

Suivant cette diminution progressive de l'échelle de la décoration, les dissymétries qui accompagnaient précédemment les fortes saillies des cartouches et des rocailles, et qui alourdissaient des motifs exposés plus près de l'œil, disparurent pour faire place à une composition plus pondérée, plus régulière.

Pour les thèmes du décor, le style Louis XVI suivit le chemin tracé par le style précédent et se rapprocha encore plus de l'imitation de la nature ; ce sentiment très vif de la nature se manifestait simultanément dans la littérature et dans les arts plastiques, et l'influence des écrivains, notamment de Jean-Jacques Rousseau, dut contribuer à l'engouement pour les attributs rustiques ou sentimentaux.

Ainsi l'originalité du style Louis XVI consista, non pas à reprendre les thèmes antiques, que l'influence italienne avait introduits depuis la Renaissance, mais plutôt à accorder, suivant les principes de l'art antique, avec des lignes architecturales fines, régulières et pondérées, des thèmes nouveaux qui, le plus souvent, furent directement empruntés à la nature.

D'autre part, le caractère précieux de la décoration déterminait, pour toutes les techniques, une recherche nouvelle dans la perfection de l'exécution[1].

La recherche de ces qualités, qui associait le nom de Gouthière à la ciselure des bronzes de la délicieuse cheminée de la Bibliothèque de Louis XVI à Versailles, apparaît peut-être le mieux dans les ensembles que forment les boudoirs, qui sont la pièce la plus caractéristique de la distribution nouvelle des appartements, sous Louis XVI : le boudoir est en quelque sorte la pièce intermédiaire entre le salon et la chambre à coucher.

Le boudoir, composé par Richard Mique pour Marie-Antoinette au Palais de Fontainebleau, est une œuvre exquise de délicatesse et, tout à la fois, de luxe et d'intimité (fig. 125).

Sous le Directoire, « le décor perdait de sa souplesse : on exagérait les tendances du style Louis XVI qui avait su retenir de l'antiquité son esprit plus que ses formes et qui avait animé ses lignes conventionnelles par une interprétation directe de la nature : on en venait, au contraire, à utiliser sans raison les motifs antiques, cariatides, sphinx, griffons, trépieds, abusant des symétries trop rigoureuses.

« Ces défauts devaient s'accentuer dans le style Empire, où la

1. *Les chefs-d'œuvre du style Louis XVI*, 1re série. *Décorations intérieures*. Notice par H.-M. Magne. Ducher, éditeur.

sécheresse et la lourdeur allaient désormais remplacer le charme qui avait fait du style Louis XVI une des plus pures créations du génie français. »

Au musée centennal de l'Exposition de 1900, François Carnot, avec l'aide des amateurs éclairés qui l'entouraient et des tapissiers décorateurs Georges et Henri Rémon, avait reconstitué une série de pièces d'appartement, depuis Louis XVI jusqu'au

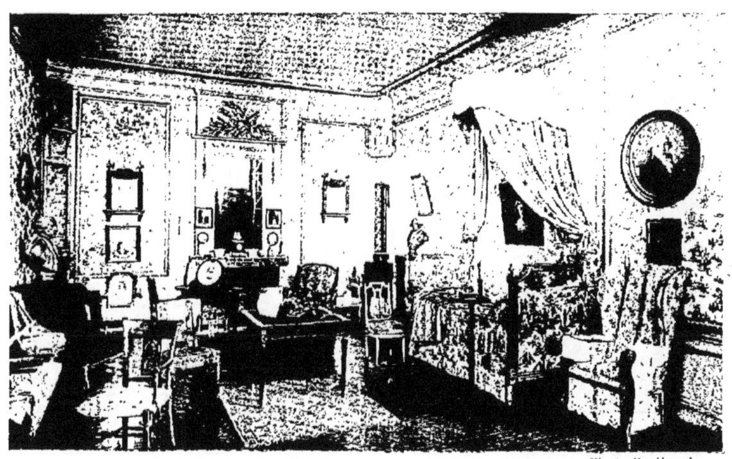

Phot. Berthaud.

Fig. 126. — Chambre à coucher, époque de la Constituante. (Extrait du « Musée Centennal, 1900 ».)

Second Empire, et les comparaisons que leur examen suggérait étaient des plus instructives en raison du choix et de l'authenticité des œuvres qui entraient dans l'ensemble de la décoration fixe comme du mobilier et de la compétence avec laquelle les quelques éléments qu'on n'avait pu trouver avaient été reconstitués d'après des documents anciens.

Le Salon Louis XVI réunissait des boiseries, appartenant au Musée des Arts Décoratifs et provenant d'un hôtel de la rue du Puits-Gaillot à Lyon, avec des objets mobiliers dont les moindres étaient des chefs-d'œuvre de collection.

A côté de cette pièce décorée par le bois et la peinture, une chambre à coucher formait l'opposition d'un ensemble plus modeste, dont les toiles imprimées, qu'Oberkampf fabriquait dans sa manufacture de Jouy, donnaient l'atmosphère coquette et gaie. On y voyait le souci de composition qui présidait alors, même dans les intérieurs simples, à la proportion des soubassements, des panneaux de tenture, des glaces et des trumeaux (fig. 126).

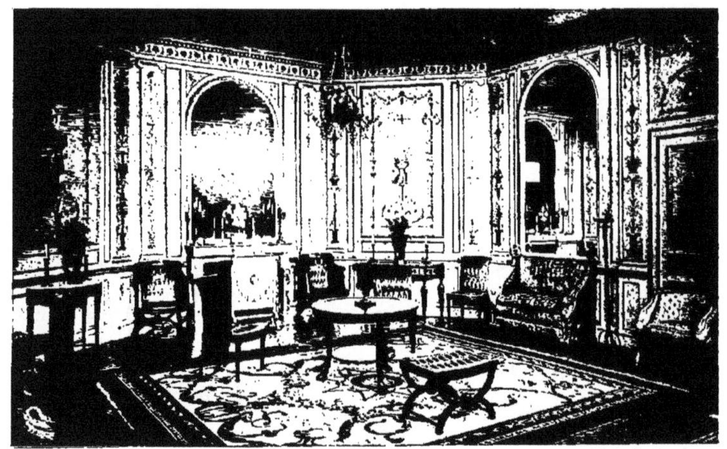

Phot. Berthaud.

Fig. 127. — Pièce Directoire.
(Extrait du « Musée Centennal, 1900 ».)

Ensuite la pièce Directoire présentait un caractère de finesse poussée jusqu'à la sécheresse et faisait paraître d'autant plus lourds les éléments précurseurs de l'Empire, comme les griffons servant d'accotoirs à un canapé (fig. 127).

Le Salon Empire montrait ce qui était peut-être la principale qualité décorative à cette époque, la franchise de coloration dans les tentures par la tonalité dominante du fond et dans les tapis par la composition architecturale des bordures et des médaillons (fig. 120).

Dix-neuvième siècle.

L'art de l'Empire se rattachait aux dernières traditions du XVIIIe siècle.

A voir, dans l'Exposition centennale de 1900, la pièce qui marquait l'orientation nouvelle du XIXe siècle, sous forme d'un

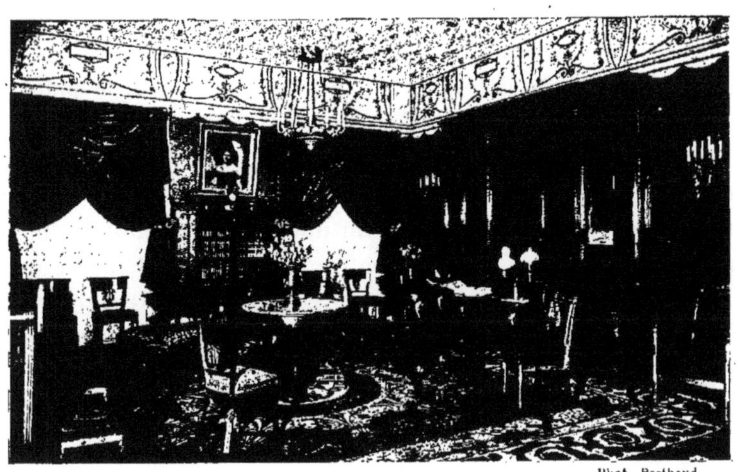

Phot. Berthaud.

Fig. 128. — Cabinet de travail Restauration. (Extrait du « Musée Centennal, 1900 ».)

cabinet de travail Restauration, on avait la sensation très nette que c'était bien là l'époque où l'harmonie avait cessé d'exister entre la décoration fixe et le mobilier, par la faillite du maître de l'œuvre (fig. 128).

Jusque-là, en effet, on avait vu des architectes comme Robert Decote composant les consoles des grands appartements de Versailles, comme Heurtier et Darnaudin faisant l'ensemble de la Bibliothèque de Louis XVI, comme Percier dessinant les moindres détails de l'hôtel de Beauharnais ou le berceau du roi de Rome.

A partir de la Restauration, c'est le tapissier qui, au lieu de composer, arrange.

Il n'y a plus ni proportion ni harmonie entre les meubles, les frises et les tentures : l'on croit tout arranger avec la draperie d'un rideau, faite pour intercepter l'air et la lumière, et retenir dans ses plis toute la poussière.

Le tapissier qui, par l'art de la garniture des sièges, avait été l'artisan d'un des plus grands progrès dans le sens du confortable et de l'esthétique, avait une louable ambition en se substituant à l'architecte défaillant ; il fut, par ignorance, la plaie de l'art du mobilier au XIXe siècle.

Le tissu, dans toutes ses formes et dans toutes ses applications, est toujours un réceptacle de la poussière. Lorsqu'il constitue un tapis, un coussin fixe ou une garniture mobile, il y a moyen de le brosser ou de le battre journellement, parce qu'il est à portée de la main. Lorsqu'il constitue une tenture verticale, il prend peu la poussière ; d'ailleurs, quand il est accroché provisoirement, comme une tapisserie ou un rideau, on peut le décrocher périodiquement et le nettoyer.

Le bandeau de lit, *a fortiori* le lambrequin de fenêtre, parce qu'il est plus élevé et plus difficile à atteindre, sont d'un entretien plus malaisé ; le ciel de lit sur lequel s'amasse la poussière est encore plus rédhibitoire ; le rideau dont la partie supérieure forme un drapé fixé par des points d'attache, est ce qu'il y a de pire au point de vue de l'hygiène. C'est pourtant ce qui, au cours du XIXe siècle, a paru le dernier mot d'un confort cossu.

Lorsqu'au XVIIIe siècle, on avait établi, à la partie supérieure des ébrasements dans lesquels se développaient les volets des fenêtres et les fenêtres elles-mêmes, des boîtes dans lesquelles se croisaient les tringles sur lesquelles glissaient les anneaux suspendant les rideaux ; lorsqu'on avait retourné ces boîtes verticalement sur les côtés pour que les rideaux ouverts vinssent s'y ranger, on protégeait tout à la fois les rideaux contre la poussière et les occupants de la pièce contre les vents coulis.

La disposition offrait le minimum d'inconvénients pour le maximum d'avantages.

De même, les rideaux légers, de guipure, de tulle, de filet, de toile à jour, les stores et les brise-bise, glissant latéralement comme les rideaux ou montés sur des rouleaux, valaient mieux que les stores plissés à l'italienne, dont les festons, relevés par les cordons passant dans des annelets fixés sur les rubans verti-

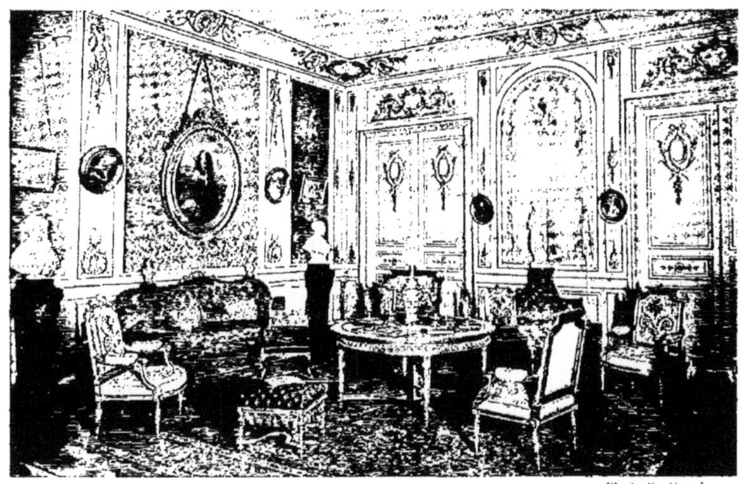

Phot. Berthaud.

Fig. 129. — Salon Napoléon III.
(Extrait du « Musée Centennal, 1900 ».)

caux divisant les stores, étaient d'excellents nids à poussière.

Il aurait fallu, en conséquence, user avec discrétion de ces tentures qui rendent un appartement plus douillet, mais moins salubre.

Les tapissiers parurent ne pas se douter de ces inconvénients, pas plus que de la mollesse qui résultait, au point de vue de l'esthétique, de cet art de chiffons.

Aussi, sous Louis-Philippe, trouvons-nous les mêmes erreurs que sous la Restauration : il y avait encore un mobilier, il n'y avait plus d'ensembles mobiliers.

Sous le Second Empire, il n'y avait plus ni l'un ni l'autre : on a pû dire que le Second Empire n'avait pas de style, parce qu'il avait pastiché tous les styles (fig. 129). C'est une erreur, car, à distance, le pastiche constitue un style et si, sous Louis-Philippe, le goût, si estimable en soi, qu'imposa le romantisme en faveur du Moyen-Age, aboutit à certaines œuvres dont le style dit gothique ne saurait nous tromper sur la date, nous ne saurions davantage nous tromper sur le faux style XVIIIe siècle que fabriqua le Second Empire.

Cependant aucune époque ne paraissait plus propice à une rénovation de l'art, répondant à des besoins nouveaux : dans tous les domaines, aucun siècle n'avait présenté d'aussi profondes transformations que le XIXe siècle.

Au point de vue de la matière, l'emploi, sous une forme et dans des proportions inconnues jusqu'alors, du fer et de l'acier, l'usage des matériaux de liaisonnement, donnaient des solutions nouvelles et hardies de problèmes qu'on n'eût même pas cru possible de résoudre auparavant.

L'invention de la vapeur, de l'électricité, ne changeait pas seulement tous les moyens de transport, nécessitant des formes nouvelles ; elle rénovait les techniques de tous les métiers, en introduisant l'outillage mécanique, la production en grande série.

Le mode d'éclairage par l'utilisation du gaz, du pétrole, de l'électricité, était complètement renouvelé : il en était de même des moyens de chauffage. Le développement de l'hygiène créait des programmes nouveaux susceptibles d'utiliser toutes ces inventions dans les intérieurs modernes.

Mais, tandis que des ingénieurs s'enthousiasmaient pour ces nouveautés et que, « cherchant avant tout une solution logique et un bon emploi de la matière, ils créaient pour les ponts, pour les locomotives, pour les navires, pour les aéroplanes, des formules nouvelles qui, souvent, étaient par elles-mêmes une solution d'art, des architectes habillaient de staff le fer, comme s'ils avaient honte de le laisser voir, édifiant une fausse architecture lapidaire; au lieu de profiter de l'invention merveilleuse de l'éclairage électrique qui permet de mettre la source de lumière en tout sens, d'éviter le cône d'ombre projeté par le support des appareils d'éclairage antérieurs, au lieu de chercher des formes nouvelles, ils plaçaient l'ampoule en haut d'une bougie de porcelaine, adaptant des formes anciennes à des besoins nouveaux, comme s'ils n'avaient plus ni le courage ni la faculté de créer[1] ».

Ce courage, cette faculté de créer, nous les retrouvons précisément dans les applications des programmes modernes faites par nos constructeurs.

Nos locomotives sont expressives par le développement qu'elles ont pris en longueur avec leurs roues motrices, avec le bogie qui court en avant pour prendre la direction, par la hauteur de leur masse jusqu'aux limites du gabarit, par le tuyau très court qui se tient nécessairement dans ces limites et qui contraste avec le volume et la longueur de la chaudière.

Nos automobiles ont maintenant aussi leur forme spéciale, qui devient une solution d'art, parce que tout est à sa place, par la nécessité de baisser le centre de gravité, de rendre accessible sous le capot tout le mécanisme moteur. Nos aéroplanes ne sont pas moins remarquables.

Pour les ponts en fer, des solutions admirables ont été trouvées.

Lorsqu'on se rappelle l'admirable courbe du pont Alexandre, on se prend à douter qu'il fut utile de le décorer par l'adjonction de ces pylônes dont la hauteur lutte avec la ligne du pont, par ces guirlandes, ces balustres et toutes ces œuvres sculpturales, figures, lions, enfants, candélabres, vases, qui, prises en elles-mêmes, sont des œuvres d'art, mais dans l'ensemble nuisent à la légèreté et à la grandeur apparente du pont.

1. *La guerre et l'avenir de nos industries d'art*, par H.-M. Magne. *Bulletin de la Société d'encouragement pour l'industrie nationale*, 1916.

Dans le même ordre d'idées, n'était-il pas étrange, alors qu'on pouvait admirer la forme extérieure, imposante et élégante en même temps, de nos immenses paquebots à coque métallique, de voir qu'à l'intérieur on cherchait à truquer la construction et à imiter en pâtisserie un décor du XVIIIe siècle?

De telles erreurs avaient pour cause l'abdication qu'au cours du XIXe siècle, les architectes avaient consentie de leur rôle de maîtres d'œuvres. L'architecte n'avait pas seulement renoncé à exercer son talent sur les meubles, comme l'avait fait Robert Decote ou même Percier, mais il paraissait se désintéresser de créer la décoration fixe. Quelques hommes comme Labrouste, Baltard, Hittorf, Auguste Magne, Duban, qui, au milieu du siècle, avaient osé créer une architecture intérieure nouvelle par l'emploi du fer apparent, associé à d'autres matériaux tels que la céramique, aussi sincèrement mis en œuvre; dans la génération suivante, Sédille, André, Formigé, Lucien Magne, avaient accompli le même effort créateur et s'attaquaient de nouveau au mobilier; mais à côté de quelques artistes comme ceux-là, un trop grand nombre restait figé dans les formules d'imitation des siècles passés.

On peut dire à leur excuse qu'une cause déterminante de ce nouvel état de choses fut la généralisation de l'appartement à loyer. Une demeure définitive comme le vieil hôtel familial du XVIIIe siècle prêtait mieux à un ensemble décoratif que l'appartement impersonnel qui, tous les trois, six ou neuf ans, changeait d'occupants.

Quoi qu'il en soit, ce fut la décoration sans style faite à l'avance par l'architecte, la difficulté pour le tapissier de s'y adapter et l'impossibilité pour l'ébéniste d'y présenter des modèles originaux qui consacrèrent la triple faillite des architectes, des tapissiers et des ébénistes.

C'est l'honneur de quelques architectes d'avoir voulu renouer la tradition avec les maîtres passés qui avaient porté leurs préoccupations sur les ensembles décoratifs. C'est ainsi qu'on vit, à la fin du XIXe siècle, les premiers ensembles mobiliers tels que ceux réalisés par la collaboration de Plumet avec l'ébéniste Tony Selmersheim (fig. 130).

Les premiers ensembliers ayant ainsi été des architectes, il était fatal qu'ils eussent une préférence pour faire entrer les meubles dans la décoration fixe en reliant les bibliothèques aux lambris, les divans aux bibliothèques, les tables mêmes aux

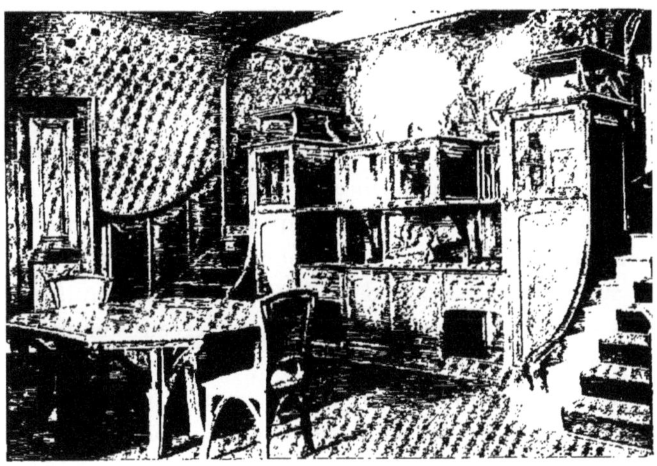

Fig. 130. — Salle à manger (1900), par Plumet et Tony Selmersheim.

divans et aux bibliothèques. Ainsi le meuble risquait de perdre son caractère mobilier.

Si les architectes qui créèrent les premiers ensembles mobiliers ne surent pas éviter cet écueil inhérent à leur tempérament et à leurs études habituelles, les ébénistes et les décorateurs qui firent dans le domaine du meuble, du tissu, les premiers essais d'art moderne commirent une autre erreur en tirant d'un principe vrai une application tout à fait fausse.

Le principe vrai, c'était de retourner à l'étude de la nature. Toutes les formes des arts anciens sont l'interprétation humaine de la nature ; la nature est un dictionnaire inépuisable ; elle s'est plu à donner à une seule matière, l'eau, des formes strictement géométriques dans les cristaux de glace, des courbes plus souples dans les ondes, des formes encore beaucoup plus libres dans les nuages; elle a créé, par la géométrie la plus rigoureuse, les coquillages, les écailles de poisson et la disposition des ocelles des plumes de paon; elle a assoupli cette géométrie dans les feuilles des arbres. Tous les artistes anciens se sont inspirés de la nature, tantôt par sa géométrie comme les artistes arabes, tantôt par sa flore comme les artistes français du Moyen-Age.

Aujourd'hui comme jadis, ce qu'il faut surtout demander à la nature, ce ne sont pas tant ses formes que ses lois immuables, par exemple les lois d'équilibre qu'elle a appliquées aux rochers comme aux êtres vivants, suivant qu'il s'agit d'un arbre attaché au sol dont les racines rayonnent pour donner à la base sa stabilité, suivant qu'il s'agit d'animaux dont les points d'appui mobiles sont doubles ou quadruples, s'exercent sur un sol dur ou mouvant.

Ces lois, elles se présentent encore sous la forme des lois de structure, dans le renforcement des branches ou des membres, à leurs attaches. Le fait, dans un meuble ou un siège, de réserver de la matière pour les assemblages, n'est qu'une application de ces lois.

Les influences étrangères qui se manifestèrent en France à la fin du XIXe siècle eurent leur part, bonne ou mauvaise, dans les œuvres de cette époque.

C'était d'abord l'influence anglaise de John Ruskin et de William Morris; Ruskin, rêvant d'un état social aussi rapproché que possible de la nature, avait mis ses doctrines en pratique et avait notamment rétabli la filature manuelle et le tissage familial; critique d'art, il fut l'apôtre du préraphaëlisme dont nos peintres subirent l'attraction; peintre, Morris avait fondé en 1863 une fabrique d'objets d'art et de papiers peints; il renouvelait l'art de la gravure sur bois dans les livres sortis de son imprimerie; écrivain, il publiait en 1878 son livre sur les relations des arts décoratifs avec la vie moderne.

Les meubles anglais connurent alors chez nous une vogue momentanée qui eut un excellent résultat sur la production française. « Ces sièges solides et confortables, ces armoires vernies aux formes rudimentaires pénètrèrent chez nous à un moment où nous finissions par être excédés des dorures, des capitonnages et des surcharges d'ornements. Ils plurent par leur architecture simplifiée, qui devait d'ailleurs à notre XVIIIe siècle certains de ses meilleurs principes. On leur fit bon accueil pour l'air de netteté qu'ils opposaient au fatras poussiéreux de nos modèles dégénérés. Il est certain que ces meubles anglais, commercialisés par des fabricants plus observateurs et plus claivoyants que les nôtres, procédaient beaucoup moins des théories de Ruskin et de Morris que du goût prononcé des citoyens du Royaume-Uni pour ce qui est simple. Aussi bien se lassa-t-on assez vite chez nous de leur excessive simplicité ; mais on garda le souvenir de leurs proportions bien calculées et de leurs dispositions confortables.

« Ce que les Belges et les Hollandais ajoutèrent, vers 1895, à la sécheresse britannique, ne pouvait non plus laisser indifférente la nouvelle génération de décorateurs et d'artisans qui, à cette époque, était en train de se former dans les écoles et dans les ateliers. Chez les uns comme chez les autres, même renoncement à l'ornement plaqué, à l'imagerie, même volonté d'exprimer la beauté d'un meuble exclusivement par sa structure, par ses lignes. Mais quelle importance ne donne-t-on pas à ces dernières ! D'abord, on substitue de parti pris la courbe à la ligne droite. Puis on la complique d'entretoises et de membres inutiles, on la contorsionne, on lui impose un modelé osseux qui accuse encore ce qu'elle a déjà de trop véhément[1]. »

1. *L'art français depuis vingt ans. Le mobilier*, par Emile Sedeyn ; F. Rieder et Cie, éditeurs.

Horta fut le protagoniste de ces formules dans lesquelles ce qu'il faut louer, c'est l'adaptation des matériaux et la recherche scrupuleuse des détails : il eut chez nous un grand admirateur et un émule dans Hector Guimard.

L'étude des délicieuses productions de l'art décoratif au Japon n'eut pas moins d'influence sur nos premiers essais de meubles modernes et sur leur ornementation.

Les noms des architectes Théodore Lambert, Sandier, Bigaux, Hœntschel, qui fit pour l'Exposition de 1900 la salle depuis placée au Musée de l'Union centrale des Arts décoratifs, des peintres Bellery-Desfontaines, des sculpteurs Charpentier, Rupert-Carabin, Baffier, Dampt, sont à ajouter à ceux de Lucien Magne, de Plumet, de Tony Selmersheim, parmi les premiers rénovateurs du mobilier. Gaillard, de Feure et Colonna meublaient la Maison de l'Art nouveau pour Bing, l'un des plus actifs propagateurs des arts d'Extrême-Orient. Gallé et Majorelle étaient les chefs de l'admirable mouvement créé par l'École de Nancy. Rares étaient les industriels parisiens qui, comme Jansen, P.-A. Dumas, Damon et Colin, n'étaient pas hostiles à l'action nouvelle.

Malgré des erreurs, ce sont les efforts courageux de la fin du XIXe siècle qui ont profité à la génération suivante.

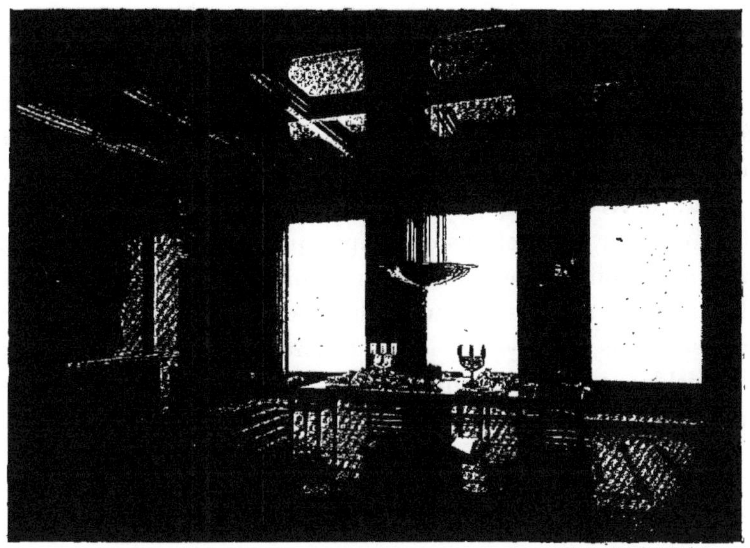

Arch. phot. Beaux-Arts.

Fig. 131. — Salle à manger, par Lalique, maître verrier, et Bernel, ébéniste. (Extrait du Rapport général de l'Exposition de 1925.)

III

PROGRAMMES MODERNES

Matériaux nouveaux.

Depuis 1900, l'idéal des artistes a été de renouer avec la tradition séculaire des ensembles décoratifs qui encadraient le mobilier dans l'architecture, d'unir à nouveau les qualités artistiques aux qualités utilitaires et d'en trouver une expression moderne qui ne fût ni la contradiction, ni l'imitation des expressions antérieures, mais en fût la suite naturelle, car, ainsi que l'a fort bien dit de Souza, « une tradition n'est pas une chose fixe ; si elle est vivante, elle se transforme dans sa ligne ».

Ç'a été l'œuvre des décorateurs qui ont pris la place que la faillite créatrice des architectes, des tapissiers et des ébénistes avait laissée vacante, et se sont intitulés « ensembliers ».

Cette œuvre, entreprise par la Société des artistes décorateurs, soutenue par les Sections d'art appliqué des Salons annuels, a pu s'accomplir grâce à une union étroite de la valeur inventive des artistes avec la valeur technique des industriels, union réalisée dans les pays tels que l'Allemagne et la Suisse, par le « Werkbund », union plus libre chez nous, suivant le tempérament des artistes et l'importance des maisons industrielles. C'est l'honneur de la Société de l'Art appliqué aux métiers, comme de la Société d'encouragement à l'art et à l'industrie, d'avoir fait cette union.

Une telle évolution ne pouvait avoir pour point de départ qu'une définition précise des programmes qui la justifiaient.

Dès le XIXe siècle, la centralisation administrative avait entraîné la centralisation commerciale, industrielle ; il devenait difficile de loger les habitants qui affluaient dans les villes ; le prix du terrain augmentait ; ainsi la maison à loyer devenait le type de l'habitation. En même temps le progrès social qui imposait l'hygiène et les progrès scientifiques qui permettaient d'y satisfaire, compliquaient le programme de cette habitation.

Chaque étage est devenu une petite maison, desservie par deux escaliers communs, un escalier principal et un escalier de service, qu'accompagnent un ascenseur et un monte-charge. La superposition des coffres de cheminées, des arrivées et des évacuations d'eau nécessite la similitude du plan des différents étages que motive également la similitude du terrain, des largeurs des rues et des cours. Pour la commodité, on n'accepte plus que les pièces se commandent, comme cela avait lieu dans les bâtiments des siècles antérieurs, simples en épaisseur. On exige un vestibule d'où partent les galeries ou couloirs qui desserviront isolément chaque pièce. Ces pièces sont souvent très nombreuses, parce que celui qui habitait jusqu'ici un hôtel particulier transporte ses exigences dans l'appartement à loyer : le vestibule s'accompagne d'un vestiaire, le salon d'un boudoir, d'un fumoir, d'un billard, la cuisine et la salle à manger d'un office et d'une lingerie, le cabinet de travail d'une bibliothèque, chaque chambre a sa salle de bains. Si nombreuses, ces pièces se rapetissent en superficie ; pour y remédier on diminue les épaisseurs des murs ; il faut faire passer les canalisations de

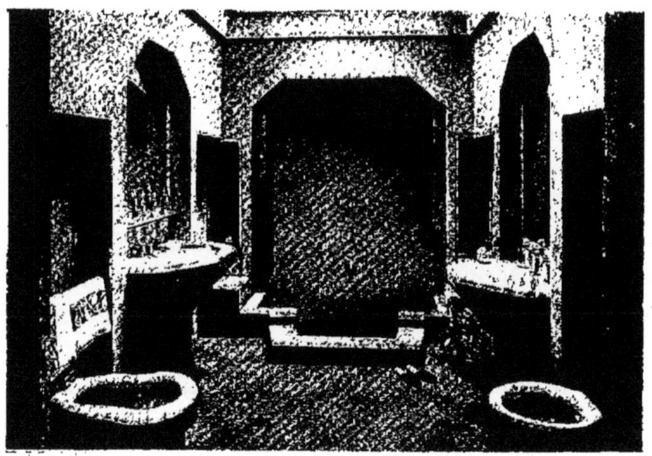

Fig. 132. — Salle de bains (1925), mosaïque, composée par A. Bruneau, exécutée par Ebel.

chauffage à air chaud, à vapeur ou à eau chaude, les canalisations de gaz, d'eau chaude et froide pour les salles de bains, les fils de l'éclairage, du téléphone et des sonneries. L'éclairage direct des pièces, alors qu'on ne dispose que de deux faces pour y percer des fenêtres, les autres étant prises dans les murs mitoyens, est un problème presque insoluble.

Sans doute, tous les appartements à loyer ne comportent pas une telle variété de pièces ; mais cela ne simplifie pas le problème, au contraire, parce qu'il est encore plus difficile d'aménager à chaque étage plusieurs appartements composés des quelques pièces indispensables que d'aménager un seul appartement à nombreuses pièces.

Cela ne simplifie pas davantage le problème du mobilier : le fait, fréquent dans les petits appartements, de réunir dans une même pièce sous le nom de studio le salon et le cabinet de travail, ou de réunir sous le nom de hall le salon, la salle à manger et la bibliothèque, augmente au contraire les difficultés. Si l'on veut trouver le plus grand nombre de difficultés réunies, c'est sur les chambres d'hôtel, les cabines de paquebots qu'il faut s'arrêter : dans la chambre d'hôtel, il faut non seulement coucher et s'habiller, mais il faut pouvoir recevoir et travailler, tout cela dans un espace exigu.

La recherche de ces solutions délicates a conduit d'une part à remplacer la décoration de style des appartements par des dispositions beaucoup plus simples, beaucoup plus neutres, permettant au décorateur de modifier plus aisément l'ambiance de l'ensemble à créer, d'autre part à définir avec précision la destination de chaque objet mobilier et à l'étudier en lui-même, ce qui est le meilleur moyen de lui donner le minimum de volume et le maximum de commodité, au lieu de chercher, comme en 1900, à combiner ensemble des objets de destination variée.

Elle a encore conduit à employer rationnellement les techniques et les matériaux nouveaux : l'utilisation dans les salles de bains, les cuisines, des matériaux qui ne craignent ni l'humidité ni les variations de température, est un exemple de la meilleure adaptation de l'art aux mœurs actuelles (fig. 132) ; les dispositions d'éclairage électrique autour des corniches, de manière que les appareils ne prennent plus aucune place contre les murs, sur le sol ou sur les meubles, et qu'en même temps la diffusion de la lumière par réflexion sur le plafond soit vive et reposante à la fois, en sont un autre exemple.

La céramique et le métal nickelé ou émaillé sont les matériaux-types des installations hygiéniques : mais les matières de liaisonnement tels que le ciment, alliées à des matériaux de revêtement comme la mosaïque ou le marbre, fournissent aujourd'hui des éléments aussi parfaits et non moins esthétiques. Dans une cuisine, le marmoterrazzo remplace ainsi les

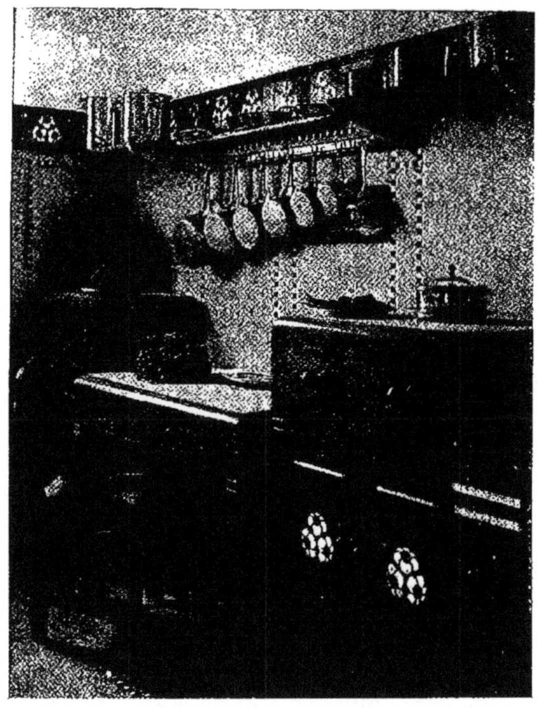

Fig. 133. — Cuisine (1925), par Jacques Bonnier.

carreaux qui se descellent facilement, le bois qui pourrit, s'appliquant aussi bien à la surface des murs qu'aux planches à épices (fig. 133). La cuisinière en fonte émaillée blanc, d'un entretien rapide, donne une note gaie et claire; les boîtes à épices, en métal émaillé, sont d'une propreté irréprochable : la peinture laquée, telle que le ripolin, complète un ensemble caractéristique des progrès scientifiques de l'art ménager et non moins caractéristique de l'esthétique qui y correspond.

Pour l'éclairage électrique, toute une variété de solutions a été trouvée en vue de supprimer les points lumineux qui blessent la vue et le verre concourt à l'effet décoratif des vasques opales qui, placées au plafond, répandent la lumière sur l'ensemble de la pièce, des frises moulées qui forment une rampe continue à la partie supérieure des murs, des vitraux éclairés par transparence qui donnent l'illusion de la lumière naturelle.

Dans la chambre, le métal doré ou argenté, allié aux matériaux opaques à composition vitreuse, donne la solution hygiénique des meubles de chevet.

Pour tout le mobilier, on évite les moulures difficiles à nettoyer et, dans la gamme des bois coloniaux les plus courants comme l'okoumé aussi bien que dans les matières naturelles les plus précieuses comme le galuchat ou artificielles comme la nacrolaque, le décorateur trouve les éléments d'une élégance sobre ou d'un luxe raffiné.

Ainsi s'élabore un art moderne qui est traditionnel, parce qu'il repose sur des données solides, et original, parce que ces données sont nouvelles.

Cet art est varié, parce que les programmes le sont, suivant qu'on a en vue une installation de luxe dans laquelle on doit atteindre à tous les raffinements ou qu'on cherche, par les moyens les plus économiques, à donner un caractère d'art à la plus modeste des habitations.

IV

MOBILIERS LUXUEUX

Le xxe siècle avait vu la phalange des artistes modernistes se grossir de recrues comme Sauvage, Le Bourgeois, Maurice Dufrêne, Paul Follot, Rapin, Francis Jourdain, Gallerey, Jallot, Bouchet, Fréchet, Groult, Huillard, Sue et Mare, Lucet et Lahalle, Dominique, Nathan, Ruhlmann, Mme Chauchet-Guilleré, Mme Renaudot. Quant aux industriels c'était tout le Faubourg Saint-Antoine qui, de Mercier à Évrard, Saddier ou Hæntgès, se lançait hardiment dans la fabrication de mobiliers nouveaux.

Si l'Exposition centennale de 1900 offrait, par ses reconstitutions, un raccourci singulièrement évocateur de l'évolution des ensembles mobiliers français depuis la Révolution, c'est l'Exposition internationale des Arts décoratifs et industriels modernes de 1925 qui montrait la réalisation de l'idéal actuel.

La participation parisienne de la Section française donnait, dans tout ce que présentaient les artistes et les industriels, une impression d'imagination, d'imprévu, dont il était impossible de ne pas être frappé ; et cette imagination, cet imprévu étaient, en général, pleins de goût dans la recherche de la forme comme dans l'harmonie colorée : des volumes enveloppés de surfaces simples donnant à leurs rencontres des lignes épurées, de belles matières bien mises en valeur, étaient caractéristiques du goût parisien.

Il faut bien dire que, ce qui frappait aussi dans la participation parisienne, c'était une grande somptuosité; une part très légitime de cette somptuosité était dans le luxe exceptionnel qui est propre à la production parisienne; une part moins légitime venait du souci de ce qu'on pourrait appeler l'optique d'exposition ou encore la tendance à étonner le monde; et l'on peut dire que certaines présentations relevaient plus du théâtre que de l'habitation.

Mais, lorsque nous étudions les œuvres du passé, ce sont en général des œuvres exceptionnelles, car celles-là seules ont échappé aux destructions; il n'est donc pas déplacé, faisant avec elles la comparaison des œuvres modernes, de choisir, parmi celles-ci, celles qui présentent également un caractère exceptionnel.

Vestibule.

Aucune œuvre ne saurait donner une idée plus complète de la renaissance de l'art français au xxe siècle que le vestibule composé par Roux-Spitz (fig. 134).

La décoration fixe est indépendante du mobilier mais celui-ci s'y adapte parfaitement : par ses lignes, par le ton soutenu des bois et des garnitures, il fait corps avec la mosaïque du sol et s'harmonise avec la tonalité claire des murs en stuc marbre : la sculpture en bas-relief est encastrée dans le mur et les statuettes trouvent leur place dans les défoncements des niches.

On ne saurait trop souligner le caractère français d'une telle œuvre, dont les lignes sont singulièrement pures et sobres, répondant à l'idéal géométrique que nous suggère notre époque de progrès scientifique et mécanique; mais l'ensemble n'a aucune sécheresse parce que la souplesse des figures de bronze anime la simplicité de l'architecture.

Hall.

Le hall de Montagnac et Sangouard est un type somptueux du cadre de la vie moderne ; nos grand'mères tenaient le salon soigneusement fermé et n'enlevaient les housses protectrices des sièges que les soirs de réception ; nos femmes vivent dans

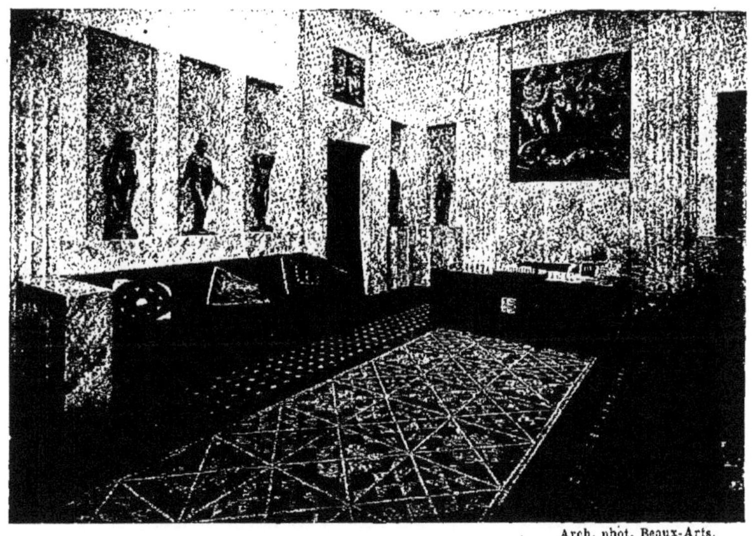

Arch. phot. Beaux-Arts.

Fig. 134. — Antichambre de ministère, par Roux Spitz. (Extrait du Rapport général de l'Exposition de 1925.)

tout l'appartement, toujours prêtes à recevoir les amies qui viendront prendre le thé avec elles, et le hall avec ses fauteuils confortables, son piano, sa bibliothèque, ses œuvres d'art familières, est la pièce qui convient aussi bien à la vie de tous les jours qu'à l'organisation d'une fête à laquelle se prête la disposition des emmarchements et des portiques.

Un tel ensemble attend les jolies robes que feront valoir les meubles foncés et les murs clairs, le riche tapis donnant la note de couleur qui les accompagnera.

Salon.

Sue et Mare sont parmi les plus traditionalistes des décorateurs modernes; le luxe et la grâce de leur grand salon avec ses sièges en bois doré garni de tapisserie, avec ses meubles en ébène du Gabon, avec ses tentures et ses tapis, sont la suite

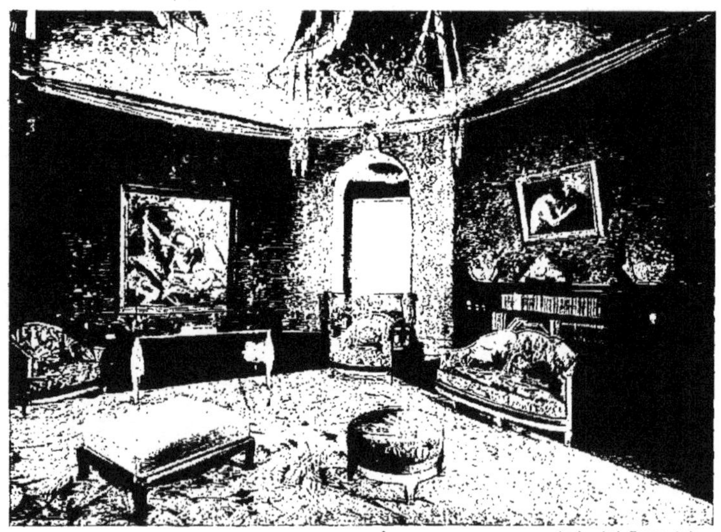

Arch. phot. Beaux-Arts.

Fig. 135. — Salon composé par Sue et Mare, édité par la Cie des Arts français. (Extrait du Rapport général de l'Exposition de 1925.)

normale de l'évolution des ensembles décoratifs aux XVIIIe siècle et XIXe siècle (fig. 135). On ne trouve là aucune formule théorique, aucune outrance, mais le souci de créer un ensemble à la fois pompeux et confortable, dans lequel des tableaux puissent trouver place.

L'emploi du staff pour le décor de tenture qui couronne les murs n'est assurément pas dans la tendance rationnelle de l'accord des formes et de la matière, mais crée une ligne souple et élégante.

Salle à manger.

Si le salon est la pièce qui paraît effrayer le plus les décorateurs modernes, précisément à cause du caractère traditionnel qu'il est malaisé de modifier, la salle à manger est celle qui les tente le plus et l'on n'a que l'embarras du

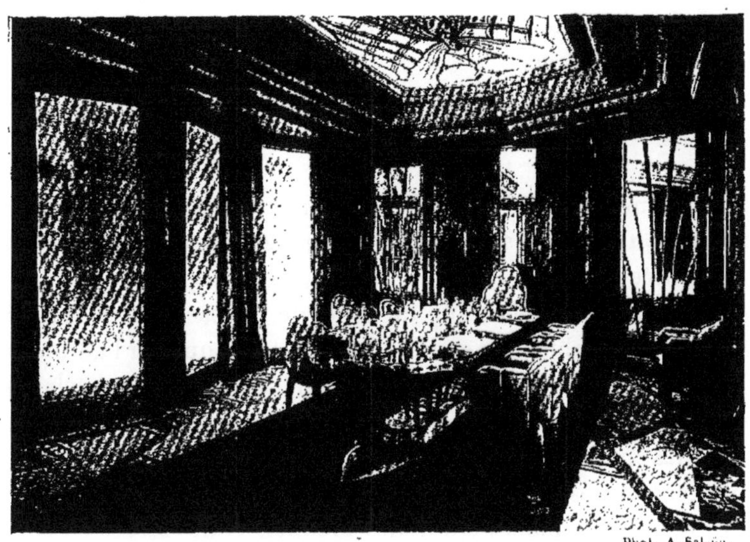

Phot. A. Salaün.

Fig. 136. — Salle à manger, composée par Maurice Dufrêne, éditée par « la Maîtrise » des Galeries Lafayette. (Extrait du Rapport général de l'Exposition de 1925.)

choix pour en trouver des types aussi variés que réussis. Le plus original est à coup sûr celui créé par Maurice Dufrêne avec son revêtement de marbres, son plafond de verre lumineux, sa table dont les supports en fer laminé, évasés en consoles, soutiennent un dessus en glace (fig. 136) : les seules notes confortables sont les sièges garnis et le tapis : c'est tout un décor, d'une utilisation assurément exceptionnelle, mais d'une qualité exceptionnelle aussi.

Plus sobre, plus normal et d'un grand effet est l'ensemble réalisé par Lalique et Bernel (fig. 131) : le support de la table, constitué par un pied central, laisse encore mieux la liberté des mouvements aux jambes des convives ; les sièges à dossier bas ne dépassent pas le niveau de la table et ainsi le mobilier réalise, avec les cadres du pavement, des baies et du plafond, un ensemble de lignes droites, verticales et horizontales dont la froideur est rompue par les silhouettes courbes des verreries de table et d'éclairage.

L'un et l'autre de ces exemples affirment la volonté de faire collaborer les matériaux lavables à un effet décoratif nouveau et imposant.

L'ensemble réalisé par Ruhlmann était plus intime, plus classique aussi dans ses dispositions générales, avec la cheminée surmontée d'un bas-relief de marbre, la desserte placée dans le grand axe de la pièce sur un fond de tapisserie ; les fauteuils étaient confortables et la somptuosité était obtenue par l'admirable matière du bois de noyer sur laquelle les appareils d'éclairage et le surtout de Puiforcat donnaient des notes précieuses (fig. 43).

A des intérieurs moins somptueux correspond une salle à manger composée et exécutée par Leleu (fig. 137). L'ensemble est plus bourgeois, mais l'étude des meubles et des sièges en ébène macassar, avec quelques ornements d'ivoire, est poussée à un rare degré de perfection : les sièges de Leleu sont parmi ceux dont l'originalité correspond à une science particulière des tracés propres à améliorer le confort. C'est d'ailleurs le souci de l'adaptation à la vie qui caractérise tout l'ensemble : Leleu ne craint pas d'arrondir les bouts de la table, sachant combien il est difficile de placer perpendiculairement aux angles les convives, dès que ceux-ci sont nombreux ; sa desserte a le volume qui convient à son utilisation et les tiroirs à argenterie ont la dimension voulue.

La rotonde qui termine la pièce répond à l'agrément qu'il y a à prendre le café et les liqueurs, à fumer une cigarette ailleurs qu'à table et, en même temps, grandit l'ensemble de la salle à manger.

Fumoir.

Le fumoir que Leleu unit à la salle à manger, s'unit parfois aussi au cabinet de travail.

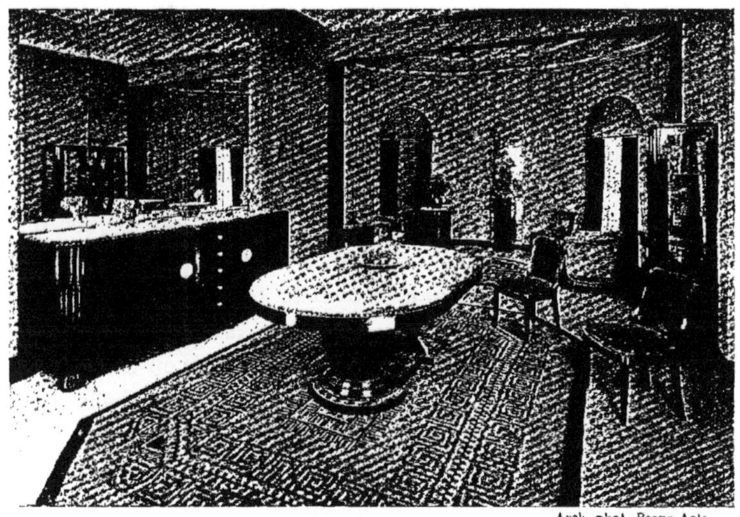

Arch. phot. Beaux-Arts.

Fig. 137. — Salle à manger, par J. et M. Leleu et da Silva Bruhns. (Extrait du Rapport général de l'Exposition de 1925.)

Ce qui le caractérise, c'est le confort de ses sièges rembourrés, dont l'origine est en Angleterre.

C'est principalement dans les circonstances où la vie moderne laisse des loisirs que le fumoir prend une place importante : ainsi s'explique celle qui lui est faite dans la distribution actuelle des paquebots ou des trains de chemins de fer.

La Compagnie d'Orléans a chargé Francis Jourdain de composer un fumoir qui est d'un aspect agréable et confortable : on peut se demander toutefois s'il convient bien à l'instabilité de plate-forme des voitures de chemins de fer de donner aux accoudoirs des formes aussi anguleuses, dont le contact pourrait laisser des marques.

Boudoir.

S'il faut en croire les étrangers qui admirent le plus le goût français dans la renaissance actuelle du mobilier, c'est à la place que la femme tient et a toujours tenue chez nous que nous devons cette ingéniosité.

Au lendemain de l'ouverture des trois salles de la Section française de l'Exposition qui se tint en 1923 à Monza, Ugo Ojetti écrivait dans le *Corriere della Sera*, de Milan : « Seulement trois salles, mais presque tout ce qui s'y voit est exquis, d'une exécution parfaite, d'une nouveauté modérée, d'une discrétion de grande dame, parce que, croyez-le ou ne le croyez pas, la France, dans tout son art, qu'il s'agisse d'un fauteuil ou d'un livre, d'un bronze ou d'une estampe, d'un tapis ou d'une chaise, vise à la femme, cherche à lui faire plaisir et à lui obéir pour en être obéi. »

Aussi est-ce dans le boudoir que la grâce traditionnelle du mobilier français évolue de la manière la plus heureuse.

Dès 1918, Maurice Dufrêne donnait cette grâce à l'un des ensembles décoratifs qu'il avait réalisés dans l'Hôtel de la rue Bayard et il est intéressant de voir l'influence exercée par ce boudoir sur celui qu'exposaient en 1925 ses élèves Englinger et Suzanne Guiguichon. Les fauteuils sont plus amples et plus douillets, plus lourds aussi et, ce qui marque le plus l'orientation nouvelle, c'est la simplicité plus grande des nus des murs, des étoffes de garnitures qui mettent mieux en valeur la richesse du tapis, la préciosité des bibelots ; c'est une constatation qui est tout à l'honneur de nos ensembliers, car l'art n'est fait que de la science de ces oppositions.

Un petit boudoir composé par Sardou est, dans son exiguïté,

un modèle de grâce (fig. 138). La décoration fixe est basée sur la niche qui est défoncée entre deux vitrines fixes prises dans le lambris et qui permet de loger le divan surmonté d'une compo-

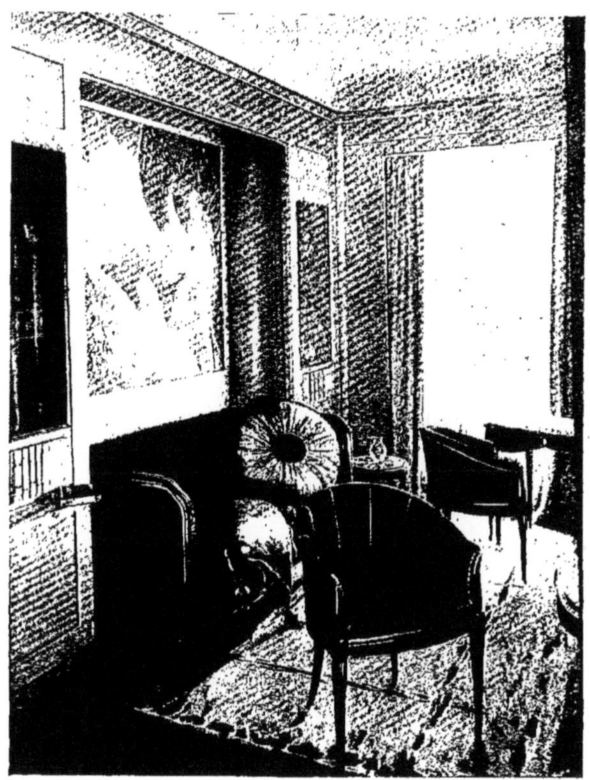

Fig. 138. — Boudoir (1925), par Pierre Sardou.

sition peinte. Tout est prévu pour le confort : le rayon des livres favoris placé au bas de la vitrine et la tablette mobile qui les reçoit ; le bureau, la table, les fauteuils eux-mêmes sont tout menus, l'éclairage est obtenu par des rampes qui envoient une douce lumière à travers les biseaux laissés transparents autour des glaces étamées. C'est un ensemble d'autant plus louable qu'il est très confortable, tout en répondant, par ses dimensions, à la petitesse des appartements à loyer actuels.

Cabinet de travail.

Le cabinet de travail ne saurait évidemment avoir le charme d'un boudoir, mais il n'est peut-être pas indispensable d'en faire l'instrument scientifique que rêvent certains décorateurs d'avant-garde. La lecture et la méditation se complaisent mieux au milieu d'un cadre chaud et dans un bon fauteuil que dans un bureau d'usine.

Un cabinet de travail de Bagge alliait très heureusement, dans une pièce de dimensions pourtant restreintes, le double caractère, sérieux et confortable, que doit présenter le cabinet de travail (fig. 139). Œuvre tout à fait caractéristique de la simplicité des lignes actuelles, elle ne présentait cependant aucune outrance, on eût aimé pouvoir s'y installer et c'est à cela qu'on reconnaît qu'un ensemble mobilier moderne est réussi.

Chambre.

La chambre est une des pièces où il est le plus difficile de concilier les données d'hygiène avec la recherche du confort : l'hygiène, poussée à l'extrême, interdirait toute tenture; s'il s'agit des décors qui entouraient naguère le lit, décors qui étaient de véritables nids à poussière, tout le monde les a abandonnés; en revanche, on aime que le sol soit moelleux aux pieds, et le tapis fixe, même nettoyé par les appareils à vide, n'est pas moins condamnable. Les papiers et les étoffes restent les moyens courants employés pour décorer les murs.

Pour parer aux difficultés du balayage sous le lit, la plupart des ébénistes font poser à terre un lambris plein et il est contestable que les joints entre le sommier et le bois soient assez étanches pour que la poussière ne s'accumule pas dans cette sorte de caisse qui ne sera jamais nettoyée.

Aussi y aurait-il beaucoup à dire sur ce qui reste à faire pour que l'évolution du mobilier de la chambre soit à la hauteur de l'évolution de l'hygiène : tout au plus peut-on constater que

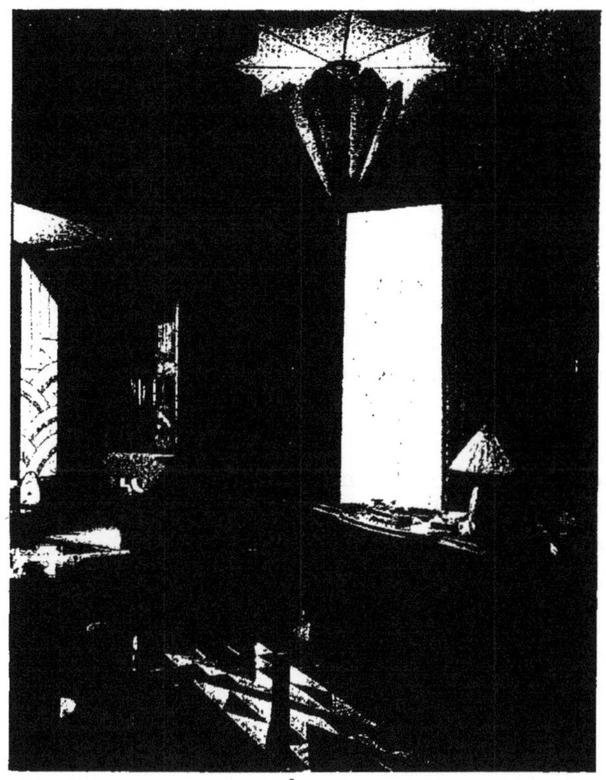

Fig. 139. — Cabinet de travail (1925), composé par Eric Bagge, exécuté par Saddier.

l'emploi des surfaces nettes présentées par les meubles actuels, lits ou armoires, en facilite l'entretien et que la table de chevet a gagné à ne plus enfermer un vase qui est mieux à sa place dans une pièce uniquement destinée à sa fonction.

D'un autre point de vue, il faut louer la suppression des couronnements qui faisaient des saillies volumineuses dans des pièces étroites, l'abaissement, parfois même la suppression du dossier de pied de lit dont la hauteur élevait une barrière disgracieuse et incommode au milieu de la pièce.

Une chambre présente d'ailleurs des programmes un peu différents suivant ceux auxquels elle est destinée : la chambre à grand lit exposée en 1925 par Mme Chauchet-Guilleré avait un caractère simple et confortable; son armoire à trois portes avec une grande glace centrale, répondait, par son volume, à des nécessités qui sont bien actuelles, depuis que la minceur des murs ne laisse plus la place de placards.

L'ameublement d'une chambre de Fréchet, éditée par Vérot, était plus raffiné, sa table à tiroirs, sa coiffeuse étaient parfaitement étudiées et présentaient ce caractère si particulier qui unit aujourd'hui beaucoup de simplicité à beaucoup de confortable (fig. 48).

Par sa tonalité, par sa légèreté, par sa simplicité et son élégance, la chambre de jeune fille composée par René Gabriel (fig. 122) répondait bien à sa destination et la cabine de luxe, destinée par Nelson au paquebot « *Ile-de-France* » avait les dispositions spéciales que commande un bateau : l'éclairage au moyen de verres dépolis et gravés placés devant les hublots, le lambris utilisant toutes les surfaces disponibles entre les courbes de la coque et le redressement vertical des parois pour y loger des armoires, la forme des bois de lit encadrant le matelas et le traversin pour en empêcher la chute dans les inclinaisons du navire, le défoncement du lambris recevant dans le même but la tête des lits jumeaux, montraient une grande expérience des conditions spéciales qu'offrent les appartements de paquebots et cette expérience suffisait à donner un caractère original à l'ensemble. Les appartements de paquebots exposés par René Prou témoignaient d'un égal savoir et d'une grande personnalité.

Salle de bains.

C'est la salle de bains qui est la pièce la plus représentative de l'originalité et du luxe modernes, parce qu'on chercherait vainement à travers un lointain passé la tradition d'une pièce dont l'usage ne remonte guère qu'à un siècle et demi. Ses données actuelles sont d'ailleurs bien plus récentes, parce qu'elles datent des moyens de distribuer l'eau, de la chauffer et de l'emploi presque exclusif des matériaux hygiéniques.

Dans la Galerie des ensembles mobiliers de l'Exposition de 1925, la salle de bains de Barberis et Jacob Delafon apparaissait comme une pièce des plus somptueuses, parfaitement à sa place entre les salons et les salles à manger exposées.

D'une présentation moins théâtrale, la salle de bains de Bruneau, exécutée par Ebel, avec sa baignoire prise dans le sol, avec tous ses accessoires réalisés par la même matière de mosaïque d'émail que les murs eux-mêmes, offrait une atmosphère dans laquelle les soins de la toilette deviennent plus qu'une satisfaction (fig. 132).

Ces exemples donnent une idée du goût moderne français le plus raffiné et ont deux caractères communs qui se complètent : simplicité de la forme, beauté de la matière mise en valeur par cette simplicité même.

Sans doute, l'emploi presque exclusif des placages peut prêter à une critique : jadis avec le goût des placages s'était développé le goût des bronzes qui protégeaient logiquement la fragilité des arêtes des meubles plaqués ; de nos jours on a renoncé à ce mode de protection des arêtes. Ainsi employé, le placage ne peut convenir qu'à des meubles de luxe.

V

MOBILIERS USUELS

Dès qu'il s'agit de meubles d'usage, le bois massif reprend tous ses droits ; particulièrement indiqué pour les meubles rustiques, son emploi peut aussi être combiné avec celui du contreplacage, le bâti de bois massif encadrant les panneaux contreplaqués.

Une exposition de mobiliers usuels, faite en 1919 par la Société de l'Art appliqué aux métiers pour la reconstitution des régions dévastées par la guerre, offrait des types variés de ces combinaisons simples et économiques.

« La reconstitution de tant de foyers détruits, écrivait le lieutenant-colonel Espitallier, dans les régions ravagées par la guerre, soulève des problèmes angoissants et, s'il est nécessaire tout d'abord de reconstruire les habitations avec le souci d'y apporter toutes les améliorations qu'imposent les préoccupations actuelles d'hygiène et de commodité, il n'est pas moins indispensable de les meubler.

Certes, il ne s'agit plus ici de ce mobilier luxueux où la fantaisie de l'artiste peut se déployer. A qui manque de tout, il faut d'abord fournir l'essentiel, des meubles solides et à bon marché.

Est-il permis d'envisager l'intervention de l'art dans un pareil programme ? L'art ne peut-il se manifester que dans la recherche d'une ornementation entraînant nécessairement des frais supplémentaires, qui seraient ici hors de saison ? La Société de l'Art appliqué aux métiers ne l'a pas pensé. On peut faire œuvre de goût par les lignes sobres et pures du dessin, par l'application raisonnée des procédés techniques les plus simples et les mieux appropriés à la matière mise en œuvre, par le choix de cette matière elle-même.

C'est sur cette idée maîtresse que la Société a convié les fabricants et les artistes à collaborer pour produire, en dehors même des formules habituelles, des œuvres nouvelles répondant aux besoins nouveaux (fig. 140).

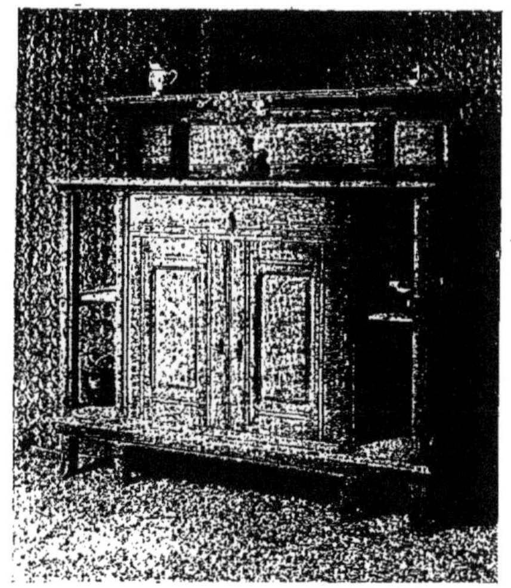

Fig. 140. — Buffet de salle à manger (1919), par Bernard Haubold.

Dans l'organisation du meuble, le premier principe dont on ne saurait se départir pour une construction économique, c'est de réduire le nombre des éléments de chaque objet au strict nécessaire, afin d'économiser la matière ; c'est aussi de réduire au minimum le nombre d'opérations qu'exige l'usinage de chacun de ces éléments.

Les modes d'assemblage ont été l'objet d'un soin extrême, et c'est là qu'une technique sévère peut s'exercer utilement pour allier la robustesse à l'économie sans faire lourd et sans complications superflues. Nous avons signalé l'utilisation de bois contreplaqués pour les panneaux de grandes dimensions ; en dehors de ce procédé très moderne et pour s'en tenir aux vieilles habitudes, on peut construire en frises, mais avec quelle simplicité, si l'on se contente d'assembler ces frises à rainures et languette avec un mince grain d'orge sur les arêtes du joint en solidarisant tous les éléments du panneau, non pas par un cadre épais, mais par des pentures transversales apparentes, découpées dans la tôle et qui contribuent à la décoration du meuble.

Tels sont les principes généraux qui dominent cette tentative éminemment utilitaire et il suffit de parcourir les différents stands pour voir comment les exposants ont cherché à les tra-

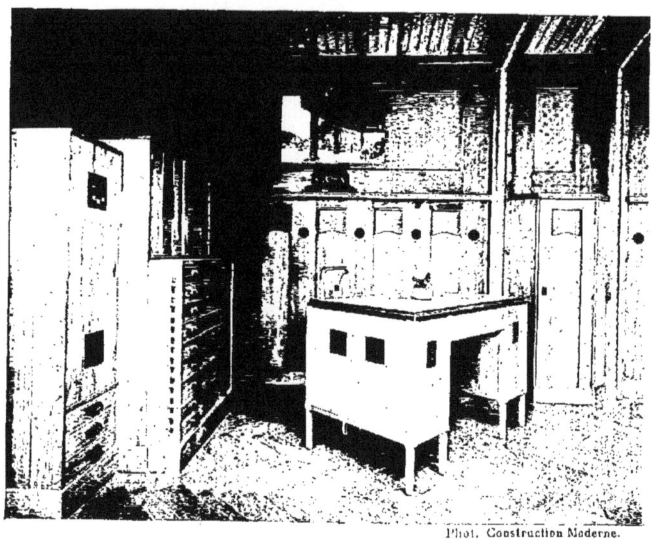

Phot. Construction Moderne.

Fig. 141. — Cabinet de travail (1925), par Sorel.

duire par des moyens divers, tout en restant préoccupés de donner à tous ces meubles — solides et économiques — ce sont les deux conditions essentielles d'un mobilier modeste — une note d'art qui rendît leur aspect élégant et agréable[1]. »

On eût aimé qu'à l'Exposition de 1925, il y eût plus d'exemples inspirés de ces tendances qui sont les plus modernes qui soient, car, ce qui importe le plus dans l'organisation démocratique des sociétés modernes, c'est peut-être davantage

1. *Bulletin de la Société d'encouragement à l'industrie nationale*, mars-avril 1919.

encore la solution d'art du mobilier moyen que celle du mobilier de grand luxe.

A cet égard, c'est une des œuvres les plus importantes accomplies en 1925 que d'avoir suscité une renaissance régionale : on y trouvait plus d'exemples de simplicité que dans la production parisienne, où l'on pouvait compter les artistes qui, comme

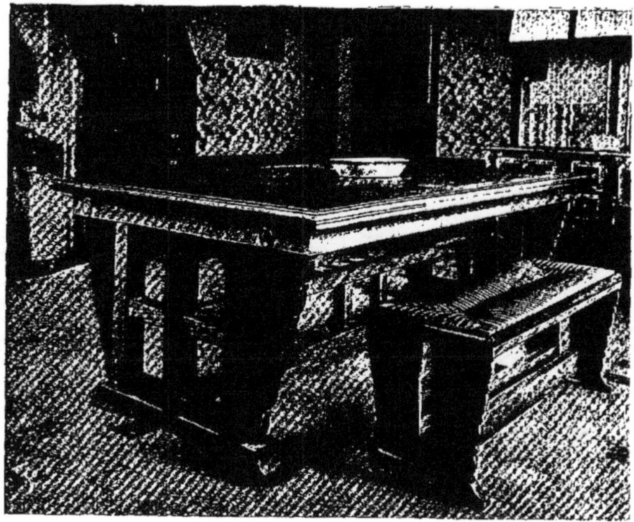

Fig. 142. — Salle commune d'une métairie berrichonne, composée par A. Burie, exécutée par J.-M. Guyot.
(Extrait du Rapport général de l'Exposition de 1925.)

Sorel, Gallerey, Quibel, Jallot ou Mme Chauchet-Guilleré, les industriels qui, comme Saddier ou Primavera, atelier d'art des Grands Magasins du Printemps, s'étaient attachés à donner une forme d'art moderne aux mobiliers économiques (fig. 141).

L'ensemble de la production provinciale montrait deux courants différents.

L'un de ces courants se dirigeait vers un art moderne qui n'a rien de spécial à sa région d'origine et paraît surtout préoccupé d'être à la mode de Paris ; mais il faut dire que c'est souvent à la mode d'hier, ce qui ne surprend pas, car du moment qu'on prend pour modèle le mouvement parisien, ce mouvement est si rapide, si bouillonnant qu'il est difficile de ne pas retarder sur lui.

Un autre courant partait des traditions régionales en s'efforçant de les moderniser par une nouvelle interprétation des thèmes locaux et par une adaptation des formes aux besoins actuels : c'était là un des symptômes les plus intéressants qu'on pût trouver à l'Exposition, en raison des promesses d'avenir qu'il contenait et certaines productions de nos céramistes, de nos brodeuses, de nos ébénistes du Berri, de la Provence, de l'Alsace ou de la Bretagne avaient une saveur particulière d'inédit par un modernisme aussi incontestable que celui de n'importe quelle production parisienne et par l'originalité locale qui leur était propre (fig. 142, 143, 144).

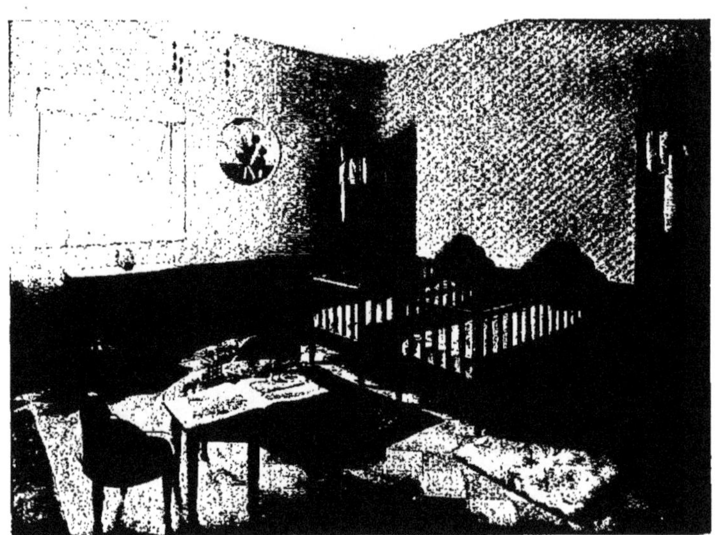

Fig. 143. — Chambre d'enfants provençale, par David.
(Extrait du Rapport général de l'Exposition de 1925.)

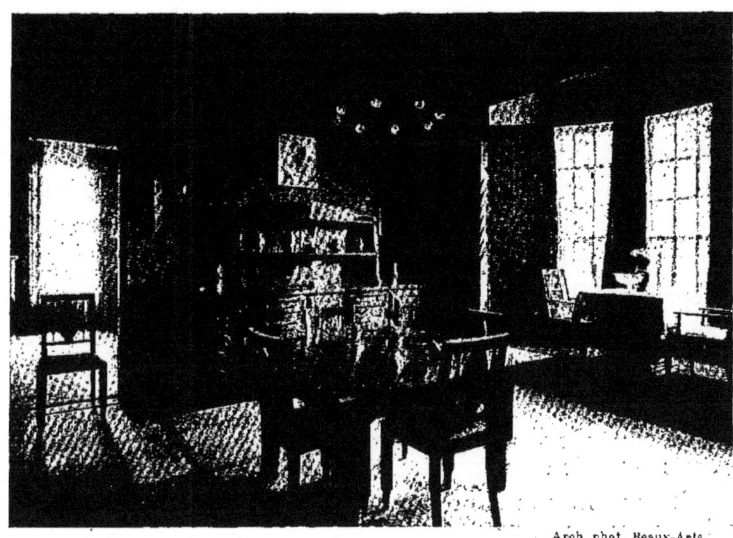

Arch phot. Beaux-Arts.

Fig. 144. — Salle à manger alsacienne, composée par Ch. Spindler, exécutée par L. Jacquemin. (Extrait du Rapport général de l'Exposition de 1925.)

CONCLUSION

L'œuvre admirable accomplie en France pendant le premier quart du XXe siècle pour mettre à profit la leçon qu'avaient donnée les architectes et les ébénistes de la fin du XIXe siècle en s'efforçant de secouer le joug du pastiche et d'être modernes comme l'avaient été en leur temps leurs devanciers, n'est pas isolée.

Ainsi que l'a montré l'Exposition de 1925, c'est à travers le monde entier qu'une évolution sociale s'est produite, qui entraîne une évolution parallèle des arts décoratifs et industriels.

Dès le début du siècle on s'en rendait compte en constatant

les réalisations obtenues par l'union des artistes et des industriels de Munich.

La Belgique, qui avait été à l'avant-garde de la renaissance moderne de la fin du siècle dernier, montrait en 1925 qu'elle évoluait dans le même sens que nous, et des réalisations comme la salle à manger de Philippe Wolfers étaient dignes des plus magnifiques réalisations parisiennes.

Cependant, lorsque nous jetons un coup d'œil sur les œuvres étrangères, c'est souvent le côté traditionnel de leur art qui nous frappe le plus et nous avons peine à saisir avec précision l'amplitude du progrès accompli.

Rares sont les pays qui, comme l'Autriche, ont rompu avec les formes anciennes et, sous l'impulsion d'un homme comme le professeur Joseph Hoffmann de Vienne, présentent, dans les formes de l'architecture comme dans celles du mobilier, une rénovation complète : on pourrait dire cependant que cette rénovation est plus facile dans des pays qui n'ont pas derrière eux la tradition, unique par sa durée comme par sa supériorité incontestée, des anciens mobiliers français.

Avec la Belgique, la Hollande est parmi les pays dont l'évolution, par rapport à leur passé, paraît parallèle à la nôtre.

Des pays, dont la renaissance politique s'appuie sur une civilisation séculaire, tels que la Pologne et la Tchécoslovaquie, ont pu, du premier coup, affirmer leur vitalité dans des œuvres magistrales (fig. 145 et 146).

L'Angleterre, qui a eu un rôle de premier plan dans l'évolution moderne de la dernière partie du siècle dernier, paraît plus attachée à ses formules; il en est de même de la Suède; au Japon, les modernes paraissent décidés à chercher leur renaissance dans leur propre fonds en dehors des influences occidentales, et c'est très heureux : l'unification de l'art à travers le monde serait déplorable sous prétexte que les progrès industriels se développent à travers le monde.

Nous considérons dans notre pays qu'il faut vivifier nos arts régionaux et que, si la province sait moderniser ses traditions locales, elle rendra le plus grand service à l'art français moderne parce qu'elle le gardera des outrances qu'excitent parfois dans la capitale le snobisme et la réclame, parce qu'elle le rendra varié au lieu de l'astreindre à une formule unique, inspirée par la mode, ce qui serait sa ruine : il ne faut pas confondre le

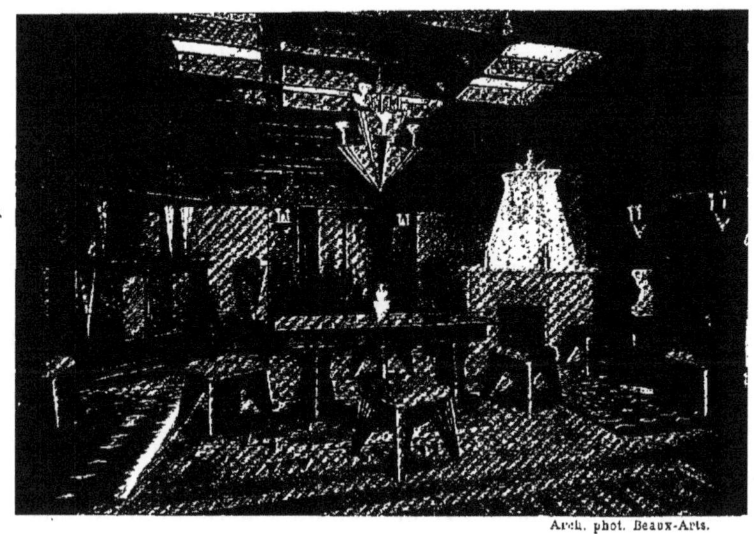

Arch. phot. Beaux-Arts.

Fig. 145. — Cabinet de travail polonais, composé par Mieczyslas Kotarbinski, exécuté par Michel Herodek, ébéniste.
(Extrait du Rapport général de l'Exposition de 1925.)

modernisme et la mode; il ne faut pas avoir peur d'être en retard parce qu'on aime encore au printemps une œuvre qu'on a admirée à l'automne précédent, et le plus riche des amateurs ne change pas aussi facilement de mobilier que sa femme change de chapeau.

La dissémination de notre empire colonial sur la surface du globe nous permet d'élargir cette conception, car nous nous rendons compte de la gravité qu'offre le double problème de l'art français et des arts indigènes, aux colonies. D'une part, l'adaptation de la civilisation européenne à un autre climat est l'occasion de solutions originales pour notre art métropolitain; d'autre part, l'évolution moderne de l'art indigène est une œuvre singulièrement délicate et l'on sent à quel point c'est la mentalité de l'artiste indigène qui doit évoluer pour qu'il transforme lui-même les thèmes traditionnels qui lui sont chers. S'il voulait adapter à l'art indigène des formules à la mode européenne, ce serait, non pas la renaissance, mais la fin de l'art indigène. Si, au contraire, l'art indigène sait faire son évolution propre comme notre art métropolitain a su faire la sienne, la participation de nos colonies à l'Exposition de 1925 montrait ce qu'on peut en attendre (fig. 147).

Il en est de même à l'étranger : la comparaison des sections française et italienne à l'Exposition de Monza en 1923, donnait lieu, à cet égard, à d'étranges réflexions.

Les décorateurs et ébénistes de Milan et de Monza, Monti, Paleari, Maroni et Fossati, présentaient des ensembles très complets d'une composition traditionnelle et d'un caractère absolument moderne; les Piémontais, tels que Cometti, exposaient des meubles d'une composition originale et d'une ornementation très sobre; à Rome comme dans le nord de l'Italie, s'affirmait une évolution vigoureuse; mais il était curieux de constater que cette renaissance, dirigée par les architectes et les sculpteurs, aboutissait à des effets de relief par les bois pleins sculptés, tandis qu'en France la tendance était aux surfaces unies, enrichies par les marqueteries de matières précieuses. Ainsi se trouvait renversée l'influence italienne de la Renaissance qui, jadis, nous fit abandonner les meubles de bois plein pour les meubles de placage.

Si la France a remporté en 1925 un éclatant succès qui faisait dire aux étrangers que c'était elle qui avait le mieux su évoluer dans sa tradition, elle le doit à la recherche de lignes pures et simples, comme aussi à la recherche des belles matières, qualités qui, toutes deux, sont dans la meilleure tradition du goût français.

Ces qualités, qui sont des qualités architecturales, on les trouvait partout dans la Section française, dans les robes comme dans les bijoux, et c'est là encore un symptôme excellent pour l'avenir : à toutes les grandes époques, dans l'Égypte des Rhamsès, dans la Grèce de Périclès, dans la France de Philippe Auguste et de Saint Louis, les objets usuels

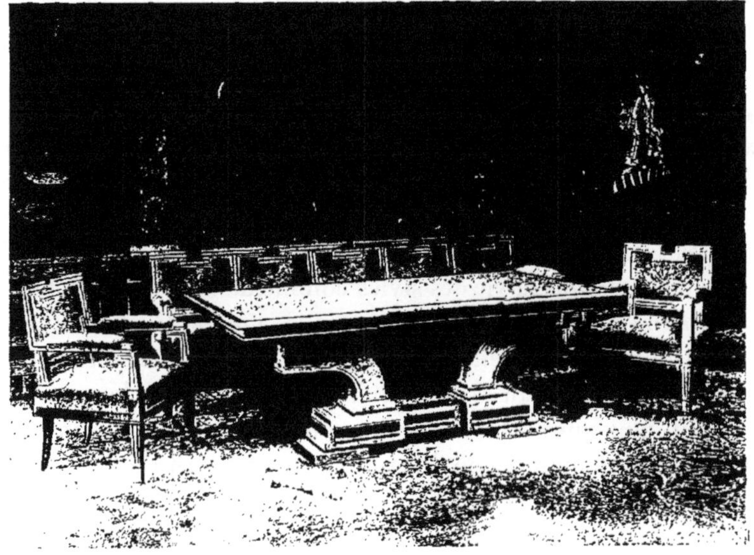

Fig. 146. — Salon tchécoslovaque, par P. Janak, tapisseries de Fr. Kysela. (Extrait du Rapport général de l'Exposition de 1925.)

étaient composés avec le même souci d'équilibre de ligne et de matière que les temples des dieux. Aujourd'hui la ligne des robes, modelée sur l'architecture du corps féminin, soulignée par les broderies qui donnent une particularité à l'étoffe sur laquelle elles s'appliquent, recherche l'élégance, non plus par le chiffon, mais par la pureté de la coupe. Les contours simples des bracelets sont aussi bien adaptés à la forme des pierres précieuses qu'aux nécessités des charnières formant les articulations.

Mais toujours les qualités de lignes et de matière doivent rester subordonnées à l'utilisation de l'objet.

Il n'y a pas des lignes à employer et d'autres à proscrire : les lignes courbes ne sont pas interdites et l'art de l'ébénisterie ne doit pas prendre modèle sur les caisses d'emballage qui l'aideront à affronter les dangers des transports; les lignes courbes restent même singulièrement préférables aux lignes droites toutes les fois qu'on risque de se heurter aux angles que forment celles-ci.

Il ne faut donc pas s'en tenir à des formules qui, pour nouvelles et séduisantes qu'elles pourraient paraître, seraient passagères comme toutes les formules et n'auraient même pas le mérite des formules passées, celui d'avoir fait leurs preuves.

Les formules n'ont jamais eu force de loi qu'aux époques de décadence : dans la vie des styles comme dans la vie des artistes, l'art subit une fluctuation perpétuelle, montant, arrivant à un point culminant et redescendant pour remonter ensuite.

Dans la vie d'un artiste, qu'il soit Corot ou Henner, l'art grandit tant que l'artiste cherche sa formule : il atteint son point culminant au moment où il la trouve et, aussitôt qu'il l'a trouvée, il tombe en décadence.

Dans la vie d'un style, si l'on prend une période de vingt ans, entre 1760 et 1780, c'est le moment de l'évolution du style Louis XV au style Louis XVI, il n'y a pas de formule; certains sont attachés aux formes contournées en faveur au milieu du siècle tandis que d'autres cherchent des formes plus simples, et c'est au moment où le style Louis XVI devient une formule uniforme qu'immédiatement il décline pour faire place aux recherches nouvelles d'artistes originaux.

Le style de 1900 portait en soi la cause de sa déchéance parce qu'il était une formule; il en serait de même du style de 1925 s'il avait la prétention d'être la formule unique du style moderne.

Enfin, pour logiques que doivent être les recherches actuelles, il ne faut pas croire que l'art industriel soit devenu un théorème dont la démonstration doive exclure tout ornement : avoir cru qu'il était nécessaire, pour qu'un meuble fût décoratif, de surcharger sa construction de sculpture, de marqueterie ou de bronze, était une erreur ; mais ce serait une erreur aussi que de croire la sculpture, les bronzes ou la marqueterie proscrits parce qu'ils ne sont pas à la mode cette année. Une ornementation discrète a été, à toutes les époques, la fleur du goût français ; elle ne doit pas se faner.

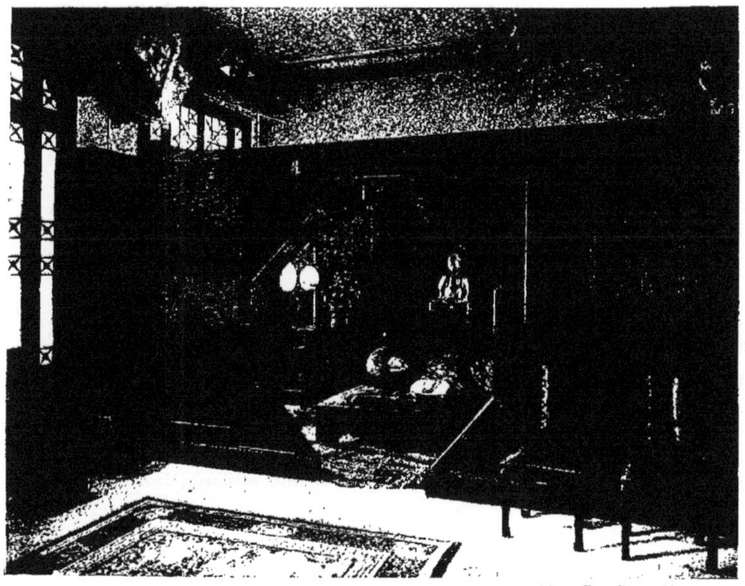

Phot. Eug. Pirou (Mascre).

Fig. 147. — Salle à manger et fumoir tonkinois, composés par M. Bernanose, exécutés par Vuong Vinh Tuy.
(Extrait du Rapport général de l'Exposition de 1925.)

TABLE DES GRAVURES

TABLE DES MATIÈRES

TROISIÈME PARTIE

ENSEMBLES MOBILIERS

1150. — ÉVREUX, IMPRIMERIE CH. HÉRISSEY. — 10-28

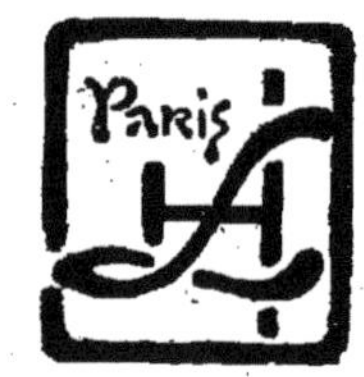

IMPRIMERIE
CH. HÉRISSEY

www.ingramcontent.com/pod-product-compliance
Ingram Content Group UK Ltd.
Pitfield, Milton Keynes, MK11 3LW, UK
UKHW020317230726
13925UKWH00002B/467

9 782014 454925